Astrid Dörnhoff

Lesen trainieren – Bücherwelten eröffnen

Differenzierender Leseunterricht in der Praxis

Klasse 1 bis 4

Cornelsen

Die Autorin

Astrid Dörnhoff arbeitet als Grundschullehrerin in Berlin, zuvor war sie nach ihrem Studium an der Universität zu Köln an verschiedenen Schulen in Nordrhein-Westfalen tätig. Sie ist Beiratsmitglied der Zeitschrift „Grundschule" und Schulberaterin in der Regionalen Fortbildung Berlin. Ihr Schwerpunkt ist die Leseförderung.

Alle aufgeführten Systeme und Tools stellen nur Beispiele für die Unterrichtsgestaltung dar. Bitte stimmen Sie sich mit Ihrer Schulleitung dazu ab, welche Systeme oder Tools an Ihrer Schule im Rahmen der Unterrichtsgestaltung genutzt werden dürfen.

Projektleitung: Dorothee Weylandt, Berlin
Redaktion: Marion Clausen, Berlin
Umschlaggestaltung: Jule Kienecker, Berlin
Umschlagillustration: Shutterstock.com / HappyPictures (Figuren)
Layout / technische Umsetzung: LemmeDESIGN, Berlin

www.cornelsen.de

1. Auflage, 2. Druck 2024

Druck: Esser printSolutions GmbH, Bretten

ISBN 978-3-589-16809-5

PEFC-zertifiziert
Dieses Produkt stammt aus nachhaltig bewirtschafteten Wäldern und kontrollierten Quellen
PEFC/04-31-2851 www.pefc.de

INHALTSVERZEICHNIS

VORWORT

Dieses Buch ist aus meiner unterrichtlichen Praxis entstanden und mit Blick auf den aktuellen Stand der Lesedidaktik auch für die Praxis geschrieben. Während meiner Zeit als Lehrerin an einer bilingualen Schule in Berlin hatte ich das Glück, über viele Jahre im Team mit Kolleginnen und Kollegen aus dem englischsprachigen Ausland zusammenzuarbeiten. Dabei erhielt ich wertvolle Impulse für meinen eigenen Unterricht und erfuhr immer wieder, dass Lesen und Leseförderung in vielen Ländern einen deutlich höheren Stellenwert im Unterricht einnehmen als bei uns in Deutschland. Methoden, die bei uns erst nach und nach ihren Weg in die Schule finden, sind anderswo seit Jahrzehnten selbstverständlich. Wie tiefgreifend eine gut ausgebildete Lesekompetenz die Einstellung der Schülerinnen und Schüler zum Lesen und zur Schule verändern kann, erlebte ich an monolingualen Schulen in Nordrhein-Westfalen und Berlin, und ebenso, welchen Beitrag das eigenständige Lesen dabei leistet.
Das mit den Jahren entstandene Lesekonzept kann als Ganzes übernommen werden, aber auch als Ideenbörse dienen, solange im eigenen Unterricht alle Teilkompetenzen des Lesens tatsächlich bedacht werden. Manche der Anregungen lassen sich sicherlich auch auf die Arbeit mit einer sogenannten *Ganzschrift* übertragen, eine Lektüreweise, die ich aus Überzeugung in meinem eigenen Unterricht nur selten praktiziere und die dementsprechend in diesem Buch außen vor bleibt. Das Lesenlernen selbst, im Sinne von decodieren lernen, ist ein ganz eigener Bereich der Lesedidaktik, der es wert ist, auch in einem eigenen Buch diskutiert zu werden. Die vorgeschlagenen Kinderbücher sind zum großen Teil in meinem Unterricht erprobt, bieten aber natürlich nur einen winzigen Ausschnitt aus der wunderbaren Welt der Bücher. An einer umfassenden Leseförderung haben neben den Lehrkräften ebenso Erzieher/-innen, Sozialpädagog/-innen und Sonderpädagog/-innen ihren Anteil. Wenn ich also in diesem Buch von der *Lehrkraft* spreche, sind ausdrücklich alle pädagogischen Berufsgruppen gemeint, denn sobald wir den Klassenraum betreten, erziehen und lehren wir – gemeinsam.

Ich selbst hatte das Glück, zwischen *Asterix und Obelix* und *Der Glückliche Löwe* von Louise Fatio groß zu werden, also zwischen Comics und dem Deutschen Jugendbuchpreis. Für mich war es daher leicht, eine waschechte Leseratte zu werden, wofür ich unendlich dankbar bin. Dass alle Kinder eine solche Chance erhalten, ihre Liebe zum Lesen zu entdecken, dazu soll dieses Buch einen Beitrag leisten.

Berlin, im Sommer 2021
Astrid Dörnhoff

TEIL 1 WIE WERDEN KINDER ZU LESERN?

„Die guten Leute wissen gar nicht, was es für Zeit und Mühe kostet, das Lesen zu lernen und von dem Gelesenen Nutzen zu haben; ich habe achtzig Jahre dazu gebraucht."
Johann Wolfgang von Goethe (Goethe 2018, 68)

1.1 BEDEUTUNG DES LESENS

In der Bundesrepublik Deutschland sind 6,2 Millionen Erwachsene zwischen 18 und 64 Jahren nur gering literalisiert, ihre schriftsprachlichen Kompetenzen reichen also nicht aus, um den jeweiligen gesellschaftlichen Anforderungen gerecht zu werden. Männer sind dabei mit 58,4 Prozent überproportional vertreten und stellen damit den größeren Anteil derer dar, die nicht ausreichend in der Lage sind, Texte verstehend zu lesen sowie korrekt zu schreiben (vgl. Grotlüschen et al. 2019, 4 ff.). Dabei ist Lesekompetenz *die* entscheidende Schlüsselqualifikation für den Zugang zu Bildung, Erwerbstätigkeit und sozialer Teilhabe. Sie ist die Eintrittskarte zur Gesellschaft, denn die Gesellschaft kommuniziert über Schrift, informiert über Schrift und teilt kulturelle Erfahrungen über Schrift. Anders als seit den 1960er-Jahren immer wieder proklamiert nimmt die Notwendigkeit, lesen zu können, in der digitalen Welt nicht ab – sie nimmt zu (vgl. Hurrelmann 2016, 22). Die Verwendung schriftlicher Texte ist sogar vielfältiger geworden, denn digitale Medien eröffnen neue Schreibfunktionen und neue Textsorten. Kurznachrichten und soziale Netzwerke ersetzen das Telefon, E-Mails überholen den Briefverkehr, Apps verlocken zum multimedialen Lesen und Zeitschriften stellen ihre Inhalte online, sodass sie von überallher mobil zugänglich sind. Digitale Schriftsprache dringt in alle Lebensbereiche ein, und die literalen Anforderungen an die Lesekompetenz sind nahezu explodiert (vgl. Rosebrock/Scherf 2019, 38). Es wird gelesen, um zu kommunizieren, zu recherchieren, zu erwerben, zu verstehen, und es wird sogar gelesen, um miteinander Computer zu spielen (vgl. Feierabend 2013, 21). Das geschriebene Wort ist im beruflichen und privaten Alltag wichtiger denn je. Nur eines hat sich geändert: Es kommt nicht mehr so eindeutig daher, denn es kommt in neuer Gestalt, im multimedialen Gewand.

Neben der Bedeutung des Lesens als kognitiver Fähigkeit zur Lebensbewältigung in der hochtechnologischen Wissensgesellschaft des 21. Jahrhunderts hat das Lesen natürlich noch eine weitere – nicht weniger wichtige – Bedeutung. Denn Lesen erweckt Literatur zum Leben, und Literatur erfüllt seit jeher individuelle, aber auch gesellschaftlich wichtige Funktionen für den Menschen. „Lesend begegnen wir uns selbst und unserem Leben, verstehen das Handeln anderer, erkennen Abwege, Seitenwege und Alternativen. Lesen eröffnet neue Gedankengänge, zeigt die Welt von einer anderen Seite, vermittelt neues Wissen und unbekannte Einsichten. Es weist Wege durch mitunter schwer zu ertragende Realität, versöhnt mit dem Leben, spendet neue Kraft, verleiht Flügel. Wer das einmal erlebt hat, den lässt es nicht mehr los" (Dörnhoff 2019a, 33). In diesem Erleben ist literarisches Lesen mehr als „nur" Genuss, mehr als „nur" ästhetische Erfahrung. Es nimmt Einfluss auf die Persönlichkeitsentwicklung, auf die Empathiefähigkeit und auf das Fremdverstehen des Lesenden. Es eröffnet eine neue, eine alternative Wirklichkeit, in der die Leserin oder der Leser für eine bestimmte Seitenzahl in die Haut eines anderen schlüpft und dessen weltliche, soziale und psychische Erfahrungen als eigene Erfahrungen wahrnimmt. Kaspar H. Spinner spricht von einer im doppelten Sinn „reflektierten Subjektivität beim Lesen" (Spinner 2016, 80), weil eigene Gedanken und eigenes Erleben im Buch widergespiegelt und die Leserin und der Leser zur Reflexion angeregt werden.

Die gesellschaftliche und politische Bedeutung des literarischen Lesens für die demokratischen Prozesse der Willens- und Meinungsbildung betonte Alt-Bundespräsident Johannes Rau im Jahr 2004 in einer Rede vor dem Kongress internationaler Verleger, dem weltweit größten Kongress der Verlagsbranche. Wer wie Leserinnen und Leser gelernt habe, sich auf vielschichtige und hintergründige Gedankengänge und Geschichten einzulassen, wisse um die Bedeutung von Umwegen auf dem Weg zu wichtigen Zielen, sei insgesamt kritischer und nicht so leicht zu manipulieren (vgl. Rau 2004).

Astrid Lindgren unterstrich die zukunftsweisende Bedeutung literarischer Fantasie. „Alles, was an Großem in der Welt geschah, vollzog sich zuerst in der Phantasie eines Menschen, und wie die Welt von morgen aussehen wird, hängt in großem Maß von der Einbildungskraft jener ab, die gerade jetzt lesen lernen" (Lindgren 1996, 116).

Auf sozialer Ebene trägt Lesen zu dem Gefühl der gesellschaftlichen und kulturellen Zugehörigkeit bei. Menschen, die lesen, tauschen sich aus, und wer sich austauscht, steht im Kontakt miteinander. Eine Gemeinschaft ist geformt, eine Gemeinschaft der Lesenden. Die Rezeption fiktionaler Texte wirkt dabei nicht nur auf den gesellschaftlichen Zusammenhalt der Gegenwart, sie schlägt auch eine Brücke in die Vergangenheit. Denn Lesen hält das kulturelle Gedächtnis einer Gruppe aufrecht und entwickelt es weiter, indem Wissen und Gedanken durch Jahrhunderte transportiert und bewahrt werden.

Die Bedeutung des Lesens für Individuum und Gesellschaft ist unbestritten, keine Frage. Dennoch zeigen die großen Schulleistungsuntersuchungen der letzten beiden Jahrzehnte, dass mangelnde Lesefähigkeit sich nicht einfach auswachsen wird. Denn auch im Jahr 2016 erreichten 18,9 Prozent der Viertklässler laut der IGLU-Studie (Internationale Grundschul-Lese-Untersuchung) nur ein unzureichendes Leistungsniveau im Lesen (vgl. Hußmann et al. 2017, 127). Ohne eine ausgewiesene Förderung ist dabei nicht zu erwarten, dass es diesen Kindern gelingt, ihren lesetechnischen Rückstand aufzuholen (vgl. Rosebrock/Nix 2015, 35). Stattdessen geraten sie in einen Teufelskreis des Nichtlesens, in dem sich fehlende Erfolgserlebnisse, Motivationsdefizite und Vermeidungsstrategien gegenseitig immer weiter anfachen. Das Problem weitet sich wie ein Flächenbrand auf alle schriftsprachlich orientierten Schulfächer aus, der letztendlich ein fachliches Verstehen und thematisches Auseinandersetzen nahezu unmöglich macht. Dieses Phänomen wird auch als Matthäus-Effekt bezeichnet, der beschreibt, wie anfängliche Erfolge zu einem effektiveren Leistungszuwachs führen, ausbleibende Erfolge jedoch mit einer mangelnden Kompetenzentwicklung einhergehen (vgl. Stanovich 1986, 381). Er geht zurück auf einen Satz aus dem Matthäus-Evangelium: „Wer da hat, dem wird gegeben" (Mt 25, 29). Letztlich beschreibt der Matthäus-Effekt hinsichtlich des Lesens, Lernens und Lebens nichts anderes als eine sich immer weiter öffnende Schere (vgl. Nī Chathāin 2019a, 15).

Das Ziel, das sich jede Lehrkraft, jede Erzieherin und jeder Erzieher in der Grundschule setzten muss, ist somit klar und einfach formuliert: *Alle* Kinder lernen lesen. Damit sich die Schere schließt, nicht öffnet.

1.2 KINDER MIT UNTERSCHIEDLICHEN LERNVORAUSSETZUNGEN

Steht man nun als Lehrkraft vor einer Klasse und schaut in die mehr oder weniger erwartungsvollen Gesichter, dann wird schnell klar: Jedes Kind bringt ganz eigene Voraussetzungen und Vorerfahrungen zum Lesen mit. Jedes Kind hat seine individuelle Geschichte literarischer Sozialisation, die zum einen maßgeblichen Einfluss nimmt auf die Bereitschaft, die erforderliche Anstrengung für das Lesenlernen aufbringen zu können, und zum anderen auf die Entwicklung der Fähigkeiten, die für einen erfolgreichen Leseprozess unabdingbar sind. Die Schülerinnen und Schüler lassen sich somit nicht einfach in *Kinder aus Leserfamilien* und *Kinder aus lesefernen Familien* einteilen. Die Unterschiede sind vielfältig, individuell ausgeprägt und teilweise sogar in sich widersprüchlich. Da sind die Kinder, für die es ein normaler Anblick ist, dass die Mutter die Zeitung liest und der Vater noch schnell etwas im Smartphone nachlesen muss. Für sie ist neuer Lesestoff jederzeit zugänglich, denn ihre Kinderzimmerregale werden regelmäßig mit neuen Büchern

bestückt und auch an den Vorräten der Geschwister dürfen sie sich bedienen. Sie wissen, wie man sich in der Bücherei oder in der Buchhandlung orientiert, um Bücher gezielt auszuwählen. Da sind aber auch die Kinder aus den Familien, die bei der schulischen Aufforderung „Bringt doch bitte euer Lieblingsbuch mit“ nur mit den Schultern zucken können. In ihrer Wohnung gibt es kaum Bücher, Bilderbücher schon gar nicht. Sie haben noch nie erlebt, dass es Menschen gibt, die man mehrmals ansprechen muss, um sie aus der Lektüre zurück in die Wirklichkeit zu holen. Wenn sie in die Bücherei gehen, stellt die Wahl eines Buches eine Herausforderung für sie dar, denn sie kennen weder unterschiedliche Buchtypen noch ihre eigenen Leseinteressen.
Dann wieder gibt es in jedem Klassenraum Kinder, denen allabendlich in gemütlicher Atmosphäre kuschelig auf dem Sofa vorgelesen wird. Sie konnten schon früh eine Vorstellung von der Bedeutung der Schrift entwickeln und dürfen regelmäßig die Erfahrung machen, dass in Büchern spannende und interessante Geschichten stehen, die in einer wundersamen und schönen Sprache zum Zuhören verlocken. Dabei werden „emotionale und motivationale Fundamente sowie kommunikative Formen etabliert, die für eine weitere erfolgreiche literarische und Schriftsozialisation grundlegend sind“ (Garbe 2012, 15). Demgegenüber gibt es wiederum die Schülerinnen und Schüler, denen die Eltern nur selten oder noch nie vorgelesen haben, weil deren eigene Lesefähigkeiten und Lesergeschichten es nicht zulassen oder weil es in ihrer Kultur schlichtweg keine Bücher für Kinder gibt. Diese Kinder haben Bücher vielleicht bisher ausschließlich als Lerngegenstand kennengelernt. Ihnen fällt es deutlich schwerer, sich Geschichten bildlich vorzustellen oder einen persönlichen Zugang zu den Charakteren und der Handlung einer Geschichte aufzubauen, denn positive Leseerfahrungen blieben ihnen bisher vorenthalten.
Für manche Kinder einer Klasse ist sprachliche Interaktion in Bezug auf Bücher eine Selbstverständlichkeit. Schon von klein auf an adaptieren sie Protagonisten in Rollenspielen und verleiben sie so dem eigenen Leben ein, spielen sie Handlungsstränge von Lieblingsbüchern nach und verändern diese. Sie sind es gewohnt, dass Familienmitglieder einander ihre Bücher vorstellen und eigene Eindrücke ausführlich erörtern. Sie haben Übung darin, gelesene Sprache gemeinsam auszuwerten, auszuprobieren und weiterzuentwickeln. Bei ihnen entwickelt sich familiäre Kommunikation aus dem Moment heraus, beim Spaziergang, beim Kochen oder beim Abendessen, und sie folgt in der Regel keinem pädagogischen Anspruch. Sie entsteht aus aktuellem Interesse, aus gemeinsamer Begeisterung und je älter die Kinder werden, desto mehr aus einem gleichberechtigten Miteinander (vgl. Dörnhoff 2019a, 35). Wie schön wäre es, wenn alle Kinder auf solch günstige Voraussetzungen zurückgreifen könnten!
Viele Kinder, die da auf den Stühlen in der Klasse sitzen, haben das Glück, in der Zeit des Lesenlernens das erste mühselige Entziffern von Wörtern und Sätzen mit jemandem ge-

meinsam bewältigen zu können. Sie erhalten von Eltern oder Großeltern unzählige kleine Hilfen, die verhindern, dass aus eifrigem Bemühen Lesefrust wird, wie abwechselndes Lesen, Unterstützung bei schwierigen oder unbekannten Wörtern und Erklärungen zu inhaltlichen Zusammenhängen. Andere Kinder hingegen müssen sich durch häusliche Leseaufgaben meist allein und ohne Beistand durcharbeiten. Auch nach Jahren erreichen sie nicht den Grad an Leseflüssigkeit, der notwendig wäre, um einen Text verstehen und genießen zu können, geschweige denn, um aus ihm lernen zu können oder über ihn zu reflektieren. Kinder aus einem unterprivilegierten soziokulturellen Umfeld sind dabei in Deutschland in weit größerem Maße leseschwach als in anderen Staaten (vgl. Hußmann et al. 2017, 21). Zu den Bedingungen gehören „der Ausbildungsgrad der Eltern, die ökonomischen Verhältnisse der Familie, die Sprachkultur innerhalb der Familie, die Lese- und Mediengewohnheiten, der Grad der Integration in die gesellschaftliche Umwelt bzw. die Möglichkeiten zur Nutzung gesellschaftlicher und kultureller Angebote" (Bertschi-Kaufmann/Graber 2016, 9).

Im Laufe der Schuljahre differenziert sich das Bild einer divergenten bunten Klasse immer weiter aus. Es wird beeinflusst durch schulische Leseerfahrungen, durch Erfolge und Misserfolge, durch positive Wertschätzungen, aber auch negative Rückmeldungen zur individuellen Lese- und Leistungsfähigkeit. Und schließlich wird die Haltung zum Lesen Teil der Identität eines jeden Kindes. Schülerinnen und Schüler mit einem positiven lesebezogenen Selbstkonzept haben die Erfahrung gemacht, dass Lesen Freude bereitet und positiven Gewinn bringt, auch wenn es anstrengend ist. Es ist begründet in dem Selbstvertrauen, einer anstehenden Leseaufgabe tatsächlich gewachsen zu sein (vgl. Rosebrock 2019, 8 f.). Ihre Motivation ist intrinsisch, tätigkeitsbezogen und habituell; das heißt, sie lesen aus eigenem Antrieb, der Leseakt bereitet ihnen unabhängig vom Text Freude und ihr Leseverhalten ist gewohnheitsmäßig und stabil in der Persönlichkeit verankert (vgl. Garbe 2012, 12 f.). Für sie sind Sätze charakteristisch wie *Ohne Buch kann ich nicht einschlafen. Ich bin eine echte Leseratte. Lesen ist wie träumen mit offenen Augen.* Insbesondere, wenn man höhere Klassen übernimmt, trifft man als Lehrkraft aber auch auf Schülerinnen und Schüler, die aufgrund mangelnder positiver Leseerlebnisse zu wenig lesen, als dass sie eine ausreichende Leseflüssigkeit erreichen könnten, wodurch sie aber eben auch nicht erfahren, dass Lesen belohnend und informativ sein kann; weshalb sie es erneut vermeiden. Sie sind in einem Teufelskreis gefangen, der sich schließlich zu einem negativen lesebezogenen Selbstkonzept verfestigt. Sie treffen Aussagen wie *Lesen ist nichts für mich. Lesen ist langweilig. Lesen gibt mir nichts.*

Die Schule ist die entscheidende Instanz, die Einfluss auf einen ungünstigen Lesesozialisationsverlauf nehmen und diesen in eine andere Richtung lenken kann. Erkenntnisse aus der biografischen Leseforschung lassen erkennen, dass die ersten vier bis sechs

Schuljahre als maßgebliche Phase zu betrachten sind (vgl. Garbe 2012, 16). Manche Lehrkraft, die vor einer Klasse steht, mag an dieser Stelle denken: Das schaffe ich nie! So viele unterschiedliche Kinder, so viele unterschiedliche Voraussetzungen; die einen möchten Anregungen, die anderen benötigen Unterstützung. Wie soll das gehen? Die Antwort ist einfach: Lesen lernen müssen sie alle. Aber der Weg muss ja nicht bei allen der gleiche sein.

1.3 WAS IST LESEKOMPETENZ?

Um den Leseunterricht gezielt und differenziert auf den jeweiligen Lernvoraussetzungen der Schülerinnen und Schüler aufbauen zu können, ist zunächst einmal die Frage wichtig, was Lesen eigentlich genau ist und aus welchen Einzelleistungen es sich zusammensetzt. Denn nur wer die Teilprozesse des Lesens, die einzelnen am Prozess beteiligten geistigen Leistungen, identifizieren und beschreiben kann, kann auch die individuellen Schwierigkeiten eines Kindes in den Blick nehmen, zielgerichtet diagnostizieren und passgenau fördern. Was also genau gehört alles dazu, einen Text zu entziffern, ihn zu verstehen und schließlich auch noch mit dem eigenen Leben in Beziehung zu setzen? An welchen Stellen im Lernprozess drohen Stolpersteine, die das Lernen erschweren oder gar einschränken können? Was eigentlich ist Lesekompetenz?

Die Leistungsvergleichsstudie PISA (*Programme for International Student Assessment*) definiert Lesekompetenz im Jahr 2002 als Fähigkeit, „geschriebene Texte zu verstehen, zu nutzen und über sie zu reflektieren, um eigene Ziele zu erreichen, das eigene Wissen und Potential weiterzuentwickeln und am gesellschaftlichen Leben teilzunehmen" (Deutsches PISA-Konsortium 2001, 23). Diese kognitionstheoretisch-orientierte Definition basiert auf dem aus der angloamerikanischen Forschung stammenden Konzept der *reading literacy* und sieht Lesen als Kulturwerkzeug, das in der Wissensgesellschaft erforderlich ist „für die Bewältigung der charakteristischen Kommunikations- und Handlungsanforderungen" (Hurrelmann, 2016, 25). Entscheidend ist somit der gesellschaftlich-pragmatische Bedarf der Informationsentnahme. Diese ursprüngliche Definition wurde 2009 um den Aspekt des *reading engagements* ergänzt, also um die Auseinandersetzung mit Texten. 2018 wurde der Textbegriff erweitert, der nun auch digitale Texte sowie das Bewerten von Texten miteinbezieht (vgl. Garbe 2020, 16).

Hinsichtlich einer veränderten und erweiterten Sicht auf den Begriff der Lesekompetenz liefert PISA wichtige und entscheidende Impulse für die schulische Praxis. In der aktuellen fachdidaktischen Diskussion wird die derzeitige Definition jedoch weiterhin als unzureichend angesehen, weil sie noch zu sehr ein diagnostisch überprüfbares Verstehen von Sach- und Gebrauchstexten anstrebt und die konstruktive und identifikatorische Leistung des Lesenden nicht umfassend genug abbildet. Ob jemand in der Lage ist, sich in die Charaktere eines Textes einzufühlen, ihr Handeln nachzuvollziehen und ob er diese Leseerfahrungen mit anderen austauschen kann, wird durch den Kompetenzbegriff von PISA und IGLU nur bedingt abgedeckt. Eine umfassendere Konzeption von Lesekompetenz entwerfen Cornelia Rosebrock und Daniel Nix mit ihrem Mehrebenenmodell des Lesens (vgl. Rosebrock/Nix 2015, 14 f.), auf welches die folgenden Darstellungen zur Lesekompetenz immer wieder Bezug nehmen. Die Konzeption hat es sich zum Ziel gesetzt, die auf verschiedenen Ebenen liegenden kognitiven, subjektbezogenen und sozialen Teilprozesse des Lesens zu integrieren, und so fließen neben der kognitiven Dimension der PISA-Definition auch motivationale, emotionale, reflexive sowie kommunikative Dimensionen des Lesens in das Modell ein. Lesen wird beschrieben als „komplexer, mehrteiliger geistiger Konstruktions- und Integrationsprozess, der erlernt und geübt werden muss. Er ist subjektiv gesteuert sowie biografisch, sozial und situativ eingebettet" (Rosebrock/Scherf, 2019, 40). Das Modell führt Erkenntnisse aus Kognitions- und Sozialisationsforschung zusammen und hat einen ausdrücklich didaktischen Anspruch. Dadurch ermöglicht es, mit den einzelnen Teilprozessen des Lesens auch Abläufe der Lesesozialisation in den Blick zu nehmen, um so Problemstellen und Schwierigkeiten beim Erlernen des Lesens genauer verorten und angehen zu können.

Kognitive Teilleistungen

Mit den kognitiven Teilleistungen wird beschrieben, welche mentalen Prozesse sich im Kopf des Lesers vollziehen, während er einen Text liest. Dem Grundsatz nach entsprechen sie den Leistungsstufen des PISA-Modells und beschreiben die messbaren Verstehensleistungen während des Lesevorgangs.

Bedeutungszuschreibung auf der Wort- und Satzebene

Die kleinste Einheit im Leseprozess ist die Wortidentifikation. Buchstaben werden identifiziert und Lauten zugeordnet, die Laute werden verschliffen, sodass eine Wortbedeutung abgelesen werden kann. Allein daran, diese Komponente zu erlernen, arbeiten manche leseschwachen Kinder der ersten Klasse schon ein ganzes Schuljahr. Flüssige Leserinnen und Leser vollziehen diesen Ablauf schließlich automatisiert, denn sie haben Buchstabengruppen, Wörter und Wortgruppen bereits als Sichtwortschatz in ihrem mentalen Lexikon gespeichert und nehmen sie mühelos und vor allem fehlerfrei im Bruchteil einer Sekunde wahr (vgl. Rosebrock 2019, 7). Dieser sogenannte Wortüberlegenheitseffekt funktioniert sogar dann noch, wenn *Buhctsabne innrehlab eiens Wotres vretuashct wedren*. Die Worterkennung wird überdies stabilisiert, wenn der Textzusammenhang dem Leser bekannt ist und die zu lesenden Wörter quasi vorhersehbar werden. Kinder mit ei-

nem differenzierten Sprach- und Weltwissen haben somit bereits auf dieser untersten Ebene des Leseprozesses einen immensen Vorteil (vgl. Rosebrock/Nix 2015, 17), so wie es auch Erwachsenen leichter fällt, einem Gespräch in einer erlernten Fremdsprache zu folgen, wenn sie wissen, worum sich das Gespräch überhaupt dreht. Werden jedoch zu viele Wörter in dichter Folge nicht verstanden, wird das Lesen als unbefriedigend erlebt und möglicherweise abgebrochen. Eine Förderung durch begleitetes Lesen, zum Beispiel mit einer Partnerin oder einem Partner, ist hier dringend vonnöten (vgl. Gattermaier 2019, 28).
Das Satzverstehen beginnt, wenn mehrere Wörter semantisch und syntaktisch miteinander verbunden werden. Hier haben Kinder mit Vorerfahrungen in schriftsprachlicher Struktur den Vorsprung, weil sie über die differenzierteren grammatikalischen Satzmuster verfügen und geläufige Satzmuster, wie die deutsche Verbklammer, intuitiv in ihre Erwartungshaltung einbeziehen (vgl. Rosebrock/Nix 2015, 18). Schülerinnen und Schüler hingegen, deren Muttersprache sich grammatikalisch stark von der deutschen Sprache unterscheidet, wie zum Beispiel die türkische Sprache, müssen deutlich mehr Energie dafür aufwenden, die Struktur eines Satzes zu entschlüsseln (vgl. Spinner 2012, 50); Energie, die für das inhaltliche Verstehen des Satzes dann nur noch eingeschränkt zur Verfügung steht.

Lokale Kohärenzbildung

Der nächste Level der Prozessleistungen ist mit dem Bilden lokaler Kohärenz erreicht: Satzfolgen werden miteinander verknüpft. Logische Zusammenhänge zwischen zwei Sätzen werden dabei häufig durch kleine Wörter hergestellt, deren besondere Bedeutung der Leser zunächst einmal wahrnehmen und erfassen muss. Pronomina beispielsweise können Rück- oder Vorverweise herstellen (vgl. Spinner 2012, 50), Pronominaladverbien kausale oder temporale Zusammenhänge ausdrücken: *Der Hund sieht eine Katze. Darum bellt er.* Nicht jedem Lesenden gelingt es bei einem solchen Satz, das Bellen mithilfe des Pronominaladverbs *darum* auf die Katze zurückzuführen; das Pronomen *er* hingegen auf die Referenzinformation Hund zu beziehen, wird durch inhaltliche Schlussfolgerung erleichtert. Wer sonst sollte schon bellen?

Globale Kohärenzbildung

Mit der Herstellung globaler Kohärenz wird der Zusammenhang eines Textes auf einer komplexeren Abstraktionsebene erfasst, es beginnen hierarchiehöhere Teilprozesse des Lesens. Hierbei werden größere Textteile miteinander verknüpft und verdichtet. Der Leser bildet „Makrostrukturen, nämlich eine strukturierte Vorstellung vom Textinhalt als Ganzem“ (Rosebrock/Nix 2015, 18). So kann er das übergreifende Thema des Textes erfassen und Hypothesen über den Fortgang des Textes bilden. Sprachliche Strukturhinweise unterstützen das Verstehen des logischen Aufbaus, so zum Beispiel Überschriften, Überleitungen oder Zusammenfassungen. Für Leseanfänger anspruchsvoll sind Auslassungen im Text, denn nicht immer steht ausdrücklich geschrieben, was eigentlich gemeint ist. Das Ergänzen dieser Leerstellen nennt man das Herstellen von Inferenzen, es muss in aktiver Konstruktionstätigkeit text- oder wissensbasiert erfolgen (vgl. Bismarck 2019, 14f.). Kindern, die bereits auf ein großes Sach- und Weltwissen zurückgreifen können, fällt das logische Schlussfolgern auf dieser Wissensbasis leichter. Für diese Leistung bleibt jedoch nur Aufmerksamkeit übrig, wenn die hierarchieniedrigeren Teilprozesse, wie das Lesen auf der Wort- und Satzebene, bereits automatisiert und quasi von selbst ablaufen. Wer einen Text noch decodierend liest, kann längere Texte kaum verstehen (vgl. Rosebrock 2019, 8).

Nutzung von Strukturmusterwissen

Verschiedene Textsorten, wie Erzählungen, Märchen, Sachtexte, Werbetexte oder auch Fahrpläne, weisen eine jeweils unterschiedliche konventionalisierte Struktur auf, sie folgenden typischen Darstellungsmustern (vgl. Bismarck 2019, 15). Das Wissen um diese sogenannten Superstrukturen erleichtert das inhaltliche Erfassen der Texte, denn der Leser kann auf Erfahrungswerte über den möglichen Fortgang des Textes zurückgreifen und sie zum Einsatz bringen. Er weiß, wie Texte solcher Art gebaut sind, und kennt typische Abfolgen und Figuren (vgl. Rosebrock/Nix 2015, 19). Kinder, die durch jahrelanges Lernen in Vorlesesituationen auf ein solches „Strukturmusterwissen“ (Spinner 2012, 51) zurückgreifen können, haben einen enormen Vorteil bei der mentalen Verarbeitung von Texten und somit beim Leseverstehen insgesamt.

Erkennen von Darstellungsstrategien

Unausgesprochene Darstellungsabsichten, die mit einem Text verbunden sind, identifizieren zu können, das ist die hierarchiehöchste Ebene der kognitiven Leistungen (vgl. Rosebrock/Nix 2015, 20). Was ist die Intention des Textes? Will er informieren, belehren, unterhalten, überzeugen? Wie ist der Text stilistisch und rhetorisch aufgebaut? Kinder mit einem umfassenden Textsortenwissen, die also Textsorten identifizieren können, haben es auch hier leichter. Denn wer die typischen Kriterien einer Fabel kennt, kann auch ihre Lehre leichter erkennen. Wer weiß, wie ein Sachtext normalerweise aufgebaut ist, kann manipulative Strukturen leichter aufdecken. Wer die Intention eines Textes erkennen kann, kann sich ein Urteil über den Text bilden und wird damit zum mündigen Leser.

Subjektbezogene Teilleistungen

Erschöpfte sich der Leseprozess mit den beschriebenen kognitiven Prozessen, nähme wohl niemand die Anstrengung des Lesenlernens auf sich (vgl. Rosebrock/Nix 2015, 20). „Mit den Figuren zu leben und zu leiden, Abenteuer zu bestehen und glücklich zu sein, macht den Genuss des Geschichten-Erlebens aus" (Hurrelmann 2010, 10). Mit den subjektbezogenen Teilleistungen von Lesekompetenz kommen die Lesenden selbst ins Spiel, ihre innere Beteiligung mit Wünschen und Vorstellungen, ihr Vorwissen und ihr Begehren nach Sinn, aber auch ihre Fähigkeit, Texte durch Imagination lebendig werden zu lassen.

Motivationale Prozesse

Lesemotivation ist die Fähigkeit, Lesebereitschaft aufzubringen und trotz möglicherweise auftretender Schwierigkeiten über einen längeren Zeitraum aufrechtzuerhalten (vgl. Bismarck 2019, 16). Lesemotivation entsteht dabei in den seltensten Fällen allein aus dem Moment heraus, sie entwickelt sich vielmehr durch langfristige und vielschichtige Prozesse von frühester Kindheit an, bis sie schließlich tief in die eigene Identität eingebunden in einem lesebezogenen Selbstkonzept festgeschrieben wird (vgl. Rosebrock/Nix 2015, 115 f.). Sie kann unterteilt werden in eigene intrinsische und fremdinduzierte extrinsische Motivation; das heißt in Motivation aus eigenem Antrieb, weil Lesen in der individuellen Erfahrung als positiv erlebt werden konnte oder weil ein aktuelles Interesse befriedigt werden soll, und in Motivation aufgrund von schulischen Erwartungshaltungen, die mit Noten und Beurteilungen einhergehen (vgl. Garbe 2020, 61).

Aktivierung von Wissensbeständen

Wie bereits bei den kognitiven Teilleistungen deutlich wurde, nutzen Leserinnen und Leser bei der Verarbeitung von Texten individuell unterschiedliches Sprach- und Weltwissen. Schon vor der eigentlichen Lektüre aktiviert der versierte Leser seine vorhandenen Kenntnisse, was seine Herangehensweise an den Text mitbestimmt. Während des Lesens werden weitere Wissensbestände aktiviert, die auf den Text zurückwirken und helfen, ihn zu verstehen (vgl. Rosebrock et al. 2017, 13). Wissen ist hier zu verstehen als Wort- und Sprachwissen, auch im Sinne grammatikalischer Strukturen, kulturelles Wissen, emotionale und sinnliche Erfahrung und themenbezogenes Vorwissen. Um ein Buch passend für die eigene Person auswählen zu können, benötigt der Leser jedoch noch eine spezifische Art des Weltwissens. Er benötigt lesekulturelle Fähigkeiten, die es ihm ermöglichen, Kenntnisse über die Bedeutung der verschiedenen Textsorten mit seinen eigenen individuellen Interessen und seinen persönlichen Lesefähigkeiten abzugleichen, um schließlich zu einer befriedigenden Auswahl zu gelangen (vgl. Rieckmann 2018, 86).

Innere Beteiligung und Reflexion

Texte bereichern unsere Vorstellungswelt, sie regen uns an, eigene Gedanken zu entwickeln und zu reflektieren. Insbesondere für Kinder ist Lesen ein wunschorientierter Vorgang, aber auch Erwachsene suchen in Geschichten subjektive Beteiligung (vgl. Rosebrock/Nix 2015, 21). In der emotional-identifikatorischen Dimension muss der Lesende Gefühle und Einstellungen von Figuren nachvollziehen können und den Figuren empathisch oder identifikatorisch nahekommen (vgl. Bismarck 2019, 16). Ferner muss er sich kritisch mit dem Gelesenen auseinandersetzen und in der Lage sein, dieses mit anderen Texten zu vergleichen. Kinder, denen viele Bilderbücher vorgelesen wurden, sind wieder einmal den anderen eine Nasenlänge voraus, denn Bilderbücher geben Anregungen für die Ausgestaltung des eigenen Erlebens und Fühlens und helfen, Empathie auszubilden (vgl. Hurrelmann 2010, 10). In der imaginativen Dimension erfordert das Lesen, aktiv eigene Vorstellungen zu entwickeln. Denn anders als beim Anschauen eines Films werden beim Lesen die Bilder nicht automatisch mitgeliefert, sondern müssen zunächst als innere Bilder im Kopf gebildet werden. Der Leser wird also mithilfe seiner Fantasie konstruktiv tätig, denn immer auch werden Lücken im Text durch Vorwissen und Erfahrungen des Lesers gefüllt und fließen eigene Vorstellungen in die geschaffenen Bilder ein. Voraussetzung für eine solche innere Beteiligung, für einen solchen dynamischen Austauschprozess ist Leseengagement. Das Leseengagement beschreibt dabei den Grad an Aufmerksamkeit und Motivation, mit dem sich eine Leserin oder ein Leser trotz möglicher Schwierigkeiten auf einen Text einlassen kann (vgl. Rieckmann 2018, 55 ff.). Denn erst, wenn jemand so sehr in den Text versinkt, dass äußere Störungen kaum zu einer Unterbrechung der Lektüre führen, kann er sich Welten in seinem Kopf schaffen, die alles andere übertreffen.

Metakognitive Kontrolle des Lesevorganges

Wer Verantwortung für den eigenen Leseprozess übernehmen möchte, muss sich selbst um Verständnis bemühen und in der Lage sein, den eigenen Leseprozess entsprechend zu gestalten, zu überwachen und zu regulieren (vgl. Rieckmann 2018, 28). Der versierte Leser passt je nach Textschwierigkeit und Leseintention seine Lesegeschwindigkeit an, trifft Voraussagen über den Fortgang der Handlung und sucht nach Erklärungen für Fragliches. Regelmäßig überprüft er sich selbst, ob er das Gelesene überhaupt verstanden hat, und setzt sich realistische Leseziele. Es besteht jedoch die Vermutung, dass sich schwache Leserinnen und Leser zum Teil schon so sehr an ein Nicht-Verstehen gewöhnt haben, dass sie das eigene Verstehen gar nicht erst hinterfragen (vgl. Rieckmann 2018, 49).

Übergeordnete Leistung: Aufbau eines mentalen Modells
Spielen all diese Teilleistungen der kognitiven und subjektbezogenen Ebene reibungslos zusammen, so erfüllen sie gemeinsam ein übergeordnetes Ziel: Der Leser baut ein mentales Modell des Gelesenen auf. Dieses wird im weiteren Verlauf des Leseprozesses fortwährend überprüft und angepasst, denn Charaktere schälen sich nach und nach erst heraus, entwickeln sich und ihre Handlungsmotive weiter, treffen auf neue Figuren. Mit dem Abschluss eines Textes ist es dieses Situationsmodell, an das sich Leserinnen und Leser letztlich erinnern. „Wenn sie ihn verstanden haben, sind nämlich die wörtliche Oberfläche und auch die Textbasis längst ins Vergessen gesunken, wiedergegeben wird das Verstandene, das als Situationsmodell Repräsentierte" (Rosebrock 2019, 8).

Soziale Teilleistungen

Lesen ist sozial, interaktiv und kommunikativ eingebunden. Die früheste derartige Leseerfahrung ist die Vorlesesituation von Kindern und Eltern auf dem Sofa, bei der gemeinsam gerätselt wird, wie eine Geschichte wohl weitergeht und warum denn bitte die Hauptperson so und nicht anders reagiert hat. Auch das Lesen von Bundesligaergebnissen ist häufig in interaktiver Gemeinschaft verankert, ebenso das Lesen einer Spielanleitung. Im vergnüglichen privaten Bereich werden Bücher und Leseempfehlungen getauscht, der Ausgang eines Krimis wird verhandelt und literarische Veranstaltungen werden besucht. Leseerfahrungen werden in Anschlusskommunikation diskutiert, in der „eigene mentale Modelle gelesener Texte durch die Sichtweise der Gesprächspartner validiert, falsifiziert, erweitert oder mit anderen Ansichten bereichert werden können" (Rosebrock et al. 2017, 9). Im schulischen Bereich ist die Bedeutung dieser sozialen Teilleistung hoch, denn fast alle schulischen Fächer sind textbasiert und kommunikativ angelegt. Wer hier lesebezogene kommunikative Vorerfahrung und Routine mitbringt, hat anderen mehr als nur Sprachgewandtheit voraus.

1.4 WAS BRAUCHEN KINDER, UM ZU LESERN ZU WERDEN?

Ein Unterricht, der es sich zum Ziel setzt, *alle* Kinder für das Lesen zu gewinnen, muss vor allem eines: passgenau fördern, denn jeder Lernprozess verläuft unterschiedlich. Das Kind, das beim Vorlesen die Handlungsmotive der Protagonisten herausarbeiten kann, aber selbst nicht über eine ausreichende Leseflüssigkeit verfügt, benötigt eine andere Förderung als das Kind, das ein Buch zwar schnell und selbstständig lesen kann, aber dies nur tut, um das Buch beenden und abhaken zu können. Leseunterricht kann daher nur in einem systematischen, differenzierenden und individualisierenden Unterricht erfolgreich sein, der auf der Grundlage einer in den Unterricht integrierten, alltagstauglichen und handhabbaren Diagnostik effektive Angebote zur Förderung der einzelnen Teilbereiche von Lesekompetenz bereithält. In dem im Folgenden vorgestellten Lesekonzept wird dabei eine Ausgewogenheit zwischen dem Lesen „echter" Texte, also dem interessengeleiteten Lesen von literarischen und sachorientierten Büchern, und dem Training isolierter Teilfertigkeiten, wie Leseflüssigkeit und Lesestrategien, angestrebt; denn das eine ohne das andere kann nicht zum Ziel führen. Das Wissen um Lesekompetenzmodelle schärft dabei den Blick für Unterschiede, für Stärken und Schwächen von Schülerinnen und Schülern (vgl. Spinner 2012, 51). Das Wissen um die Aspekte einer erfolgreichen Leseförderung in Leserfamilien zeigt Methoden und Wege auf, die sich zu einem guten Teil auch in der Schule verwirklichen lassen (vgl. Bertschi-Kaufmann 2017, 18).

Bücher vorlesen

Literarisches Lernen beginnt lange vor dem eigentlichen Lesenlernen, und die Begegnung mit Büchern muss allen Kindern vom ersten Schultag an ermöglicht werden. In einem motivierenden Leseunterricht sind Kinderbücher unverzichtbarer Teil der Lernumgebung und das Vorlesen gehört zum Unterricht in allen Fächern und in allen Jahrgangsstufen selbstverständlich dazu. Lesebegleitend oder nach dem Vorlesen sind anregende Anschlussaufgaben wichtig, um tiefer in die Buchwelten hineinzuführen.

Individuelle Literatur lesen

Zunächst einmal braucht Leseunterricht motivierte Lehrkräfte, die sich für Kinder- und Jugendliteratur begeistern können und sich als professionelle Literaturvermittler verstehen. Damit Kinder ein stabiles und vor allem autonomes Leseverhalten aufbauen können, muss ihnen darüber hinaus ermöglicht werden, ihrem Niveau entsprechend zu lesen und eigene Leseinteressen zu entwickeln. Dieser Anspruch erfordert eine weitgehende Individualisierung der schulischen Lektüre, die in regelmäßigen und im Unterricht fest verankerten stillen Lesezeiten realisiert werden kann. In diesen unverzichtbaren Kernzeiten des Leseunterrichts müssen Kinder mit wenig Bucherfahrung aufgefangen und durch strukturierende Maßnahmen eng eingebunden werden. Anregende Anschlussaufgaben, die eine Vorstellungsbildung einfordern oder in denen Vorgestelltes zum Ausdruck kommen kann, sind nur ein Teil der Aufgaben, die die individuelle Schülerlektüre schließlich wieder im Klassenverband zusammenführen. Sie nehmen die zielgerichtete Auseinandersetzung mit dem Gelesenen in den Blick, prüfen die Qualität des Textverständnisses, regen zur Reflexion über das Gelesene an und ermöglichen einen gemeinsamen Austausch in abwechslungsreicher Anschlusskommunikation.

Gedichte erarbeiten
Gedichte können Kinder verzaubern, wenn man ihnen im Unterricht Zeit einräumt, ihre poetische Kraft zu entfalten. Sie gehören zu einem motivierenden Lesekonzept, denn sie fordern und fördern in einem besonderen Maße literarisches Fantasieren, die Aktivierung von Wissensbeständen und die Kommunikation über ästhetische Erfahrung. Darüber hinaus eignen sich Gedichte sehr gut für eine gemeinsame Erarbeitung von Sprache und ihren Möglichkeiten. Das Schaffen persönlicher Zugänge ist hier von großer Wichtigkeit, ebenso wie eine vertrauensvolle Anschlusskommunikation.

Leseflüssigkeit trainieren
Basale Lesefertigkeiten der Worterkennung, des Satzverstehens und der Leseflüssigkeit sind Grundvoraussetzung für jedes Textverstehen. Trainingsverfahren mit Lautlesetandems zeigen in empirischen Studien gute Erfolge und sind somit unverzichtbarer Bestandteil eines jeden Unterrichts. Als wichtiger Teil des wöchentlichen Lesetrainings wird die Arbeit mit Lautlesetandems in unterschiedliche Unterrichtsszenarien und Übungsformate eingebettet und bedient sich vielfältiger Materialien.

Lesestrategien anwenden
Gute Leserinnen und Leser lesen strategisch und wenden dafür unterschiedliche Lesetechniken gezielt und weitgehend automatisiert an. Bis dahin ist es jedoch ein weiter Weg, denn Lesetechniken müssen bewusst vermittelt und immer wieder eingeübt werden. Merkmale und Lesarten von Textsorten sollten daher ebenfalls in allen Fächern in den Blick genommen werden, da sie jeweils spezifische Lesetechniken erfordern.

Digital lesen
Schule muss den Veränderungen gesellschaftlich-kultureller Literalität sowie der damit verbundenen Erweiterung des Textbegriffs Rechnung tragen und vielfältige Medien in ihrem Unterricht anbieten (vgl. Wildemann/Vach 2013, 57). Digitales Lesen muss ein selbstverständlicher Bestandteil des Deutschunterrichts sein, um neue Zugänge zum Lesen zu eröffnen und die Herangehensweise an digitale Textsorten zu erschließen.

Eltern einbinden
Lesen lernt man nicht nur im Unterricht, sondern auch zu Hause. Elterliche Aufklärung ist somit immer der erste Schritt zur Veränderung. Diagnosegeleitete Elterngespräche auf Augenhöhe, informative Elternabende und die Einbeziehung von Eltern in die unterrichtliche Arbeit sind wichtige Begleiter bei der Vermittlung von Lesekompetenz und bieten die unverzichtbare Chance, vielleicht sogar im häuslichen Umfeld einige kleine, aber entscheidende Veränderungen herbeizuführen.

TEIL 2 BÜCHER VORLESEN

In jeder dritten Familie in Deutschland wird Kindern zu selten oder nie vorgelesen. Vor allem Väter zeigen zu wenig Vorleseengagement, und Vorlesepraxis hängt eng mit den Bildungsvoraussetzungen in der Familie zusammen. Das zeigen die jährlichen Vorlesestudien von Stiftung Lesen, der Wochenzeitung DIE ZEIT und der Deutsche Bahn Stiftung (vgl. Stiftung Lesen et al. 2019, 27, vgl. Stiftung Lesen et al. 2020, 5). Für viele Kinder hat das weitreichende Folgen, weil das Vorlesen von Bilderbüchern und von Kinderbüchern Begegnung mit Literatur ist und weil es den Grundstein dessen legt, was später literarische Kompetenz genannt wird.

2.1 BEDEUTUNG DES SCHULISCHEN VORLESENS

Leseerfahrung beim Vorlesen wird geprägt und intensiviert durch Gemeinsamkeit, emotionale Beteiligung, sprachliche Interaktion und Genuss. Das Vorlesen in der Grundschule beginnt, wie auch das Vorlesen zu Hause, meist mit Bilderbüchern, denn diese bestechen durch die Vergegenwärtigungskraft ihrer Bilder. Illustrationen regen die Fantasie an, machen sprachliche Welt sichtbar und erklären anschaulich, wenn das kindliche Verstehen durch Sprache allein überfordert wäre (vgl. Hering 2018, 45). Dabei verlangen Bilder nach eigenständigen Deutungen, weil sie die Geschichte ausschmücken, erklären, weitererzählen und manchmal sogar konterkarieren. Kinder fiebern mit, wenn in einer Geschichte Gefahr droht, und entspannen sich erst, wenn diese gebannt ist. Bilderbücher setzen die Gefühle ihrer Figuren ins Bild und erleichtern damit die emotionale Beteiligung.
Bilderbücher machen vertraut mit grundlegenden dramaturgischen Elementen und typischen Erzählstrukturen. Sie beginnen mit episodischen Erzählungen und entwickeln nach und nach das Geschichtenschema mit Einleitung, Konfrontation, einem oder mehreren Wendepunkten, Höhepunkten und Auflösung (vgl. Hering 2018, 35). Ihre meist klare Struktur lädt zum Fantasieren ein, zum Mitfabulieren, denn wer den Aufbau einer Geschichte verstanden hat, kann vor dem Umblättern der Seite gedanklich vorausschauen. Das bereitet Freude und vermittelt Kompetenzerlebnisse (vgl. Hering 2018, 74). Ein solches produktives Zuhören erfordert sprachliche Interaktion, und so entstehen begleitend zum Vorlesen Gespräche über die Charaktere einer Geschichte, über Deutungszusam-

menhänge und Handlungsmotive. In diesem Prozess wird das Vorlesen zur Erzähl- und Sprachförderung, denn es werden Erzähl- und Sprachmuster der Vorlage aufgegriffen, neue Begriffe übernommen und bildliche sprachliche Mittel eingeschliffen.
Mit der Entwicklung des sprachlichen und inhaltlichen Verstehens der Kinder wird das Vorlesen auf komplexere Kinderliteratur ausgeweitet. Umfangreichere Bücher wecken gerade deswegen Begeisterung, weil sie vielschichtige Zusammenhänge hintergründig aufbauen. Beim Vorlesen kann unabhängig von eigener Leseanstrengung ein Grundverständnis entwickelt werden, wie vielschichtige Texte funktionieren und dass die Verknüpfung von Einzelinformationen am Ende zu einer Auflösung führt. Ferner wird beim Vorlesen längerer Texte ein langer Leseatem entwickelt, „die Fähigkeit nämlich, komplexe mentale Modelle über längere Zeit zu prozessieren, unterbrochene Handlungsfäden wieder aufzunehmen, unterschiedliche Perspektiven zu integrieren" (Rosenbrock/Nix 2015, 28).
Vorlesen ist unverzichtbar für all diejenigen, deren Lesemotivation im Verlauf der Grundschulzeit immer mal wieder Rückschläge erlebt. Denn auch bereits bucherprobte Kinder müssen meist mehr Geduld für das Lesenlernen aufbringen, als zunächst von ihnen angenommen wurde. Zusätzlich können Erstlesetexte die kindlichen Erwartungen an Spannung und Tiefgang nur bedingt erfüllen, da die vereinfachte Textstruktur und Wortwahl sowie der schlichte Satzbau von Erstlesetexten eine inhaltlich differenzierte Gestaltung der Geschichten gründlich ausbremsen (vgl. Boie 2001, 7). Damit erhält das regelmäßige Vorlesen durch alle Jahrgangsstufen der Grundschule noch eine letzte, immens wichtige Bedeutung: Vorlesen kompensiert, und es macht Spaß! Den Kindern und hoffentlich auch der Lehrkraft. Denn wann sonst kann Begeisterung für Literatur so unbeschwert vermittelt und geteilt werden?

2.2 VORLESEN IM UNTERRICHT

Ein Unterricht, der zu Büchern verführen möchte, wird auf das Vorlesen als regelmäßiges Ritual in keiner Jahrgangsstufe verzichten. Dabei eignet sich alles, was auf das Interesse der Kinder trifft, das Bilderbuch ebenso wie der dicke Schinken, der sich über Wochen erstreckt, Sachbücher ebenso wie Anfänge von Buchserien, die das eigene Lesen anregen. Klassiker der Kinderliteratur haben einen ebenso hohen Stellenwert wie aktuelle Autorinnen und Autoren. Aber spannend sollte das Buch sein, und es sollte fortschreitend erzählen, damit auch bei leichter Ablenkung durch die Sitznachbarn das Interesse nicht abwandert. Humor darf ebenso wenig fehlen, sodass alle Zuhörenden gemeinsam lachen können. Wichtig sind unverwechselbare männliche und weibliche Heldenfiguren im gleichen Alter wie die Zuhörerschaft, damit sich Jungen und Mädchen leicht mit ihnen identifizieren können. Die Geschichte kann inhaltlich und sprachlich durchaus komplexer aufgebaut sein, als sie es in den Büchern zum Selberlesen ist. Gerade das macht ja den Reiz des Vorlesens aus. Leerstellen mit ungeklärten Beziehungen zwischen Textteilen oder zwischen Text und Bild sind nicht nur erlaubt, sie sind sogar erwünscht, denn sie fordern das aktive Konstruieren und Verstehen des Lesenden ein (vgl. Hering 2018, 142 f.). Was der Bilderbüchermarkt noch nicht im ausreichenden Maße hergibt, sind Hauptfiguren mit anderem kulturellen Hintergrund. Wichtig wären Heldinnen und Helden mit türkischen, arabischen oder afrikanischen Wurzeln, deren familiäre Herkunft eben nicht thematisiert – und damit immer auch problematisiert – wird, sondern einfach nur erkennbarer und selbstverständlicher Teil der Geschichte ist. Sachbücher benötigen längere erzählerische Abschnitte, die das Vorlesen erleichtern, sie können aber auch in einer Mischung aus Lesen und Erzählen den Wissensdurst der Kinder stillen. Die grundsätzliche Leitidee ist, dass die gewählten Bücher Resonanz erzeugen, begeistern und „Lust auf mehr" machen. Vorgelesen werden kann zum Tagesanfang genauso wie zum Tagesabschluss, als Pause ebenso wie themenbezogen in allen Fächern. Aber egal wann und wie Bücher präsentiert werden, garantiert werden muss eine Atmosphäre zum Wohlfühlen. Beim Vorlesen von Bilderbüchern, aber auch grundsätzlich mit vorleseungeübten Gruppen bietet sich der Kinositzkreis an. Das ist ein Halbkreis, den die Schülerinnen und Schüler mit Stühlen oder direkt auf einem Teppich um die vorlesende Person herum bilden. In dieser Anordnung kann das Buch von allen gut gesehen werden, und die Anschlusskommunikation fügt sich unmittelbar und zwanglos in das Vorlesegeschehen ein. Alternativ dazu kann bei langen Vorlesepassagen ohne große Gesprächsanteile die Platzwahl vollkommen frei gegeben werden. Nun können es sich die Kinder bequem machen, wo auch immer sie wollen; vorausgesetzt, sie schaffen es, an ihrem Platz ruhig, konzentriert und ohne Störungen zu verweilen. Manche Kinder wollen dem Buch und seiner Geschichte möglichst nahe sein und legen sich auf Kissen oder Teppichquadraten dicht an den Vorlesenden heran. Andere wiederum finden es reizvoll, wie in einer Höhle unter dem Tisch zu liegen, noch wieder andere setzen sich auf die Heizung, auf der es schön warm ist. Zwei Dinge aber sollten nicht erlaubt werden: mit dem Nachbarn zu reden oder beim Zuhören zu malen. Denn derart kann der Text seine Wirkung nicht entfalten, sondern verkommt zum Hintergrundgeräusch, dem immer nur zwischendurch gelauscht wird.

Es gibt einige Kinder, denen es insbesondere zu Beginn einer neuen Vorlesegeschichte noch schwerfällt, sich die verschiedenen Personen zu merken. Insbesondere bei ähnlichen oder zahlreichen Namen können sie die genannten Informationen nicht schnell genug im Gedächtnis verankern und haben im weiteren Textverlauf Schwierigkeiten, die notwendigen Zusammenhänge herzustellen. Hier Abhilfe zu schaffen, ist ganz einfach. Steht der Einstieg in ein längeres Vorlesebuch an, so werden die wichtigsten Charaktere vorab eingeführt und ihre Rolle in der Geschichte kurz erklärt. Wer gern selbst kreativ wird, kann dazu vorab ein motivierendes Plakat erstellen. Dabei reicht es, die Figuren kurz zu skizzieren und die Namen so aufzuschreiben, dass sie auch von weitem lesbar sind. Als kleine Erinnerungshilfe reicht das vollkommen. Kommen im Text die typischen Spieler und Gegenspieler vor, können die jeweiligen Figuren visuell getrennt voneinander gezeichnet werden. So ist schnell ablesbar, von welcher Person gerade die Rede ist und zu welcher Fraktion sie gehört (Abb. 1). Das Plakat wird im Klassenraum aufgehängt, und erfahrungsgemäß stehen immer mal wieder Kinder davor und diskutieren engagiert ihre Vorlieben für den ein oder eben auch anderen Charakter.

Abb. 1: Plakat zum Buch *Seeräubermoses* von Kirsten Boie

Während des Vorlesens drängt es viele Kinder, das Fortschreiten der Geschichte zu kommentieren, denn sie sind ganz nah am Geschehen dran. Andere wiederum haben das Bedürfnis nach Muße und stillem Genuss, denn nur so können sie sich am besten in die Charaktere hineindenken. Hier gilt es, das richtige Maß zwischen dem Bedürfnis nach verbaler Auseinandersetzung der einen und dem Ruhebedürfnis der anderen zu finden, denn beides hat seine Berechtigung (vgl. Dörnhoff 2019a, 36). Je mehr die schiere Lust am Buch im Vordergrund des Vorlesens steht, desto mehr sollte insbesondere von lehrerzentrierten Unterbrechungen Abstand genommen werden. Steht hingegen ein bestimm-

ter Inhalt im Zentrum der Vermittlung – ein Sachthema oder die Erzählweise –, so erhält das dialogische Lesen, das heißt die Kombination von Vorlesen und Kommunikation, einen viel höheren Stellenwert.
Vorlesen können nicht nur Lehrkräfte, Erzieherinnen oder Erzieher. Vorlesen können alle, die Freude daran haben: Eltern, Großeltern, außerschulische Lesepaten und auch Kinder aus Partnerklassen. Je mehr Vorlesewillige zur Verfügung stehen, desto besser; denn werden in einer Vorlesezeit verschiedene Titel zur Auswahl angeboten, lernen auch leseungeübte Kinder, sich eigenständig für ein Buch zu entscheiden. Gelegenheiten zum Vorlesen gibt es wie Sand am Meer: regelmäßig in den Unterricht integriert, beim monatlichen Vorlesetreff mit der Partnerklasse oder bei Veranstaltungen in der Schul- oder Stadtbücherei. Ein besonderer Anlass ist ein schulweiter offener Vorlesemorgen, an dem die Klassenverbände aufgelöst werden und alle am Schulleben beteiligten Erwachsenen kleinen Schülergruppen vorlesen. Den Höhepunkt des Vorlesejahres bildet schließlich der *Bundesweite Vorlesetag* an jedem dritten Freitag im November. Dieser wird organisiert von der Stiftung Lesen, der Wochenzeitung DIE ZEIT und der Deutsche Bahn Stiftung. Im Jahre 2019 gab es über 650 000 Teilnehmende. Er bietet einen wunderbaren Anlass für weiterführende Aktionen, wie zum Beispiel einen schulweiten Vorlesewettbewerb, einen Theaterbesuch zu einem Vorlesebuch oder eine Autorenlesung.

Dunja, ein Mädchen mit iranischen Wurzeln, ist traurig, weil sie in der ersten Schulwoche kein Lieblingsbilderbuch mit in die Schule bringen kann. Sie beklagt sich bei der Lehrerin: „Meine Mama hat mir noch nie vorgelesen. Ich weiß gar nicht, warum!“ Wenn die Lehrerin vorliest, bleibt sie zunächst hinten in der Klasse auf ihrem Platz sitzen, sie möchte nicht in den Sitzkreis kommen. Mit der Zeit wagt sie sich immer weiter nach vorne, und im Herbst setzt sie sich dann das erste Mal ganz vor in die erste Reihe des Kinositzkreises. Die Reime aus dem Buch Das kleine Ich bin Ich *von Mira Lobe haben es ihr besonders angetan, und beim szenischen Spiel spricht sie ihre Zeilen ohne Hilfe auswendig.*

Buchempfehlungen zum Vorlesen für die Klassen 1 und 2

Englert, Sylvia / Brandstetter, Johann (2019): *Sterne und Planeten* (Reihe: Frag doch mal … die Maus!). Hamburg: Carlsen.
Krause, Ute (2014): *Minus Drei wünscht sich ein Haustier* (Reihe: Minus Drei …). München: cbj.
Scherz, Oliver (2018): *Ein Freund wie kein anderer* (Reihe: Ein Freund wie kein anderer). Stuttgart: Thienemann.

Steffensmeier, Alexander (2010): *Lieselotte bleibt wach* (Reihe: Lieselotte). Mannheim: Sauerländer.

Buchempfehlungen zum Vorlesen für die Klassen 3 und 4

Funke, Cornelia (2000): *Herr der Diebe.* Hamburg: Dressler.
Hawking, Lucy / Hawking, Stephen (2007): *Der geheime Schlüssel zum Universum* (Reihe: Universum). München: cbj.
Ludwig, Katja (2019): *Das Mauerschweinchen.* München: cbj.
Ludwig, Sabine (2011): *Die fabelhafte Miss Braitwhistle* (Reihe: Miss Braitwhistle). Hamburg: Dressler.
Siems, Annika / Dreyer, Wolfgang (2019): *Eine Reise in die geheimnisvolle Tiefsee.* München: Prestel.

2.3 MEDIALE UNTERSTÜTZUNG

In den letzten Jahren sind viele multimediale Leseformate auf den Markt gekommen, die Abwechslung in die Vorleseroutine bringen können. Motivierend sind sie für jeden, vor allem aber werden mit ihnen auch die Zielgruppen erreicht, die sich sonst nur schwer für Bücher begeistern lassen (vgl. Stiftung Lesen 2020, 24).

Bilderbuchkino

Kinder in der Medienwelt werden mit Bildern geradezu überschüttet. Eigene Vorstellungen entstehen zu lassen, fällt ihnen gerade deswegen manchmal schwer. Illustrationen in Bilderbüchern helfen, mentale Visualisierungen selbst zu bilden, und Bilderbuchkinos wiederum bringen eben diese Illustrationen groß und für alle sichtbar auf eine Leinwand. Ein Bilderbuchkino ist in der Regel eine (PDF-)Datei, die die Bilder eines Buches nacheinander auf einem interaktiven Whiteboard anzeigt. Das originale Bilderbuch ist weiterhin erforderlich, weil der Text des Buches meist nicht verfügbar ist und wie bisher auch von der Lehrkraft vorgelesen wird. Viele Kinderbuchverlage stellen inzwischen einen Teil ihrer Bücher nach einer Registrierung als kostenlose Downloads zur Verfügung. Eine weitere Möglichkeit ist, das Bilderbuch unter eine Dokumentenkamera zu legen und auf dem interaktiven Whiteboard anzeigen zu lassen. Auch ein reines Betrachten der Bilder mit Antizipation der Geschichte bietet durchaus unterrichtliche Möglichkeiten. Besonders viel Freude bringt das intensive Betrachten der Bilder, wenn es tatsächlich auch etwas zum Betrachten gibt, wenn die Bilder also eine eigene erzählerische Ebene ins Spiel bringen.

Dann gilt es, Details zu entdecken, Widersprüche zu entlarven und Stimmungen auszuloten; die individuellen Schlussfolgerungen wollen kommuniziert und verglichen werden. Eine wunderbare Atmosphäre mit großem Vorlesespaß!

Empfehlungen für Bilderbuchkinos für die Klassen 1 und 2
(jeweils auf den Webseiten der Verlage zu finden)

Cordes, Miriam (2020): *Richtig gute Freunde.* Hamburg: Carlsen.
Funke, Cornelia / Meyer, Kerstin (2006): *Käpten Knitterbart auf der Schatzinsel* (Reihe: Käpten Knitterbart). Hamburg: Oetinger.
Habersack, Charlotte / Büchner, Sabine (2016): *Der schaurige Schusch.* Ravensburg: Ravensburger.

Hörbücher

Von Zeit zu Zeit ist es ein ausgesprochen großes Vergnügen, die eigene Stimme zu schonen und gemeinsam mit der Klasse den stimmlichen Verwandlungskünstlern der Hörbuchbranche zuzuhören. Es gibt kaum ein Hörbuch, welches heute nicht als Download oder als CD verfügbar ist, und das eröffnet riesige Auswahlmöglichkeiten, die es zu nutzen gilt. Nicht immer muss gleich das ganze Buch gehört werden, insbesondere bei Hörbüchern für ältere Schülerinnen und Schüler verlängert sich entsprechend zum Buchumfang ja auch die Abspielzeit. Es können aber hin und wieder einzelne Kapitel gehört werden, die im tageweisen Wechsel mit der Lehrkraft die Geschichte zum Leben erwecken. Auch als Appetitanreger zum Selberlesen können einzelne Kapitel dienen, um denjenigen ins Buch zu helfen, die sich sonst nur schwer einen Zugang zur Geschichte aufbauen. Wichtig ist jedoch: Ein Hör*spiel* ist kein Hör*buch*, und auch Hörbücher überzeugen ungekürzt am besten. Das originale Buch sollte immer mit dabei sein, insbesondere, wenn es sich um ein Bilderbuch handelt. Denn der begleitende und auch der anschließende Blick ins Buch schlägt die Brücke vom digitalen Hören zum analogen Lesen.

Empfehlungen für Hörbücher für die Klassen 1 und 2

Kling, Marc-Uwe / Henn, Astrid (2019): *Das NEINhorn.* Hamburg: Carlsen. Audio-CD: Kling, Marc-Uwe (Sprecher). Hörbuchverlag Hamburg. 32 min.
Kuhlmann, Torben (2018): *Edison: Das Rätsel des verschollenen Mausschatzes.* Zürich: NordSüd. Audio-CD: Pastewka, Bastian (Sprecher). Der Hörverlag. 50 min.

Empfehlungen für Hörbücher für die Klassen 3 und 4

Ende, Michael (1989): *Der satanarchäolügenialkohöllische Wunschpunsch*. Stuttgart: Thienemann. Audio-CD: Herbst, Christoph Maria (Sprecher). Hörbuchverlag Hamburg. 4 h 41 min.
Rowling, Joanne K. (2015): *Harry Potter und der Stein der Weisen: Farbig illustrierte Schmuckausgabe* (Reihe: Harry Potter). Hamburg: Carlsen. Audio-CD: Beck, Rufus (Sprecher). Pottermore Publishing. 9 h 52 min.

Vorlese-Apps

Einen besonderen Anschub für die Lesemotivation stellen Bilderbuch-Apps dar, denn sie bahnen sich ihren Weg über die Technik. Tatsächlich lassen sich auch die Kinder, die sich selbst als Lesemuffel bezeichnen, gern von technischen Spielereien zum Lesen überzeugen. Der Reiz der Vorlese-Apps geht von ihren interaktiven Elementen aus, wie der Mitlesefunktion, den interaktiven Spielen, der musikalischen Untermalung oder der Sprachauswahl. Geschichten-Apps gibt es inzwischen in großer Zahl, jedoch von unterschiedlicher Qualität. Es ist somit wichtig, die verschiedenen Features vor dem Kauf genau unter die Lupe zu nehmen:

- Sind Bild und Text ähnlich wie im Original umgesetzt?
- Lassen sich die interaktiven Elemente auch ausschalten?
- Ist die Begleitmusik angenehm oder störend?
- Lenken Bildanimationen und Begleitgeräusche vom Inhalt ab?
- Sind Text und Spiel passend zueinander gewichtet?

Hat man aber im Playstore-Dschungel erst einmal die passenden Apps ausgesucht, lassen sich Vorlesestunden vielfältig gestalten. Die klassische Anwendung ist, die App mit der ganzen Klasse wie ein Bilderbuchkino zu verwenden. Faszinierend ist, die Geschichte anschließend nochmals von dem App-Sprecher in einer anderen Sprache zu hören, die vielleicht sogar einige Kinder der Klasse sprechen. Ein Einsatz der App als Zusatzaktivität erst nach der Vorlesezeit ist ebenfalls denkbar. Es können sich aber auch jeweils kleinere Gruppen um ein eigenes Tablet setzen, die Geschichte hören und all die verführerischen interaktiven Elemente selbst ausprobieren. Der große Vorteil einer solchen differenzierenden Konstellation ist, dass nun verschiedene Kindergruppen verschiedene Buch-Apps wählen können, je nach Interesse und Aufmerksamkeitsspanne. Dabei wird deutlich: Lesen findet vielseitig statt, analog und digital.

Empfehlungen für Vorlese-Apps für die Klassen 1 und 2

Janosch (1978): *Oh, wie schön ist Panama* (Reihe: Tiger und Bär). Weinheim: Beltz & Gelberg. App: München: Mixtvision.
Kuhlmann, Torben (2014): *Lindbergh: Die abenteuerliche Geschichte einer fliegenden Maus.* Zürich: NordSüd. App: Hamburg: Oetinger.
de Lestrade, Agnès / Docampo, Valeria (2010): *Die große Wörterfabrik.* München: Mixtvision. App: München: Mixtvision.

2.4 ANSCHLUSSAUFGABEN NACH DEM VORLESEN

Ob analog oder digital, nach jedem Vorlesen ist klar: Das Buch wird zur Ansicht freigegeben und wiederholendes Anschauen ist ausdrücklich erwünscht. Wenn die vorgelesenen Werke dabei ihren Platz in einer gesonderten Ecke der Klassenbücherei finden, füllt mit der Zeit ein regelrechter Geschichtenschatz das Regalbrett, in dem Kinder gern stöbern. Auch passende Anschlusswerke sollten von Zeit zu Zeit ins Blickfeld gerückt werden: Nachfolgebände von Serien, weitere Werke der vorgelesenen Autorinnen und Autoren, Bücher mit ähnlichen Themen.
Unvergesslich werden die Bücher, wenn die Klasse ein gemeinsames Vorlesetagebuch führt, in das Mini-Rezensionen, kommentierende Wörter und Sätze oder verzierte Lieblingstextstellen ihren Eingang finden. Natürlich dürfen auf den Seiten auch besondere Leseaktionen wie ein Vorlesetag in der Stadtbücherei oder der Besuch einer Literaturinitiative festgehalten werden (Abb. 2).
An der Gestaltung einer Seite müssen nicht immer alle Kinder mitwirken, es reicht, wenn jedes Kind ein- oder zweimal im Schuljahr seinen Beitrag leistet. Die Kinder arbeiten dafür am besten auf einfachem Linienpapier, das anschließend ausgeschnitten und in das Buch eingeklebt wird. So können mehrere Kinder gleichzeitig an ihren Beiträgen werken, und auch die Rechtschreibung kann vorab korrigiert werden. Der Start des Vorlesetagebuches kann gleich am ersten Schultag erfolgen, indem alle Kinder sich mit ihrem Namen auf dem Buchdeckel verewigen und so eine Lesegemeinschaft ihren Anfang findet.

Abb. 2: Dokumentation eines Büchereibesuches im Vorlesetagebuch einer ersten Klasse

Für einige Kinder beginnt literarische Bildung erst mit der Einschulung, für andere beginnt der Aufbau literarischer Kompetenz schon lange vor dem eigentlichen Lesenlernen. Allen gemeinsam ist die Freude am Spiel mit den Möglichkeiten, dem stellvertretenden Miterleben und Ausprobieren eines anderen Lebens mit seinen Chancen, aber auch mit seinen Gefahren. Bei dieser Gemeinsamkeit setzt der Unterricht der Grundschule durch regelmäßiges Vorlesen zunächst an. Kinder erleben, dass es Bücher gibt, die etwas mit ihnen zu tun haben, mit deren Texten man die Zeit vergessen kann und die erzählen, dass alles möglich ist; sogar, dass der Schwache den Starken besiegt und jeder sein Glück findet. Es geht darum, in Geschichten einzutauchen, sie vor dem inneren Auge vorbeiziehen zu sehen und mit ihnen vertraut zu werden. Aber vielen Kindern gelingt das nicht ohne einen kleinen Schubs in die Geschichte hinein. Sie benötigen – nicht immer, aber immer mal wieder – kreative Umgangsweisen im Anschluss an oder auch begleitend zur Lektüre, die Leseerfahrungen aufgreifen und intensivieren. Gestaltenden, aktiv-entdeckenden und spielerischen Zugangsweisen ist dabei der Vorzug zu geben, denn sie machen Texterfahrung sinnlich erfahrbar. Aufgaben, die dem Tätigkeitsdrang der Kinder nachkommen, bieten zudem meist unterschiedliche Handlungsfelder an und ermöglichen einen Zutritt zum Text über verschiedene Eingangskanäle. Geschichtenerfahrene Kinder müssen sich so mit dem Hörgenuss allein nicht zufriedengeben, sie profitieren von Aufgabentypen, die das Vorlesen mit dem Schreiben, dem Erzählen oder mit der Diskussion verbinden. Hier können sie ihr fortgeschrittenes Textverständnis zum Ausdruck bringen und sich individuell herausfordern.

Buchcharaktere gestalten

Durch Imagination wird Literatur vorstellbar, spürbar, erlebbar. „Wenn Kinder sich darauf einlassen, hören, riechen und empfinden sie mit den Heldinnen und Helden" (Bertschi-Kaufmann 2017, 56). Eine solche identifikatorische Reaktion ist Voraussetzung für ein vollständiges Hineintauchen in die Geschichte, für ein Sich-verlieren-in-den-fremden-Welten und für den Wunsch, diese Erfahrung erneut machen zu können. Buchcharaktere künstlerisch zu gestalten, diese Aufgabe bereitet Kindern viel Freude. Vor allem aber regt die kreative Umsetzung die Fantasie an, und sie unterstützt das Entstehen von Bildern in den Kinderköpfen. Das erfordert Arbeit! Nicht alle Kinder sind bereits geübt, eine Geschichte mithilfe ihrer Fantasie zum Leben zu erwecken. Sie benötigen Anleitung und Übung darin, sich die Charaktere einer Geschichte vorzustellen und einen persönlichen Zugang zu ihnen aufzubauen (vgl. Rieckmann 2018, 135). Die fertigen Bilder schließlich beinhalten mehr als das, was durch Worte hätte ausgedrückt werden können, denn in ihnen stecken Gedanken und Gefühle, und durch sie werden die Bilder im Kopf real (vgl. Sommer-Stumpenhorst/Hötzel 2001, 56 f.).

Unterrichtliche Umsetzung für eine erste Klasse

In dem folgenden Beispiel für eine erste Klasse malen die Kinder in Gruppenarbeit jeweils einen Charakter aus dem Kinderbuch *Wir sind nachher wieder da, wir müssen kurz nach Afrika* und beschreiben ihn in einem kleinen Text.

Scherz, Oliver (2014): *Wir sind nachher wieder da, wir müssen kurz nach Afrika.* Stuttgart: Thienemann.

Joscha und Marie müssen mal schnell nach Afrika. Denn Abuu, ein aus dem Zoo ausgebrochener Elefant, will dort so gern seine Familie treffen. Auf ihrer abenteuerlichen Reise treffen die drei Freunde auf allerlei freundliche oder auch garstige Weggefährten, bis sie schließlich am Ziel ihrer Reise ankommen.

Mit einer packenden Geschichte und genialen Illustrationen von Barbara Scholz ist das Buch ideal, um Kinder an längere und komplexere Vorlesegeschichten heranzuführen. Viele witzige Details mildern die Spannung auf ein erträgliches Maß ab und bringen Kinder und Erwachsene gleichermaßen zum Schmunzeln. Die Protagonisten sind prägnant ausgestaltet und vermitteln schon nach wenigen Sätzen das Bild einer klaren Persönlichkeit. Das Buch ist in kurze Kapitel eingeteilt, wodurch ein Vorlesen über zwei Wochen ermöglicht wird.

Das Buch wird stückweise vorgelesen, bis Joscha und Marie nach einem Schiffbruch stranden, leider ohne den Elefanten Abuu. Die Kinder fiebern an dieser Stelle besonders mit, weil sie hoffen, dass Abuu bald zu den beiden zurückfindet. Nun aber pausiert das Vorlesen, und der Klasse werden alle bereits bekannten, aber auch einige noch unbekannte Buchcharaktere zur Auswahl gestellt. Abuu, Joscha, Marie, der Bär und der Krake sind bekannt, aber auch vom König der Löwen und der Elefanten-Urgroßmutter wurde bereits erzählt. Als unbekannte Charaktere eignen sich das Kamel und die Affen. Die gewählten Protagonisten malen die Kinder nun in Vierergruppen mit Ölkreide auf große Abschnitte von Papierrollen. Beim gemeinsamen Arbeiten verbalisieren sie ihre Leseerlebnisse und tauschen Eindrücke über ihren Protagonisten aus, was das Leseerlebnis vertieft und intensiviert. Anschließend schreiben sie gemeinsam einige Sätze zu ihrem Charakter auf. Den Kindern, die für die noch unbekannten Gestalten zuständig sind, werden heimlich einige Insiderinformationen verraten, welche sie für ihre Aufgabe verwenden dürfen. So fühlen sie sich als Experten, weil zum Beispiel nur sie allein wissen, dass die Kamele die drei Helden vor dem Verdursten retten werden. Der korrigierte Text wird auf Linienpapier abgeschrieben, ausgeschnitten und auf den Papierbogen geklebt (Abb. 3). Anschließend stellen die Gruppen den anderen Kindern ihre Charaktere vor, und die Bilder werden im Klassenzimmer gut sichtbar aufgehängt. Wenn dann beim weiteren Vorlesen endlich das Kamel und die Affen ihren Auftritt haben, ist die Aufmerksamkeit groß, vor allem bei den Kindern, denen „ihr" Charakter das erste Mal begegnet. Zum Abschluss ist es möglich, einzelne Abschnitte des Buches szenisch nachzuspielen. Hierfür eignen sich besonders die Textstellen mit den Löwen, den Affen oder den Elefanten, da durch die große Anzahl an Tieren viele Kinder am Spiel teilnehmen können.

Abb. 3: Schülerarbeit „Das Kamel" zu *Wir sind nachher wieder da, wir müssen kurz nach Afrika* von Oliver Scherz, erste Klasse

Jannes, der immer etwas Sorge hat, dass er die an ihn gestellten Erwartungen nicht erfüllen kann, möchte im ersten Schuljahr unbedingt über Pettersson aus Pettersson kriegt Weihnachtsbesuch *von Sven Nordqvist schreiben. Auf die Frage, warum es unbedingt Pettersson sein muss, antwortet er: „Der ist doch so'n Erfinder, der bastelt ja immer alles. Und ich bin doch auch so'n Erfinder." Jannes' Wunsch wird erfüllt, und noch vor Ostern liest er die ersten beiden Seiten aus einem weiteren Band von Pettersson und Findus selbst.*

Buchempfehlungen zum Thema für die Klassen 2 und 3

Boie, Kirsten (2006): *Der kleine Ritter Trenk* (Reihe: Ritter Trenk). Hamburg: Oetinger.
Szillat, Antje (2020): *Holly Himmelblau: Unmagische Freundin gesucht* (Reihe: Holly Himmelblau). München: dtv.

Buchempfehlungen zum Thema für die Klasse 4

Brandis, Katja (2018): *Woodwalkers: Caraqs Verwandlung* (Reihe: Woodwalkers). Arena: Würzburg.
Funke, Cornelia (1997): *Drachenreiter* (Reihe: Drachenreiter). Hamburg: Dressler.
Schützsack, Lara (2019): *Tilda, ich und der geklaute Dracula.* Frankfurt am Main: Fischer Sauerländer.

Gemeinsames Nacherzählen in Bild und Schrift

Um eine Geschichte erzählend wiedergeben zu können, muss man sie sich angeeignet und ihren erzählerischen Aufbau verstanden haben. Wer eine Geschichte beim Zuhören mit*erlebt* hat, dem fällt die Wiedergabe leichter. Er kann sich meist sogar an einzelne Details erinnern, denn er war ja quasi dabei, als alles passierte. Wer hingegen nur zuhört, wie in der Geschichte *anderen* Personen etwas passiert, dem fällt es erfahrungsgemäß schwerer, sich die narrative Struktur vollständig ins Gedächtnis zu rufen. Eine Möglichkeit, die strukturierte Wiedergabe einer Geschichte zu üben, ist die gestalterische und schriftliche Nacherzählung eines vorgelesenen Buches gemeinsam mit der ganzen Klasse. Eine untere Jahrgangsstufe kann sich hier meist noch an den Bildern eines Bilderbuches entlanghangeln, eine höhere muss die strukturierende Erzählung jedoch überwiegend ohne solche Erinnerungshilfen bewältigen.

Unterrichtliche Umsetzung für eine dritte Klasse

Das folgende Beispiel ist für eine dritte Klasse geeignet. Die Kinder erarbeiten gemeinsam die Unterteilung des Kinderbuches *Hände weg von Mississippi* in passende Abschnitte. Anschließend werden die Abschnitte verteilt, in Partnerarbeit schriftlich nacherzählt und mit Ölkreide auf Zeichenpapier gestalterisch umgesetzt. Bilder und Texte bilden nach Fertigstellung eine fortlaufende Wandgeschichte.
Zunächst werden die wichtigsten Personen mit einem Personenplakat eingeführt, und das Buch wird über etwa drei Wochen abschnittsweise vorgelesen. Nach jedem Vorlesen fordern die Kinder erfahrungsgemäß kurze Zwischengespräche ein, weil die Wendepunkte gern diskutiert und kommentiert werden. Wer hat den Kaufvertrag geklaut? Wird Oma Dolly wirklich auf die Erpressung eingehen? Dass der Alligator mehr über das Testament weiß, wird jedem schnell klar. Aber was steht in dem Testament? Das Buch fordert dazu auf, nach dem Lesen nochmals durchdacht zu werden.

Funke, Cornelia (1997): *Hände weg von Mississippi*. Hamburg: Dressler.

Emma macht Ferien bei ihrer Oma Dolly, als diese ihr Mississippi schenkt, das Pferd vom verstorbenen alten Klipperbusch, denn Mississippi muss vor dem Schlachter gerettet werden. Aber dann will der unangenehme Neffe des Toten, „der Alligator", das Pferd plötzlich wiederhaben. Als Emma Mississippi nicht herausrückt, verschwinden plötzlich Omas Hunde und ein Erpresserbrief taucht auf. Ein Wettlauf gegen die Zeit beginnt, den Emma und Oma Dolly nur mithilfe ihrer Freunde Leo und Max sowie dem Tierarzt Dr. Knapps gewinnen können.

Das Buch besticht durch absolut liebenswerte und skurrile Charaktere und eine spannende und witzige Handlung. Es wird in gleichbleibender Erzählperspektive fortlaufend erzählt, überrascht aber mehrmals mit unerwarteten Wendepunkten. Bucherfahrene Kinder haben große Freude daran, den Inhalt des Testaments vom toten Klipperbusch frühzeitig zu kombinieren, aber die Auflösung weiß auch sie schließlich noch einmal zu überraschen.

Kinder, die schon beim Vorlesen alle Details sortiert haben, zeigen den starken Drang, anderen ihren Erkenntnisverlauf darzulegen. Kindern, denen einzelne Hinweise entgangen sind, werden diese Hinweise nachgeliefert. Anschließend sammelt die Klasse Vorschläge, um zusammengehörende Passagen zu benennen. Es sollte darauf geachtet werden, dass sich alle Kinder in die erforderliche Diskussion einbringen, denn so können auch schwächere Kinder ihr gedankliches Modell der Geschichte festigen. Sinnvoll ist, je nach Klassengröße und inhaltlicher Schwerpunktsetzung durch die Kinder, jeweils etwa zwei Kapitel zu einer Einheit zusammenzufassen. Die Zuordnung der Teams zu den einzelnen Abschnitten wird an der Tafel festgehalten, sodass sie für alle sichtbar ist.
Bei der Partnerarbeit ist darauf zu achten, dass in jedem Team mindestens ein Kind ist, welches sich gut an den zu bearbeitenden Handlungsteil erinnert. So erhalten schwächere Kinder Unterstützung, indem sie gemeinsam rekapitulieren und Anknüpfungspunkte suchen können. Ob die Schülerinnen und Schüler zuerst malen oder zuerst schreiben, ist ihnen überlassen, denn jeder hat einen anderen Weg, sich wieder in die Geschichte hineinzudenken. Leseerfahrene Kinder nehmen gern erneut das Buch zur Hand, um sich die Erzählweise in Erinnerung zu rufen. Sie schauen bei den Gruppen vorbei, die an ihren eigenen Teil anschließen, um verständliche Übergänge sicherzustellen.
Sind die Texte geschrieben, korrigiert und leserlich abgeschrieben, werden sie unter die Bilder geklebt und alle Bilder als Wandgeschichte in den Flur gehängt. Sie dienen als motivierender Blickfang und häufig stehen die Künstlerinnen und Künstler vor den Kunstwerken und lassen die Geschichte nochmals gemeinsam vorbeiziehen.

Einen lohnenden Abschluss kann das gemeinsame Anschauen des gleichnamigen Films von Detlef Buck bilden. Die filmische Umsetzung des Buches ist großartig und hat für Kinder und Erwachsene gleichermaßen etwas zu bieten.

Buchempfehlungen zum Thema für die Klassen 1 und 2

de Beer, Hans (1987): *Wohin fährst du, Lars?* (Reihe: Kleiner Eisbär). Zürich: NordSüd.
Krause, Ute (2007): *Oskar und der sehr hungrige Drache.* Hamburg: Oetinger.
Lawrence, David / Durand, Delphine (2019): *Hilfe, Gregor ist plötzlich ein Käfer!* Weinheim: Beltz & Gelberg.

Buchempfehlungen zum Thema für die Klassen 3 und 4

Biermann, Franziska (2018): *Jacky Marrone jagt die Goldpfote* (Reihe: Jacky Marrone). München: dtv junior.
Boie, Kirsten (2018): *Ein Sommer in Sommerby* (Reihe: Sommerby). Hamburg: Oetinger.
Lindgren, Astrid (1982): *Ronja Räubertochter.* Hamburg: Oetinger.
Rosenboom, Hilke (2005): *Ein Pferd namens Milchmann.* Hamburg: Carlsen.

Abb. 4: Ausschnitt aus einer Gemeinschafts-Nacherzählung zum Buch von Hans de Beer: *Wohin fährst du, Lars?*, erste Klasse

Geschichten verwirklichen

Bücher haben etwas mit einem selbst zu tun, das ist eine der wichtigsten Erfahrungen, die Kinder auf dem Weg zum eigenständigen Lesen machen sollten. Eine Geschichte in lebendige Handlung zu übersetzen, zeigt, dass Bücher nicht nur da sind, um schlicht gelesen zu werden, sondern dass sie Lebensrealität abbilden, Veränderungen anregen und tatsächlich etwas bewirken können (vgl. Sommer-Stumpenhorst/Hötzel 2001, 57). Der produktive Umgang mit einer Geschichte lässt dies wirkungsvoll spüren. So können Bücher, wie in dem folgenden Beispiel, zum Briefeschreiben inspirieren, und das ist „eine der spannendsten Möglichkeiten, Lesen und Schreiben in Funktion zu erleben" (Spitta 1988, 59). In vielen Geschichten ziehen die Figuren aus, um Abenteuer zu erleben und berichten den Zurückbleibenden per Post von ihren Erlebnissen und Erfahrungen. Einige Bücher nutzen dabei Einsteckbriefe zum Herausnehmen, um lebensecht zu wirken, und so ist es ein Leichtes, mit der Klasse zusammen den Schritt von der Fantastik ins reale Leben zu machen, selbst Briefe zu schreiben und auch zu erhalten.

Unterrichtliche Umsetzung für eine erste oder zweite Klasse
Das vorliegende Beispiel setzt voraus, dass die Klasse ein Klassenmaskottchen hat. Es kann mit einer ersten oder zweiten Klasse durchgeführt werden. Das Bilderbuch *Post vom Erdmännchen* ist Anlass für das Maskottchen, selbst auf Reisen zu gehen. Ein reger Briefverkehr zwischen der Klasse und dem Klassenkuscheltier beginnt.

Gravett, Emily (2014): *Post vom Erdmännchen*. Frankfurt am Main: Fischer.

Das Erdmännchen Sunny hat von dem Familienmotto „Sicher leben heißt zusammen leben" gründlich die Nase voll und macht sich auf die Reise, um diverse Verwandte zu besuchen. Von dort schreibt es regelmäßig Postkarten nach Hause, auf denen es von seinen Erlebnissen berichtet. Aber dann packt es doch die Sehnsucht nach Hause.

Mit viel Witz variiert die Geschichte das altbekannte Thema des Briefeschreibens. Mit noch mehr bildlichen als textlichen Details erzählt sie von der Lust auf Abenteuer und vom richtigen Maß an Nähe und Distanz. Die Postkarten kann man aus dem Buch herausnehmen und herumzeigen, und in den Einbandinnenseiten wird die Geschichte anhand einer Fotosammlung weitererzählt.

Für die Initiation der Geschichte sollten die Kinder im Sitzkreis sitzen, das Klassenkuscheltier ebenfalls. Die Reise des Erdmännchens Sunny wird vorgelesen, seine Briefe werden gebührend bewundert. Gemeinsam werden die vielen ergänzenden Details aus den Bildern herausgelesen und gedeutet. Auch das in den Abschiedsgrüßen immer deutlicher zu erkennende Heimweh sollte dabei zur Sprache kommen. So wird klar, dass versteckte Einzelheiten für das weitere Verständnis des Handlungsverlaufs wichtig sein können. Schließlich ruft beim Herumreichen einer Postkarte das Kuscheltier, dass es so gern auch mal eine Reise machen würde. Sofort beschließt es, sich gleich am Nachmittag noch auf den Weg zu seinen Verwandten zu machen. Natürlich nehmen ihm die Kinder vorher noch das Versprechen ab, fleißig Briefe an die Klasse zu schreiben.

Zwei Tage später schon bringt die Schulsekretärin einen Briefumschlag in die Klasse, in dem sich für jedes Kind ein eigener Brief befindet. Die Begeisterung ist erfahrungsgemäß riesig, und die Nachrichten werden mit gegenseitiger Unterstützung gleich gelesen. Die Grundelemente der Texte können bei jedem Kind gleich sein, es sollten aber kleine Extrainformationen eingeflochten sein, damit in dem nachfolgenden Gespräch jedes Kind etwas Eigenes zu berichten hat. Die Textlänge und Schriftgröße kann je nach Lesevermögen des Empfängers variiert werden, sodass auch starke Leserinnen und Leser sich etwas anstrengen müssen.

Natürlich wird sofort zurückgeschrieben (Abb. 5), je nach Leistungsvermögen mal mehr, mal weniger umfangreich. Richtig aufregend finden es die Kinder, wenn der Brief tatsächlich gemeinsam in den Postkasten geworfen wird und wenn schließlich nach einigen Tagen erneut eine echte Antwort kommt.

Tipp: Hat die Lehrkraft zum Beispiel einen geduldigen Bekannten in Köln, kann das Kuscheltier angeblich nach Köln reisen, und die Briefe werden von der Klasse auch dorthin geschickt. Vorher sollten sie jedoch heimlich von der Lehrkraft fotografiert werden, damit diese die Post auch individuell beantworten kann. Die Antwortbriefe an die Kinder werden dann nicht wirklich aus Köln losgeschickt, das kann man – mit dem falschen Kölner Absender – in Ruhe von zu Hause aus erledigen.

Liebe Lotta,
Ich freue mich für dich du bist toll.
Lotta Ich hab eine fage was Ist Elsa
für ein tir?
Deine Silvia

Abb. 5: Schülerarbeit – Brief an die Klassenschnecke namens Lotta, erste Klasse

Dana hängt sehr an der Klassenschnecke Lotta. Ihre Eltern leben getrennt, und sie kann es nur schwer aushalten, dass Lotta im Frühling des ersten Schuljahres einfach in den Urlaub fährt. Jeden Tag fragt sie, wann Lotta wiederkommt, und in ihren Briefen an die Schnecke schreibt sie zum ersten Mal mehrere zusammenhängende Sätze eigenständig und ohne Hilfe auf. Lea und Philip hingegen untersuchen neugierig den Poststempel auf seine Echtheit. Sie wollen unbedingt das Rätsel lösen, ob Lotta tatsächlich richtig im Urlaub ist. Aber auch ihre Briefe enden mit einem sehnsuchtsvollen: „Kom biete balt wida!!!"

Buchempfehlungen zum Thema für die Klassen 1 und 2

Janosch (1980): *Post für den Tiger* (Reihe: Tiger und Bär). Weinheim: Beltz & Gelberg.
Langen, Annette / Droop, Constanza (2019): *Mit Felix durch die Schweiz: Spannende Briefe vom reiselustigen Kuschelhasen* (Reihe: Briefe von Felix). Münster: Coppenrath.
Yarlett, Emma (2019): *Drachenpost.* Stuttgart: Thienemann.

Mit Bilderbüchern nachdenken und philosophieren

Bücher regen auf kreative Weise zum Nachdenken an, hinterfragen Altbekanntes und eröffnen neue Ansätze und Ideen. Sie enthalten Leerstellen, Offenes und Mehrdeutiges und so manches Unverbundene muss aktiv verbunden werden. Es gibt inzwischen viele Bilder- und Kinderbücher, die ganz bewusst dazu einladen, über den Text nachzudenken oder über ihn zu philosophieren. Weltaneignung als konstruktiver Prozess erfordert dabei Rätselhaftes, bei dem „nicht sofort eine eindeutige Einordnung des Wahrgenommenen in den persönlichen Wissenshorizont möglich ist" (Kohl/Ritter 2019, 94). Bei der Buchauswahl ist somit eine Geschichte wichtig, die vorgegebene moralische Leitsätze vermeidet, Anlass zu kontroversen Deutungen gibt und inhaltlich offen genug ist, damit Kinder eigene Positionen entwickeln können. Solche Bücher lassen Kinder das Staunen über die Welt erleben und die Suche nach der Bedeutung des Daseins, und das macht gemeinsam immer noch am meisten Spaß. Voraussetzung dafür ist ein bewertungsfreier Raum, in dem nicht immer ein Konsens gefunden werden muss, aber das Recht auf die eigene Meinung ohne Ausnahme gewahrt wird.

Unterrichtliche Umsetzung für eine erste oder zweite Klasse

Das Bilderbuch *Wenn du einen Wal sehen willst* ist für eine erste oder zweite Klasse geeignet, obschon es auch für ältere Kinder durchaus seinen Reiz zum Genießen und zum Philosophieren hat. Nach dem Vorlesen wird der Raum zum Diskutieren eröffnet.

Fogliano, Julie / Stead, Erin E. (2014): *Wenn du einen Wal sehen willst*. Frankfurt am Main: Fischer.

Was braucht es alles, um einen Wal zu sehen? Das erklärt der Erzähler der Geschichte seinem Protagonisten, einem kleinen Jungen: ein Fenster, ein Meer und schließlich Zeit zum Warten. Man darf es sich nicht zu bequem machen. Man darf sich nicht ablenken lassen von den Dingen, die auch betrachtet werden wollen: die Rosen, die kleinen Krabbeltiere, das Boot. Man darf auch nicht einschlafen oder an Piratenschiffe denken, man muss warten, warten, warten, bis der Wal schließlich auftaucht.

Das Bilderbuch erzählt mit Beschaulichkeit und Poesie von der Kunst und von der Lust des Wartens, von der Geduld und von kleinen Wundern. Die zarten und minimalistischen Illustrationen von Erin Stead begleiten den kurzen, aber eindringlichen Text. Dieser beschreibt immer nur den kleinen Ausschnitt der Welt, der für einen Moment durch die Aufmerksamkeit und Fantasie des Protagonisten schwebt.

Die Kinder sitzen im Sitzkreis, sodass sich alle gegenseitig gut sehen können und durch den Blickkontakt aufgefordert sind, sich an der folgenden Gesprächsrunde zu beteiligen. Zunächst wird das Bilderbuch ohne Unterbrechung im Ganzen vorgelesen, damit es seine poetische Schönheit entfalten kann. Anschließend versuchen die Kinder, ihr literarisches Erleben in Worte zu fassen:

- Waren sie selbst ungeduldig beim Warten auf den Wal?
- Fand der Junge das Warten lästig?
- Befand sich der Junge in einem Zustand der Ereignislosigkeit oder des Entdeckens?
- Beinhalten die kleinen Betrachtungen des Jungen Besonderheiten?
- Hat sich das Warten gelohnt?

In der Regel leiten die Kinder nun von selbst zu eigenen Betrachtungen über. Wichtig ist, dass sie tatsächlich eigene Fragestellungen entwickeln und individuelle Schwerpunkte setzen, damit der Text eine persönliche Bedeutsamkeit erfahren kann (vgl. Michalik/Schreier 2006, 112):

- Ist Warten immer eine Herausforderung?
- Ist Warten verlorene Zeit?
- Was fängt man mit seiner Zeit an?
- Wann vergeht Zeit schnell, wann langsam?
- Ist Warten schon das Ziel?
- Warum helfen mögliche Piraten nicht beim Warten auf einen Wal?

Zum Abschluss können die Kinder kleine Sätze dazu aufschreiben, was beim Warten noch alles passieren oder entdeckt werden könnte. Die Sätze können bei Bedarf durch kleine Bilder ergänzt werden, in die eine emotional-bildliche Reflexion einfließen kann.

Buchempfehlungen zum Thema für die Klassen 1 bis 4

Erlbruch, Wolf (2004): *Die große Frage*. Wuppertal: Peter Hammer.
Hagerup, Klaus / Aisato, Lisa (2018): *Das Mädchen, das die Bücher retten wollte*. Zürich: Woow Books.
Hau, Kerstin / Völk, Julie (2019): *Das Dunkle und das Helle*. Zürich: NordSüd.
Letria, José Jorge / Letria, André (2016): *Wenn ich ein Buch wäre*. Zürich: Midas Collection.
Naylor-Ballesteros, Chris (2020): *Der Koffer*. Frankfurt am Main: Fischer.

Geschichten weiterspinnen

Die Vielfalt der Fantasien, aus denen eine Geschichte entwickelt werden kann, zeigt sich beim Weiterspinnen eines Textes. Hierfür müssen zunächst die strukturellen Muster und Merkmale eines Textes erfasst werden, bevor diese dann eigenständig schreibend erprobt werden. Beim Weiterspinnen wird die eigene Sprachmächtigkeit erlebt, denn jeder verfasst einen eigenen Text auf der Basis der Vorlage. Imagination, emotionale Bindung an den Text und Identifikation werden ausgebaut und schließlich für den sozialen Raum geöffnet, in dem die Texte vorgelesen und hoffentlich auch bewundert werden.

Unterrichtliche Umsetzung für eine zweite bis vierte Klasse
Im Anschluss an das Vorlesen des Buches *Ein Esel ist ein Zebra ohne Streifen* spinnen die Kinder das Buch weiter und verfassen Geschichten im Stil der textlichen Vorlage.

Ebbertz, Martin (2019): *Ein Esel ist ein Zebra ohne Streifen: Onkel Theo erzählt 44 fast wahre Geschichten*. Frankfurt: Razamba.

In 44 fast-ganz-wahren Geschichten erzählt Onkel Theo auf seinem grünen Sofa vom Känguru, das in seinem eigenen Beutel verschwand, vom selbstreinigenden Putzlappen des chinesischen Kaisers und warum sich Pferde nie in der Nase bohren. Jede Geschichte beginnt auf diese Weise: „So, liebe Kinder", sagte Onkel Theo. „Heute werdet ihr mal wieder was lernen." Und sie endet mit dem Ausruf „Quatsch" seitens seiner Zuhörer, was Onkel Theo jedes Mal so beleidigt, dass er keine neue Geschichte erzählen möchte. Aber das überlegt er sich glücklicherweise doch immer wieder anders.

Onkel Theos Geschichten haben die perfekte Länge für eine tägliche kurze Vorlesepause und überraschen von Geschichte zu Geschichte mit immer provokanteren und verrückteren Ideen. Die detailreich erzählten Lügengeschichten fordern von den Zuhörenden die volle Konzentration, und die durchgeknallten Einfälle drängen nach dem Vorlesen heraus und wollen unbedingt diskutiert und bewertet werden.

Wenn täglich ein Kapitel des Buches vorgelesen wird, so sprechen die Kinder die ritualisierten Anfangs- und Schlusssätze schon nach wenigen Tagen mit. Während der Vorlesezeit ist die Konzentration in der Regel groß; die Geschichten sind kurz, und die Klasse möchte kein einziges Detail der verrückten Lügengeschichten verpassen. Die tägliche Anschlusskommunikation wird dabei wohl nicht immer bis zum Ende eines Kapitels warten können, denn meist schalten sich die Kinder bereits beim Vorlesen ein. Ist die Geschichte vorüber, stellt sich letztlich die immer gleiche Frage: Ist das wirklich wahr? Für die Beantwortung müssen die Schülerinnen und Schüler auf ihr Alltagswissen zurückgreifen oder gemeinsam nach Erklärungen suchen. Vielleicht will ja auch die ein oder andere Information auf Kinderwebseiten recherchiert werden?
Meist dauert es auch nur ein paar Tage, bis die eigene Fantasie mit den Kindern durchgeht und sie sich eigene Lügengeschichten ausdenken möchten. Dabei greifen sie die Schreibmuster der literarischen Vorlage zuverlässig auf, Anfang und Ende werden Onkel Theo nachempfunden, das ist Ehrensache. Wer sein Weltwissen unter Beweis stellen möchte, versucht, kleine wahre Elemente in den Text einfließen zu lassen. Andere Kinder wiederum benötigen helfende Impulse, um eine Schreibidee zu finden: Warum hat der Elefant so große Ohren? Warum schmeckt die Erdbeere süß? Das gegenseitige Vorlesen gehört zum Schreiben selbstverständlich dazu. Wenn der Verfasser des Textes noch dazu wie Onkel Theo auf einem Sofa sitzen kann, ist der Spaß perfekt. Schließlich können die Texte zu einem eigenen *Unsere-fast-wahren-Geschichten-Buch* geheftet werden und auf diese Weise lange Zeit Anlass zum Rätseln und Schmökern geben.

Buchempfehlungen zum Thema für die Klassen 1 und 2

Baltscheit, Martin (2012): *Die Geschichte vom Löwen, der nicht schreiben konnte* (Reihe: Geschichte vom Löwen, der nicht ...). Weinheim: Beltz & Gelberg.
Heine, Helme (1982): *Freunde* (Reihe: Mullewapp). München: Middelhauve.
Lang, Suzanne/Lang, Max (2018): *Jim ist mies drauf.* Bindlach: Loewe.
Mebs, Gudrun (2013): *Oma, schreit der Frieder* (Reihe: Oma und Frieder). Frankfurt am Main: Fischer.

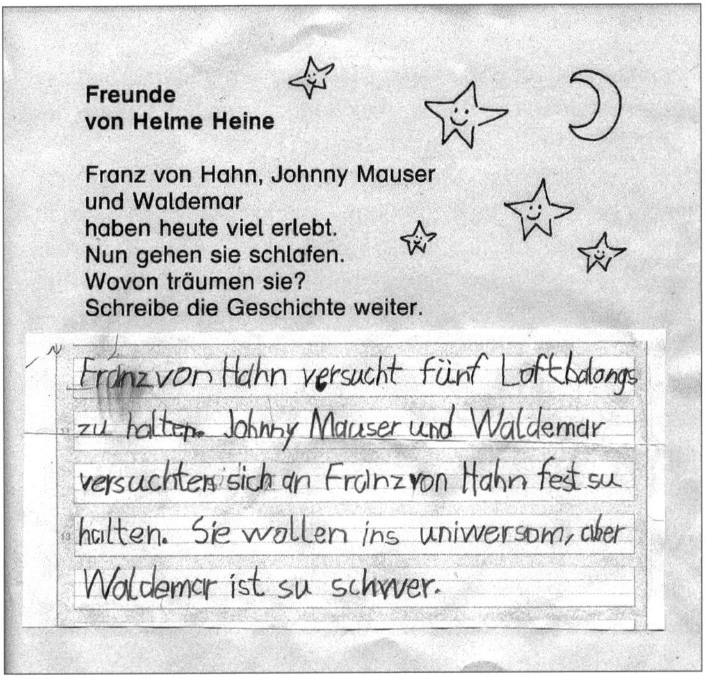

Freunde
von Helme Heine

Franz von Hahn, Johnny Mauser
und Waldemar
haben heute viel erlebt.
Nun gehen sie schlafen.
Wovon träumen sie?
Schreibe die Geschichte weiter.

Franz von Hahn versucht fünf Loftbalongs
zu halten. Johnny Mauser und Waldemar
versuchten sich an Franz von Hahn fest su
halten. Sie wollen ins uniwersom, aber
Waldemar ist su schwer.

Abb. 6: Schülerarbeit – Weiterspinnen zu Helme Heines Buch *Freunde*, zweite Klasse

In der zweiten Klasse erfinden die Kinder eigene Kapitel zu dem Buch Die Geschichte vom Löwen, der nicht schreiben konnte *von Martin Baltscheit. Celine fällt es schwer, ein afrikanisches Tier zu finden, das in ihrem Kapitel einen Brief im Namen des Löwen schreiben könnte. Viele Ideen verwirft sie wieder, denn ihr Tier soll für sie eine besondere Bedeutung haben. Schließlich schaut sie sich Tierbilder im Internet an und entscheidet sich für das Gnu, von dem ihre Mutter ihr kürzlich noch erzählt hat. Das vom Löwen gebrüllte „Nein! So etwas hätte ich doch nie geschrieben!", leuchtet schließlich schon von weitem aus ihrem Bild heraus.*

2.5 VORLESEN IM KUNST- UND MUSIKUNTERRICHT

Im Kunst- und Musikunterricht für Bücher begeistern, geht denn das? Das geht! Leseförderung ist Aufgabe *aller* Fächer, und Geschichten von berühmten Persönlichkeiten und ihren Werken hören Kinder gern. Das gilt es zu nutzen. Der Buchmarkt bietet inzwischen eine ganze Bandbreite an einfach erklärenden und dennoch faszinierenden kunst- oder musikbezogenen Fachbüchern für Kinder. Vielen Büchern gelingt es, Ansatzpunkte zu finden, die Lust auf mehr machen – mehr Musik, mehr Kunst und auch mehr Bücher.

Kunstbücher für Kinder

Sie berichten über Künstlerinnen und Künstler, Werke, Stilrichtungen und Epochen. Sie erkunden künstlerische Vorgehensweisen und geben Anleitungen zum Betrachten von Kunst, zum Nachdenken über Kunst und zum Nachahmen von Kunst. Kunstführer für Kinder kombinieren Erzählung mit Illustration, Rätsel mit Fragen; und sie schaffen es über die direkte Ansprache der kindlichen Leserinnen und Leser, diese in ihren Bann zu ziehen, sie mitzunehmen und für einen Moment in die Welt der Kunst eintauchen zu lassen. Die Herangehensweisen sind dabei unterschiedlich und abwechslungsreich. Manche Bücher ermöglichen mit Geschichten die identifikatorische Vernetzung und informieren innerhalb einer fantasievollen Rahmenhandlung. Andere fordern zum eigenen künstlerischen Handeln heraus, indem sie Kunstbilder und eigene kreative Umsetzungsmöglichkeiten vorstellen. Wieder andere machen neugierig auf künstlerische Prozesse, lassen Fragen entstehen und nachdenklich werden.

Ein übersichtliches und kindgerecht gestaltetes Buch ist *13 Künstler, die du kennen solltest* von Angela Wenzel aus der Reihe *Kunst für Kids*. Der Kunstführer vermittelt Wissen über Künstlerinnen und Künstler aus verschiedenen Epochen und ordnet diese anhand eines durchlaufenden Zeitstrahls gleich in die jeweiligen Ereignisse der Weltgeschichte ein. Das Buch erzählt, warum Leonardo da Vinci seine Notizbücher mit Spiegelschrift beschrieb, wo Claude Monets Garten heute noch zu besichtigen ist, warum Andy Warhol mit seinem eigenen Aussehen nicht zufrieden war und wie es kam, dass Frida Kahlo Malerin wurde. Die Bilder haben einen hohen Wiedererkennungswert, und es gibt immer Schülerinnen und Schüler, die begeistert berichten, in welchem Zusammenhang ihnen das ein oder andere Bild bereits begegnet ist. Das Buch ist, wie auch die weiteren Bücher der Reihe, zum Vorlesen und zum anschließenden Selberlesen geeignet. Mehrere kurze und gut verständliche Texte sind in etwas größerer Schrift jeweils über eine Seite verteilt, eventuell unbekannte Wörter werden in einem Glossar erklärt. In einer Unterrichtsreihe, die einen Überblick über verschiedene Künstler und ihre Werke vermitteln möchte, kann das Buch im Sitzkreis abschnittsweise oder am Stück vorgelesen werden. Das Vorlesen ist hier kommunikativ ausgerichtet, es ist somit ausdrücklich erwünscht, dass sich die Kinder aktiv mit dem Gehörten auseinandersetzen und ihre Eindrücke, Gedanken und Ansichten zum Ausdruck bringen. So können sie Vorkenntnisse umsortieren, neue Informationen über Leben und Arbeitsweise der Künstlerinnen und Künstler einarbeiten und eine eigene Haltung zu ihnen entwickeln.

Die Bücher der Reihe *Kinder entdecken Kunst* vom Kindermann Verlag nehmen sich jeweils eines bekannten Künstlers und seines Werkes an. Mit unzähligen Fragen und mit Hinweisen auf viele kleine Details wundert sich die Autorin Britta Benke gemeinsam mit den Lesenden zum Beispiel darüber, dass Picassos Tochter Maya auf dem Bild *Maya mit Boot* eine so verrutsche Nase hat, dass Kandinskys Figuren zu schweben scheinen oder dass Mirõ so gern die Mondsichel gemalt hat. Im Anschluss an die Lektüre bietet es sich an, dass sich die Kinder jeweils eines der Werke aussuchen und gestalterisch umsetzen. Die genaue Aufgabenstellung ist dabei variabel. Die Schülerinnen und Schüler können

- das jeweilige Bild möglichst genau kopieren,
- das jeweilige Bild in anderer Technik oder mit anderen Materialien neu umsetzen,
- einen Ausschnitt oder ein Motivdetail aus einem der Bilder in ein neues Bild hineinschmuggeln oder
- zwei Werke eines Künstlers in einem neuen Bild kombinieren.

Keinem Künstler, aber einem eigenen künstlerischen Bereich widmet sich das Buch *13 Wolkenkratzer, die du kennen solltest* von Brad Finger, ebenfalls aus der Reihe *Kunst für Kids*. Die aufgrund ihrer besonderen Architektur oder geschichtlichen Bedeutung ausgewählten Wolkenkratzer werden jeweils in einem kurzen Steckbrief vorgestellt und über den Zeitstrahl in ihren geschichtlichen Kontext eingeordnet. Kleine Nebentexte, Quizfragen und viele Fotos bieten weitere Informationen an, so auch den Hinweis, dass die Spitze des Empire State Buildings ursprünglich als Landeplatz für Zeppeline und andere Luftschiffe geplant war. Mit dem Thema Wolkenkratzer kommt ein künstlerisches Thema zum Zug, welches heranwachsende Jungen meist besonders begeistert. Wer mag, kann mit der Klasse die unterschiedlichen Bauweisen auswerten und als Ideenbörse nutzen, um selbst architektonisch tätig zu werden. In Gruppenarbeit können Wolkenkratzer aus Alltagsmaterialien gebaut, kreiert und gestaltet oder mit Bleistift oder Fineliner auf Zeichenpapier gezeichnet werden.
Gerade richtig für eine hitzige Diskussionsrunde mit der ganzen Klasse über den Sinn und Unsinn der Kunst ist das Buch *Wieso sind die alle nackt?* von Susie Hodge, das 2017 mit dem EMYS-Sachbuchpreis ausgezeichnet wurde. Kunst wirft viele Fragen auf und das nicht nur bei Kindern: Ist das ein Gesicht oder sind es zwei? Klauen sich Künstler gegenseitig ihre Ideen? Muss man schlau sein, um sich Kunst anzusehen? Das Buch erklärt anhand von kurzen Texten, Bildern, Rätseln und Illustrationen die unendliche Vielfalt der Kunst und warum es sich lohnt, ins Kunstmuseum zu gehen. Das Buch macht Lust auf einen Museumsbesuch mit der ganzen Klasse, bei dem die Kinder sich eigene Fragen ausdenken und anschließend ein eigenes Fragenbuch gestalten.
Ein Klassiker unter den literarischen Kunstbüchern ist das Bilderbuch *Die wahre Geschichte von allen Farben* von Eva Heller aus dem Jahr 1994. In dieser Geschichte sind die Farben aufeinander eifersüchtig, was in einer echten Farbschlacht endet, in der alle Farben zu einem schmutzigen Braun vermischt werden. Nur das Weiß kann das Problem

lösen, indem es den Farbkreis erfindet und jeder Farbe ihren eigenen Platz zuweist. Der Text und auch die Bilder regen dazu an, miteinander über die subjektive Wirkung von Farben zu diskutieren, die Geschichte szenisch umzusetzen, sie nachzumalen, den Farbkreis zu erarbeiten oder mit Farbmischungen zu experimentieren.

Buchempfehlungen zum Thema für die Klassen 2 bis 4

Benke, Britta (2006): *Wer ist eigentlich dieser Miró?* (Reihe: Kinder entdecken Kunst). Berlin: Kindermann.
Benke, Britta (2007): *Wer ist eigentlich dieser Picasso?* (Reihe: Kinder entdecken Kunst). Berlin: Kindermann.
Benke, Britta (2008): *Wer ist eigentlich dieser Kandinsky?* (Reihe: Kinder entdecken Kunst). Berlin: Kindermann.
Finger, Brad (2016): *13 Wolkenkratzer, die du kennen solltest* (Reihe: Kunst für Kids). München: Prestel.
Heller, Eva (1994): *Die wahre Geschichte von allen Farben: Für Kinder, die gern malen.* Oldenburg: Lappan.
Hodge, Susi (2017): *Wieso sind die alle nackt? Und andere spannende Fragen zur Kunst.* München: Knesebeck.
Wenzel, Angela (2008): *13 Künstler, die du kennen solltest* (Reihe: Kunst für Kids). München: Prestel.

Musikbücher für Kinder

Musik begeistert Menschen immer wieder aufs Neue. Melodien, Komponisten, Interpreten oder Instrumente schleichen sich in unser Herz und bewegen uns. Das gilt auch für Kinder, doch ist da noch etwas anderes, was insbesondere Kinder in der Musik suchen. Sie lieben die Geschichten, die die Musik erzählt: Geschichten von bösen Zauberern und Königinnen, von Schwanenmädchen und rettenden Prinzen sowie von kleinen Jungen und Wölfen. Diese Liebe nutzen viele musikalische Kinderbücher, und so erzählen sie die Geschichten bekannter Werke und Komponisten und berichten von Musikrichtungen und Instrumenten.
Das Bilderbuch *Peter und der Wolf* von Marko Simsa erzählt in ansprechender und liebevoller Weise das bekannte sinfonische Märchen von Sergej Prokofjew. Der Text wird ergänzt durch ganzseitige leichte Aquarelle von Silke Brix, deren Personen einen eigenen Charakter verkörpern und Erwachsenen wie Kindern ein Schmunzeln entlocken. Die beiliegende Audio-CD gibt das Buch mit der dazugehörigen Musik wieder. Der eigentlichen

Geschichte vorangestellt ist eine Einführung zu den einzelnen musikalischen Motiven der Charaktere und den dazugehörigen Instrumenten, die auf der CD durch Klangbeispiele ergänzt wird. In einer gemütlichen Vorleserunde kann die CD gemeinsam angehört und das Buch passend dazu gezeigt werden. Im Anschluss können die Kinder die Charaktere malen oder die Geschichte mit eigenen Bildern und Texten nacherzählen (Abb. 7).
Im Handel gibt es eine ganze Reihe ähnlich aufgebauter Bilderbücher, wie zum Beispiel *Die Zauberflöte* aus dem Annette Betz Verlag, denen es in Kombination von Musik, Geschichte und Bild in kunstvoller Weise gelingt, die Geschichten in der Musik lebendig werden zu lassen.

Abb. 7: Schülerarbeit – Nacherzählung zu Prokofjews *Peter und der Wolf,* zweite Klasse

Einen etwas anderen Weg geht Rudolf Herfurtner mit seinem Bilderbuch zu Beethovens 9. Sinfonie. Anlässlich des Beethovenjahres 2020 erzählt er die Entstehungsgeschichte der berühmten Sinfonie bis zu ihrer Uraufführung in Wien, berichtet von Beethovens Leben, von seiner zunehmenden Taubheit und seiner aufbrausenden Wesensart. Die wunderschönen und detailreichen Illustrationen von Maren Briswalter bilden Beethoven und seine Unterstützer in so lebendiger Weise ab, dass man schnell vergessen kann, dass sie bereits vor 200 Jahren dort zusammensaßen und gegen alle Widrigkeiten die Aufführung dieses unvergesslichen Werkes planten. Die beiliegende Audio-CD ergänzt den Buchtext mit musikalischen Ausschnitten aus Beethovens Werk, unter anderem natürlich aus der 9. Sinfonie. Im Text werden die Einspielungen jeweils mit kurzen einleitenden Sätzen kommentiert, sodass ihrer Intention und ihrem musikalischen Aufbau besondere Würdigung zuteilwerden kann. Buch und CD sind es wert, einfach nur gemeinsam angehört und betrachtet zu werden. Wer aber mag, kann einzelne Szenen in Standbildern nachstellen oder im szenischen Spiel umsetzen.

Eine kleine anrührende Instrumentenkunde der Bläser ist das gereimte Bilderbuch *Ferdinand sucht seinen Ton* von Hartmut Hoefs. Oma Schildkröt wird 100 Jahre alt und jedes Tier im Lianenwald übt sein Instrument, um ihr ein Ständchen zu bringen. Nur der kleine Bär Ferdinand muss sich noch für ein Instrument entscheiden, und so geht er der Reihe nach zu allen Tieren und lässt sich deren Instrumente vorspielen. Die Bilder von Maria Köhnen setzen die Gedanken und Gefühle der Tiere stimmungsvoll ins Bild, und auf der beiliegenden Audio-CD wird jedem Tier eine eigene charakteristische Melodie zugewiesen. Am Ende spielen – natürlich! – alle gemeinsam, und es wird die ganze Nacht gefeiert. Ein besonderer Bonus ist der Anhang in Buch und CD, in dem Ferdinand alle Instrumente nochmals erklärt werden, in dem aber auch klar wird, dass es bis zum großen Musiker meist ein langer, langer Weg ist. Nach dem Vorlesen wird gemeinsam überlegt, ob die Zuordnung von Instrumenten und Tieren in den Augen der Kinder passend geleistet wurde oder ob zum Beispiel das Faultier eher ein „fauleres“ Instrument als das Saxophon hätte spielen sollen. Auch ist das Verfassen eines Parallelbuches denkbar, bei dem sich der kleine Bär zum Beispiel auf die Suche nach einem Streichinstrument macht.

Buchempfehlungen zum Thema für die Klassen 1 und 2

Hoefs, Hartmut / Köhnen, Maria (2017): *Ferdinand sucht seinen Ton* (Reihe: Mein musikalisches Bilderbuch). Potsdam: Ullmann Medien.
Simsa, Marko / Brix, Silke (2008): *Peter und der Wolf: Sinfonisches Märchen für Kinder von Sergej Prokofjew.* Hamburg: Jumbo.

Buchempfehlungen zum Thema für die Klassen 3 und 4

Herfurtner, Rudolf / Briswalter, Maren (2020): *Beethovens 9. Sinfonie: Die Sinfonie in d-Moll von Ludwig van Beethoven.* Berlin: Annette Betz.
Simsa, Marko / Eisenburger, Doris (2005): *Die Zauberflöte: Die Oper von Wolfgang Amadeus Mozart.* Wien: Annette Betz.

TEIL 3 INDIVIDUELLE LITERATUR LESEN

Ein Unterricht, der zum Lesen von Büchern verführen möchte, muss mit dem Beginn der ersten Schulwoche an Bücher heranführen, darin sind sich alle einig. Dennoch zeigt eine Erfurter Studie zum Leseverhalten von 1 200 Kindern der zweiten bis vierten Jahrgangsstufe, dass im Deutschunterricht der Grundschule weiterhin zu wenig Kinderliteratur gelesen wird. Laut Studie lasen 31 Prozent der Lehrkräfte nach eigener Aussage mit ihrer dritten Klasse kein einziges Buch im gesamten Schuljahr (vgl. Richter/Plath 2012, 76). Wie aber sollen Kinder Freude an literarischen Welten entwickeln, wie sollen sie eine gewohnheitsmäßige Haltung zum Lesen aufbauen, wenn Bücher im Unterricht der Grundschule nur eine untergeordnete Rolle spielen? Lesemotivation, Leseengagement, lesekulturelles Wissen und ein stabiles lesebezogenes Selbstkonzept entwickeln sich durch aktive Lesepraxis (vgl. Garbe 2012, 11). Folglich müssen Kinderbücher ein *selbstverständlicher* Teil von Unterricht und Schulleben sein, müssen *überall sichtbar* und im schulischen Leben *unverzichtbar* sein. Bücherlesen lernt man halt nur durch Bücher lesen.

3.1 SCHÜLERLEKTÜRE INDIVIDUALISIEREN

Aber der Einsatz von Kinder- und Jugendliteratur allein zaubert Leselust noch nicht automatisch hervor. Wer mit Kinderliteratur vertraut machen möchte, muss die Interessen der Schülerschaft berücksichtigen und muss wissen, was Kinder überhaupt in Büchern suchen (vgl. Rosebrock/Nix 2015, 122).

Leseinteressen von Kindern berücksichtigen

Kinder mögen spannende und humorvolle Bücher mit prägnanten Heldenfiguren, die sie von der ersten Seite an begeistern. Sie wünschen sich „lebenskluge Clowns" (Wittstruck 2012, 201), die sie mit Wortwitz und sprachlicher Präzision zum Lachen bringen, aber auch Charaktere, die Rahmen sprengen, Grenzen überschreiten und willentlich oder unwillentlich gesellschaftlich herausstechen (vgl. Schulz 2012, 107). Mit ihnen können Kinder mitfiebern, mitfühlen und miterleben. Sie flüchten in deren Leben, wenn das eigene Leben gerade ungerecht erscheint, überwinden mit ihnen alle Schwierigkeiten und besiegen gemeinsam mit ihnen das Böse. Kinder suchen fiktive, spannende und aben-

teuerliche Welten, in die sie mit Haut und Haar eintauchen können, und sie wünschen sich ein „literarisches Universum, das Gestalten bevölkern, die so überraschend anders sein können als Personen aus der aktualen Welt" (Wittstruck 2012, 196).
Kinder lesen gern Bücher, die sie berühren und die ihnen zeigen, dass sie mit ihren Erfahrungen nicht allein auf der Welt sind. Sie suchen Geschichten, in denen sie probehalber leben können und die Möglichkeiten und Alternativen auch im eigenen Leben aufzeigen. Die „meisten Leser lesen nicht, um zu einer Weltsicht zu konvertieren, sie wollen in ein Gedankenspiel verwickelt werden" (Wittstruck 2012, 200). Dabei dürfen komplexere Bedeutungsräume angeboten und Kinder an die Grenzen des für sie Verstehbaren geführt werden, aber im Vordergrund des kindlichen Lesens steht dennoch zunächst der Wunsch nach dem Erleben, nicht der Wunsch nach dem Verstehen (vgl. Bertschi-Kaufmann 2017, 57).
Kinder wählen ihren Lesestoff genrebezogen, wie weitere Befunde der Erfurter Studie zeigen. Abenteuergeschichten, die auf Spannung und insbesondere auf fantastische Welten setzen, stehen an erster Stelle der Lektürepräferenzen, Sachliteratur belegt den zweiten Platz. Die Nachfrage nach realistischer Literatur ist am geringsten, sie wird nur von einem Viertel der Kinder als lesenswert erachtet (vgl. Richter/Plath 2012, 64 ff.). Die Lektürepräferenzen von Mädchen und Jungen sind dabei durchaus unterschiedlich. Um sich identifizieren zu können, brauchen Kinder jeweils Charaktere, die ihnen in Alter und Geschlecht nahekommen. Mädchen bevorzugen Bücher, in denen menschliche Schicksale im Vordergrund stehen und die auf innere Handlung und auf Beziehungen eingehen. Jungen hingegen lieben Spannung und Action, Kampf, Herausforderung und Bewährung. Sie wählen Bücher, die in anderen Zeiten und Welten spielen, mit äußerer Handlung wie beim Kampf gegen äußere Hindernisse oder Rivalen. Sie mögen Komik, schrägen Humor und Formen skurriler Übertreibung (vgl. Garbe 2012, 21). Im Bereich der Sachliteratur gibt es im Hinblick auf die favorisierten Themen Interessensunterschiede zwischen den Geschlechtern: Jungen lesen lieber rund um Sport, Wissenschaft und Technik, Mädchen geben Tieren, Geografie, Geschichte und Menschen den Vorzug (vgl. Plath 2012, 39). Insgesamt gesehen lesen Mädchen mehr als Jungen, sie bevorzugen eine größere Bandbreite in ihrem Lektürespektrum und lassen sich anders als Jungen auch auf Bücher des anderen Geschlechts ein (vgl. Richter/Plath 2012, 73).
Und erneut zeigt die bereits genannte Erfurter Studie mit Bezug auf die Lektürepräferenzen von Grundschulkindern ein zentrales Problem des schulischen Leseunterrichts auf: Die Lektürepräferenzen von Kindern und auch die unterschiedlichen Vorlieben von Mädchen und Jungen finden nämlich in der Lektüreauswahl von Lehrkräften im Unterricht der Grundschule kaum Berücksichtigung: Im schulischen Angebot beanspruchen realistisch-problemorientierte Textsorten den ersten Platz – im kindlichen Lesespektrum

hingegen belegen sie den letzten Platz (vgl. Richter/Plath 2012, 76). Was nutzt es nun aber, wenn eine Lektüre zwar das derzeitige Projektthema der Klasse passend aufgreift, soziale Prozesse widerspiegelt oder aktuelle gesellschaftliche Themen diskutiert, wenn aber die Schülerinnen und Schüler die Seiten zählen, bis sie das Buch „endlich durchhaben", statt dass sie mit Sorge verfolgen, wie sich das Ende der Geschichte unaufhaltsam nähert (vgl. Dörnhoff 2019a, 36)? Der Widerspruch des schulischen Leseangebots zu den kindlichen Interessen ist offensichtlich, und insbesondere den Jungen wird in einer entscheidenden Phase ihrer Lesesozialisation nicht die Lektüre angeboten, die ihnen vielleicht vermitteln könnte, dass Lesen erstrebenswert ist und dass Lesen etwas ist, das sich zu lernen lohnt. Einmal mehr wird deutlich, dass ein Unterricht, der für Bücher begeistern möchte, seinen Umgang mit Literatur überdenken muss. Ein Unterricht, der erfolgreich zum Lesen verführen möchte, muss in seinem Lektüreangebot die *Leseinteressen seiner Schülerschaft* berücksichtigen, muss *vielfältige Literatur* anbieten, die Kinder lesen *wollen*, und muss vor allem Wege finden, dass jedes Kind seine ganz *persönlichen Leseinteressen entdecken* und *gewohnheitsmäßig* verwirklichen kann.

Lesen auf der passenden Niveaustufe

Begründen lässt sich diese Forderung auch aus einer weiteren Richtung. Wer schon einmal eine sogenannte „Ganzschrift" mit allen Kindern gemeinsam gelesen hat, hat sicherlich die Erfahrung gemacht, dass manche Kinder das Buch schon nach zwei Tagen beendet haben, obwohl sie nur die ersten beiden Kapitel lesen sollten, während andere Kinder noch Schwierigkeiten haben, überhaupt die ersten Seiten zu bewältigen. Bedenkt man die Unterschiedlichkeit der Schülerschaft, vermag dieses Problem auch keinen mehr zu verwundern. Eine genussvolle Lektüre setzt jedoch die Passung von kindlicher Lesefähigkeit und textseitigem Schwierigkeitsgrad voraus. Selbstständiges Lesen kann nur zum Erfolg führen, wenn der Text dem Kompetenzgrad des Lesenden entspricht (vgl. Rieckmann 2018, 93).

Diese Text-Leser-Passung wird in Leseforschung und Lesedidaktik häufig in drei Niveaustufen unterteilt (vgl. Rasinski 2003, 158).

- Das *Unabhängigkeitsniveau* beschreibt das selbstständige Lesen, das für eine eigenständige Lektüre Voraussetzung ist. Die Lesegeschwindigkeit liegt hier bei etwa 100 Wörtern pro Minute, es werden nicht mehr als 5 Prozent der Wörter falsch erlesen, die Wörter werden bis auf Eigennamen grundsätzlich automatisch decodiert, und es wird in größeren Sinneinheiten intoniert.
- Das *Instruktionsniveau* beschreibt ein Lesen, das gezielter Hilfestellungen bedarf, und es setzt ein, wenn bereits einer der für das Unabhängigkeitsniveau beschriebenen

Faktoren deutlich abfällt, wenn also beispielsweise die Lesegeschwindigkeit unter 100 Wörtern pro Minute liegt oder die Lesegenauigkeit unter 95 Prozent fällt. Kinder, die ein Buch auf Instruktionsniveau lesen, können den Text nur schwer auf sich allein gestellt bewältigen; sie benötigen Unterstützung, beispielsweise durch eine Lesepartnerin oder einen Lesepartner.

- Das *Frustrationsniveau* ist gegeben, wenn ein Text auch mit Hilfsangeboten zu schwierig bleibt, als dass er ausreichend verstanden werden kann, und wenn sich die Lektüre anstrengend und demotivierend gestaltet (vgl. Rosebrock et al. 2017, 60ff.). Dieses Niveau ist bereits erreicht, wenn die Decodiergenauigkeit unter 90 Prozent liegt oder der Leser so stockend liest, dass eine sinnerfassende Segmentierung nicht mehr erkennbar ist (vgl. Rasinski 2003, 174). Die Lesedidaktik warnt: Das Lesen auf Frustrationsniveau führt zu Misserfolgserlebnissen und ist unbedingt zu vermeiden.

Wenn auch pauschalisiert, so lässt sich in Bezug auf die genannte Ganzschrift vermuten, dass die Kinder, die vergeblich mit den ersten Seiten kämpfen, auf dem Frustrationsniveau lesen und dieser Misserfolg noch betont wird, wenn die Schnellleser aus der Unabhängigkeitsfraktion ungebetenerweise den Ausgang der Geschichte ausposaunen. Ihnen ist kein Vorwurf zu machen. Denn wer mag schon darauf warten, dass endlich alle Kinder der Klasse so weit sind, sich mit den Fragen zu beschäftigen, die man sich selbst bereits vor Wochen gestellt hat?
Da eine Text-Leser-Passung, bei der alle Kinder auf dem Unabhängigkeitsniveau lesen, nun aber eine Passung mit zwei Komponenten ist, liegt die Lösung für das Problem auf der Hand. Am Leser beziehungsweise an dessen Lesefähigkeiten lässt sich nicht so schnell etwas ändern, am Text beziehungsweise an dessen Schwierigkeitsgrad aber durchaus. Dieser muss an das Können des jeweiligen Lesers angepasst werden. Lektüre muss somit auf verschiedenen Niveaustufen angeboten werden, sodass jedes Kind seinem individuellen Leseniveau entsprechend lesen kann. Möglich wird dies, wenn Schülerlektüre, wann immer es das Unterrichtsziel erlaubt, *individualisiert* wird und jedes Kind ein eigenes Buch *entsprechend den eigenen Lesefähigkeiten* – und den eigenen Leseinteressen – liest.

Leseengagement und lesekulturelle Fähigkeiten ausbilden

Wie aber kann der Anspruch einer Individualisierung von Schülerlektüre im Unterricht umgesetzt werden? Hierfür ist es erforderlich,

- das Klassenzimmer als reichhaltige Leseumwelt zu gestalten,
- auf vielfältige Weise den Zugang zu Büchern zu eröffnen,
- das Lesen in stillen Lesezeiten zu individualisieren und

- ein tiefes Hineinführen in Bücher durch Anschlussaufgaben und Anschlusskommunikation zu fördern.

Dabei dürfen die Fähigkeiten, die ein eigenständiges Lesen verlangt, nicht einfach vorausgesetzt werden, denn die Ausbildung von *Leseengagement, lesekulturellen Fähigkeiten* und *stabilen Lesegewohnheiten* muss angeleitet und begleitet werden. Nur so können alle Kinder schließlich eine positive Haltung zum Lesen aufbauen, sich aktiv und aufmerksam dem zu lesenden Text widmen und anregendes, vielfältiges und situationsangemessenes Lesematerial selbstständig auswählen.
Um dies zu lernen, benötigen nicht nur leseunerfahrene Kinder

- Beratung bei der Buchauswahl,
- die Absprache verbindlicher Leseziele,
- Begleitung beim Lesen,
- Unterstützung bei der Steuerung des Leseprozesses,
- wertschätzende Rückmeldungen zum Leseerfolg und
- eine Lehrkraft, die sich als kompetente Literaturvermittlerin versteht.

3.2 ZUGÄNGE ZU LESERÄUMEN ERÖFFNEN

Eine Leseecke mit Sofa, Teppich und Computer ist inzwischen in allen Klassenräumen selbstverständlich. Unverzichtbar sind ferner die allgegenwärtige Sichtbarkeit und vor allem der selbstverständliche Zugriff auf Bücher und Printmedien im Klassenraum, aber auch in außerschulischen Zusammenhängen.

Klassenbücherei

Das Herzstück eines jeden Unterrichts, in dem das Bücherlesen zum Tagesablauf gehört, ist eine umfangreiche, sichtbare und für alle gut erreichbare Klassenbücherei. Eine Sortierung nach Anforderungsniveau und Themen in Regalen oder Lesekisten erleichtert eine reflektierte Auswahl. Thematische Lesetische oder Aufsteller wie *Buch der Woche* regen die Ausleihe an und sollten regelmäßig erneuert werden. Im gesamten Klassenraum können Bücher und Zeitschriften auf Tischen, Fensterbänken und halbhohen Regal ausgestellt werden. Sind die Cover sichtbar, ziehen sie die Kinder fast magisch an. Buchempfehlungen der Kinder oder selbst erstellte Leserätsel ergänzen die Ausstellung; mit ihnen dokumentieren Kinder ihre Leseinteressen und initiieren spontane Gespräche über die Bücher (Abb. 8).
Das Buchangebot der Klassenbücherei muss einen hohen Aufforderungscharakter haben und darf sich nicht allein aus den literarischen Kindheitserinnerungen der Klassenlehrerin

oder den zerfledderten Überresten der öffentlichen Bibliothek speisen. Als Buchauswahl kommt so ziemlich alles in Frage, was dem Freizeitlesen lesehungriger Kinder entspricht, allerdings muss sie vielfältig sein und auch den thematischen Interessen von Jungen gerecht werden. Zur Standardausstattung in allen Jahrgangsstufen gehören Abenteuer-, Alltags- und Tiergeschichten ebenso wie Fantasy, Krimis und Comics. Klassiker der Kinderliteratur ermöglichen ein Anknüpfen an die Leseerfahrungen der Eltern, aktuelle Autorinnen und Autoren vermitteln Zugehörigkeit zu einer angesagten Lesegemeinschaft. Auch in höheren Klassen sollten einfache Anfängerbücher mit großer Schrift, luftigem Layout, vielen Illustrationen und einer einsträngigen Erzählweise vertreten sein, aber auch komplexere Geschichten mit anspruchsvollen Themen, mehreren Erzählern und Handlungsebenen, sich entwickelnden Charakteren und Zeitsprüngen.

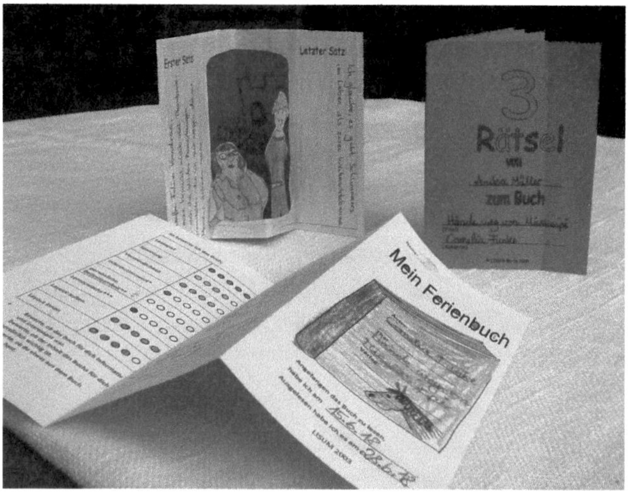

Abb. 8: Beispiele zu Lesetipps und Leserätseln in einer Leseecke

Tipp: Weitere Ideen rund um die Dokumentation von Leseinteressen finden sich auf dem Bildungsserver Berlin-Brandenburg *unter dem Stichwort „Lesecurriculum".*

An Buchserien sollte nicht gespart werden, auch wenn dazu mehrere Bände einer Reihe verfügbar sein müssen, denn sie können für einen regelrechten Lesemarathon sorgen. Ihr Handlungsaufbau ist nach dem ersten Band bekannt, was die Hypothesenbildung zum Fortgang der Geschichte erleichtert. Sie verbinden Wiederholung mit Abwandlung, Altbekanntes mit Neuem und ermöglichen es ungeübten Lesestartern und waschechten Bücherwürmern gleichermaßen, lange Zeit in einem vertraut gewordenen Umfeld zu verweilen. Viele Kinder lieben es, solche Sehnsuchtsorte immer wieder aufzusuchen, alte

Bekannte wiederzutreffen und teilweise sogar über Jahre mit ihnen groß zu werden (vgl. Bertschi-Kaufmann 2019, 30). Auch Comics können als niederschwelliges Angebot jede Klassenbücherei bereichern. Ihre durchschnittliche Satzlänge liegt meist bei fünf Wörtern, was auf der sprachlichen Oberfläche erheblich zur Lesbarkeit beiträgt (vgl. Bamberger/Vanecek 1984, 106). Sie haben einen hohen Aufforderungscharakter, üben in besonderem Maße das Herstellen von Inferenzen und ermöglichen so einen weiteren Schritt hin zu textintensiveren Werken.

Tipp: Das Buchangebot kann auch digital erweitert werden, so zum Beispiel über die Lernplattform Leseo *vom Cornelsen Verlag, die Lesehefte in fünf verschiedenen Schwierigkeitsstufen inklusive passender Aufgaben zur Verständnissicherung anbietet.*

Ideen für das Angebot einer Klassenbücherei

- Bilderbücher, Wimmelbücher, Sachbilderbücher
- Erstlesehefte und Erstlesebücher mit steigendem Schwierigkeitsgrad
- Fantasy (Einhörner, Drachen, Zauberer, magische Welten ...)
- Gruselgeschichten (Hexen, Kobolde, Geister ...)
- Abenteuergeschichten
- Detektivgeschichten, Kriminalgeschichten
- Alltagsgeschichten (Schule, Familie, Fußball, Autos, Liebe ...)
- Tiergeschichten (Hunde, Katzen, Pferde, Meerschweinchen ...)
- Realistische Erzählungen
- Comics, Grafic Novels, Comic-Romane
- Witzesammlungen
- Kindergedichte
- Sachbücher (Fußball, Wissenschaft, Technik, Tiere, Geschichte, Natur, Menschen ...)
- Lexika, Atlanten
- Zeitschriften (Sport, Pferde, Welt, Politik, Literatur ...)
- Serienliteratur, Fortsetzungsgeschichten
- Kinderbuchklassiker (Astrid Lindgren, Erich Kästner, Otfried Preußler ...)
- aktuelle Autoren (Margit Auer, Kirsten Boie, Cornelia Funke, Sabine Ludwig ...)
- Bücher in den Sprachen der Kinder der Klasse
- Bücher, die die Kinder selbst geschrieben haben
- Hörbücher
- interaktive Bücher
- Vorlese-Apps

Wird der Buchbestand von Zeit zu Zeit erweitert, kommt erfahrungsgemäß neuer Schwung in die Ausleihe. Besonders motivierend sind weitere Bücher der Autorin oder des Autors eines gerade beendeten Vorlesebuches. Neue Buchkandidaten können auch selbst von der Klasse in einer gemeinsamen Rechercheaktion ausgesucht werden. Informieren können sich Lehrkräfte wie auch Kinder auf speziellen Webseiten mit Empfehlungslisten, anhand von digitalen Leseproben der Verlage, über Verlagsprospekte und selbstverständlich vor Ort in der Buchhandlung.

Auszeichnungen und Empfehlungen für Kinder- und Jugendliteratur
(jeweils auf den Seiten der genannten Vereine oder Organisationen beziehungsweise unter den Stichwörtern im Internet zu finden)

- *App des Monats:* Auszeichnung der Deutschen Akademie für Kinder- und Jugendliteratur e. V.
- *Boys & Books:* Empfehlungsliste für Jungenbücher des Vereins Boys & Books
- *Deutscher Jugendliteraturpreis:* Staatspreis für Literatur
- *Qualitätssiegel für Kinderzeitschriften der Stiftung Lesen:* Auszeichnung für Kinderzeitschriften der Stiftung Lesen
- *Leipziger Lesekompass:* Auszeichnung der Leipziger Buchmesse und der Stiftung Lesen
- *Les(e)bar:* Digitale Empfehlungs- und Rezensionszeitschrift für Kinder- und Jugendmedien der Universität zu Köln
- *Luchs des Monats:* Auszeichnung von Radio Bremen und DIE ZEIT

Die Finanzierung neuer Bücher kann über einen Kuchenverkauf, Elternspenden und Sammlungen auf Schulfesten erfolgen. Der digitale Markt für gebrauchte Bücher ermöglicht inzwischen einen einfachen und kostengünstigen Bezug aller gängiger Titel. Darüber hinaus können Leihgaben von Kindern, thematische Bücherkisten aus Stadtbüchereien oder Büchertauschaktionen auf Schulfesten (Abb. 9) die Auswahl auffrischen.

Tipp: Viele Verlage bieten inzwischen auch für ältere Kinder leicht lesbare Bücher in einfacher Sprache an, wie zum Beispiel der Beltz Verlag im Gulliver-Programm mit der Reihe Super lesbar.

Abb. 9: Plakat zu einer Büchertauschaktion auf einem Schulfest

Die Erstklässlerin Edda, der zu Hause nur eine geringe Buchauswahl zur Verfügung steht, entdeckt morgens in der Klasse sofort die neu ausgestellten Pferde- und Einhornbücher auf dem Seitenregal. Als in der letzten Unterrichtsstunde endlich die Lesezeit beginnt, saust sie blitzschnell zum Regal, um sich ihr favorisiertes Buch zu schnappen. „Ich hatte schon Angst, dass jemand anders das nimmt!", erklärt sie bei der Ausleihe. Auf die Frage, ob das Buch nicht ganz schön schwierig sei, antwortet sie souverän: „Ne, das kann ich, das ist ja über Einhörner."

Schulbücherei, Stadtbücherei und Buchhandlung

Außerhalb des Klassenraums kommt vor allem den unterschiedlichen Bibliotheken eine bedeutsame Rolle zu, denn sie bieten eine viel größere Bandbreite an Büchern und Medien, als es eine Klassenbücherei je wird leisten können. Gibt es in der Schule eine Schulbücherei, so sollte sie als wichtiges Element der lesebezogenen Schulkultur regelmäßig in unterrichtliche Zwecke eingebunden werden. Nach einer Einführung in ihr Ordnungs- und Ausleihsystem kann sie für unterrichtliche Lesezeiten und für themenbezogene Recherchen genutzt werden. Es gilt: Was nicht immer wieder eingeschliffen wird, kann sich nicht festigen. Ein einmaliger Bibliotheksbesuch im Schuljahr hilft nur den Kindern, die sowieso ständig auf der Suche nach neuem Lesestoff sind. Lesefern aufgewachsene Kinder benötigen Regelmäßigkeit, Hilfestellung und Vertrautheit beim noch zu lernenden Umgang mit Büchern. Die Schulbücherei ist hierzu ein wichtiges Übungsfeld, das sich nach und nach auch auf größere Bibliotheken ausweiten lässt.

So sollte auch der regelmäßige Besuch der Stadtbücherei fest im Schulalltag verankert sein. Viele Kinder haben noch nie zuvor eine Stadtbibliothek von innen gesehen und wissen sich dort nicht zu orientieren. Professionelle Bibliothekseinführungen helfen, das Ordnungssystem in der Kinderbuchabteilung verstehen und nutzen zu können. Durch kleine Suchaufträge zu bestimmten Büchern oder Themen üben die Schülerinnen und Schüler, sich in den unterschiedlichen Regalen allein zurechtzufinden. Darüber hinaus verstehen sich Bibliotheken inzwischen als ausgewiesene Orte der Leseförderung und bieten unter diesem Motto viele anregende und vor allem niederschwellige Aktionen rund um das Vertrautwerden mit und das Genießen von Büchern (vgl. Sühl 2020, 21 f.). Vorlese- und Bastelaktionen helfen beim Abbau von anfänglichen Ängsten, dabei lernen die Kinder das zuständige Personal kennen und machen sich mit den Räumlichkeiten vertraut. Wird für jeden ein eigener Leseausweis angefertigt, können die Kinder nach und nach den (schulischen) Besuch der Bücherei auch in ihre private Routine übernehmen. Den Weg dorthin haben sie dann ja schon so einige Male geübt.

Ist in der Nähe der Schule eine Buchhandlung zu finden, lohnt sich auch dort ein Besuch. Denn tatsächlich gibt es in jeder Klasse immer wieder Kinder, die nicht wissen, wo man eigentlich ein Buch kauft. Wird mit der Buchhandlung vorher ein Termin vereinbart, kann der Buchhändler die Kinderbuchabteilung vorstellen, von aktuellen Büchern erzählen oder Fragen rund um den Entstehungsprozess eines Buches beantworten.

Am Welttag des Buches besucht die Klasse 4a eine nahe gelegene Buchhandlung, um sich dort im Rahmen der Aktion Ich schenk dir eine Geschichte *ihre Bücher abzuholen. Die Autorin Lena Hach liest dort exklusiv für sie aus ihrem neuesten Buch* Der verrückte Erfinderschuppen. *Auf engstem Raum sitzen die Kinder zwischen*

Büchertischen und Prospektstapeln und haben viele Fragen an die Autorin. Sie haben Glück, denn auch Lena Hach hat viele Fragen an die Kinder und lässt sich von ihnen die Bücher, die die Kinder selbst gerade lesen, in den Regalen der Buchhandlung zeigen. Zum Abschluss wird noch ein Buch von Lena Hach gekauft, als neuer Lesestoff für die Klassenbücherei.

Exkurs: Textschwierigkeit einschätzen

Um die individuelle Buchwahl ihrer Schülerinnen und Schüler optimal begleiten und beraten zu können, müssen Lehrkräfte in der Lage sein, den Schwierigkeitsgrad des von ihnen eingesetzten Lesematerials inhaltlich und sprachlich zuverlässig einzuschätzen. Die von Verlagsseite vorgenommenen Einstufungen erweisen sich nämlich schnell als unzureichend oder sogar verwirrend, da diese bei der Einstufung des Schwierigkeitsgrades offenbar unterschiedliche Skalen verwenden. Was bei dem einen Verlag noch ein Erstlesebuch ist, wird bei dem anderen Verlag bereits in die zweite Lesestufe einsortiert. Auch wird so manches Buch, bei dem die Altersangabe „acht bis zehn Jahre" lautet, in der eigenen Klasse bereits von Zweitklässlern verschlungen.
Besonders bei Bilderbüchern ist die Einschätzung problematisch. Bilderbücher eignen sich hervorragend zum Vorlesen auch für jüngere Kinder, wenn sich aber ein leseschwaches Kind allein an dem Text versucht, kann es an der sprachlichen Komplexität scheitern. Was also macht Texte einfach oder schwierig? Bei der Einschätzung der Anforderungen an die Lesefähigkeit lassen sich die vier folgenden Dimensionen der Textverständlichkeit unterscheiden (vgl. Groeben 1982, 217):

1. Sprache

Die sprachliche Dimension bezieht sich auf die Komplexität der sprachlichen Oberfläche eines Textes. Sie erfasst den Anteil langer oder unbekannter Wörter, die Satzlänge und die Komplexität der Satzmuster. Mit Bezug auf die Lesekompetenz wird also die Lesbarkeit auf der Ebene der Wort- und Satzidentifikation untersucht.

2. Struktur

Die strukturelle Dimension, auch kognitive Dimension genannt, nimmt den Aufbau eines Textes in den Blick. Bei Sachtexten erfasst sie zum Beispiel Informationsdichte, Zwischenüberschriften oder Zusammenfassungen. In Bezug auf literarische Texte beschreibt sie die Vorhersehbarkeit des Textaufbaus durch Nutzung bekannter Muster einer bestimmten Textsorte. Im Lesekompetenzmodell findet sie sich auf der Ebene der globalen Kohärenz und des Strukturmusterwissens.

3. Vorwissen
Die inhaltliche Dimension erfasst, wie viel Vorwissen bei der Lektüre eines Textes in Bezug auf Inhalt und Wortschatz vorhanden sein muss. Sie ist auf der Lesekompetenzebene der Aktivierung von Wissensbeständen angesiedelt.

4. Interesse
Motivationale Aspekte fragen danach, ob Leserinnen und Leser durch einen Text angesprochen werden, ob der Text für sie also interessant, lustig oder spannend genug ist. Sie sind auf den Kompetenzebenen von Motivation und innerer Beteiligung verortet.

Eine erfahrene Lehrkraft kann Lesetexte hinsichtlich ihrer thematischen Komplexität und motivationalen Überzeugungskraft in der Regel selbst schnell und zuverlässig beurteilen. Auch die Einschätzung der Schwierigkeit des strukturellen Aufbaus kann bei näherer Betrachtung recht gut von Lehrkräften geleistet werden. Problematisch, da häufig fehlerhaft, bleibt jedoch die Beurteilung der sprachlichen Komplexität einer Lektüre. Versuche zur subjektiven Beurteilung der sprachlichen Oberfläche eines Lesetextes haben ergeben, dass die Einteilung zu einer Altersstufe für ein und denselben Text um mehrere Jahre schwanken kann (vgl. Bamberger/Vanecek 1984, 65).
Um also Bücher und Texte, die man im Unterricht einsetzen möchte, korrekt bestimmen zu können, sollte von Zeit zu Zeit eine einfach zu handhabende Lesbarkeitsformel zu Rate gezogen werden, die die eigene Einordnung objektiv absichert. Als solche bietet sich der *Lesbarkeitsindex* (Lix) an, der 1968 von dem schwedischen Pädagogikforscher Carl-Hugo Björnsson entwickelt und 1984 von Richard Bamberger und Erich Vanecek für deutsche Texte angepasst wurde. Diese Formel benötigt nur wenige Faktoren, um zu einem tatsächlich aussagekräftigen Ergebnis zu kommen (vgl. Bamberger/Vanecek 1984, 62).
Der Lix berechnet sich aus der durchschnittlichen Satzlänge (DSL) und dem Prozentsatz langer Wörter (PLW) eines Textes. Als langes Wort gelten Wörter mit mehr als sechs Buchstaben, die im Alltagswortschatz statistisch gesehen seltener vorkommen; sie sind somit nicht nur aufgrund ihrer Länge schwerer zu lesen, sondern auch, weil sie seltener geübt werden. Kommt ein solches Wort mehrfach vor, wird es nicht nochmals berücksichtigt. Bei längeren Texten mit mehr als 2 000 Wörtern, wie in einem Kinderbuch, werden drei Stichproben unterschiedlicher Stellen mit jeweils etwa 100 Wörtern untersucht (vgl. Rosebrock et al. 2017, 73 ff.).

Die Berechnung des Lix erfolgt in drei Schritten:

$$DSL = \frac{\text{Gesamtzahl der Wörter}}{\text{Anzahl der Sätze}}$$

$$PLW = \frac{\text{Anzahl langer Wörter (mehr als 6 Buchstaben)}}{\text{Gesamtzahl der Wörter}}$$

$$Lix = DSL + PLW$$

In der praktischen Anwendung lassen sich die berechneten Lix-Werte folgendermaßen deuten:

Die Schwierigkeitsstufen des Lix

	20	
Sehr leichter Text ←	25	
	30	→ Kinder- und Jugendbücher
Leichter Text ←	35	
	40	→ Belletristik
Durchschnittlicher Text ←	45	
	50	→ Sachliteratur
Schwieriger Text ←	55	
	60	→ Fachliteratur
Sehr schwieriger Text ←	65	

Bamberger/Vanecek 1984, 64

Durchschnittliche Lix-Werte für die Klassenstufen 1 bis 6 zeigt folgende Tabelle:

	1	**2**	**3**	**4**	**5**	**6**
Erzählende Jugendbücher	19	24	27	30	32	34
Sachbücher und Fachbücher				31	34	38

Bamberger/Vanecek 1984, 64

Tipp: Liegt ein Text in digitaler Form vor, kann er auf der Webseite Psychometrica *online berechnet werden. Der getippte Text wird einfach in das dafür vorgesehene Textfeld kopiert, der Lix wird anschließend angezeigt.*

3.3 STILLE LESEZEITEN

Das Konzept der stillen Lesezeiten ist das Kernelement eines differenzierenden und individualisierenden Literaturunterrichts. Die Lesezeiten finden zwei- bis dreimal die Woche für 20 bis 25 Minuten statt. In dieser Zeit können die Kinder eigenständig Bücher lesen, wobei sie nach und nach immer mehr Verantwortung für den eigenen Leseprozess übernehmen.

Stille Lesezeiten im Anfangsunterricht

Einführung

Bereits in der ersten Schulwoche wird die Klassenbücherei zum ersten Mal geöffnet, und die Kinder schauen sich verschiedene Bilderbücher und vor allem Sachbilderbücher an. Hierfür werden jeweils einige Bücher auf den Gruppentischen, in der Leseecke und auf dem Teppich verteilt. Dann können die Schülerinnen und Schüler allein oder zu zweit schmökern. Hilfreich ist die Regel, dass die Bücher an den Tischen verbleiben und sich stattdessen die Kinder zu den Büchern hinbewegen. Zum einen lernen die Erstklässler so, sich frei in der Klasse zu bewegen, zum anderen können sich Kinder mit gleichen Leseinteressen treffen. Das Buch, somit auch der Platz, darf ein- oder zweimal gewechselt werden. Dann aber sollte eine Entscheidung stehen, damit manche Kinder nicht nur ziellos die Seiten umblättern und das Buch einem Fernsehprogramm ähnlich einfach wegzappen, um zum nächsten Tisch zu wandern. Für viele Kinder ist das ruhige Betrachten eines Buches schon eine Herausforderung, denn sie sind es vielleicht nicht gewohnt, auf Details zu achten und eine Geschichte oder einen Sachverhalt aus Bildern herauszulesen. Helfen können an dieser Stelle Sachbilderbücher mit aufklappbaren Elementen, denn sie machen jedes Kind neugierig und schärfen den Blick für kleine Einzelheiten. Vielleicht reicht auch schon ein geduldigeres Partnerkind, das sich den einzelnen Seiten in Ruhe widmet, Erklärungen dazu abgibt und auf lustige Kleinigkeiten hinweist. Aber auch die Unterstützung von Leseeltern, die mit kleinen Gruppen gemeinsam ein Buch betrachten, kann hier erstmals angefordert werden. Für leistungsstarke Kinder sollten neben Bilderbüchern auch einzelne Erstleseheftchen angeboten werden, vielleicht gibt es ja einige unter ihnen, die bereits erste Wörter und Sätze lesen können.
Mit der Zeit werden die Bücher auf den Gruppentischen thematisch sortiert angeboten, sodass die Kinder gezielt einen Tisch auswählen, dessen Thema sie interessiert. Denkbar sind hier Thementische zu Jahreszeiten, Natur, Technik, Tieren, Berufen, Planeten, Bilderbuchgeschichten, Wimmelbüchern und Erstlesematerialien.

Bereits jetzt können die Lesezeiten fachübergreifend genutzt werden. Thematische Lesekisten aus der Stadtbücherei liefern dafür umfassendes Lesematerial zu vielen sachunterrichtlichen Bereichen. Wenn auch das Lesen für die meisten Kinder noch zu schwierig sein wird, werden zusätzlich zum Schmökern bereits kleine Arbeitsaufträge gegeben. So können die Kinder aus Winterbüchern Tiere heraussuchen, die Winterschlaf halten, oder anhand von Büchern zum Weltall herausfinden, wie viele Planeten um die Sonne kreisen.

Erstes selbstständiges Lesen von Büchern

An den meisten Tagen im ersten Schuljahr gestaltet sich die Lesezeit sicherlich noch eher als Übungsstunde zum Lesen – mit laminierten Leseblättern, Lesespielen und differenzierten Arbeitsaufträgen – denn als eigentliche Bücher-Lesestunde. Mit der Zeit aber können die ersten Kinder schon kleine Lesehefte mehr oder weniger selbstständig lesen. Hier bieten sich Reihen an, die im Schwierigkeitsgrad gestaffelt sind und vielleicht sogar einen eigenen kleinen Leseausweis zum Abhaken der gelesenen Hefte anbieten. Spätestens jetzt ist es sinnvoll, ein Lesepatensystem mit Eltern zu implementieren, um den Kindern enge und differenzierte Unterstützung anbieten zu können, denn auch das Lesen von Erstleseheftchen erfolgt bei vielen Kindern zunächst auf dem Instruktionsniveau. Insbesondere morgens zur ersten Unterrichtsstunde sind Eltern oder auch Großeltern durchaus bereit, noch 20 Minuten zu bleiben, um mit einzelnen Kindern das Lesen zu üben oder sie beim Lesen ihrer ersten Bücher zu begleiten. Damit nicht immer dieselben Schülerinnen und Schüler von der Hilfe profitieren, ist das Führen einer Liste ratsam.
Im Laufe des Schuljahres lernen die Kinder, ihre Lesestoffe allein aus den Regalen zu suchen und natürlich auch ordentlich wieder wegzuräumen. Das Ordnungssystem sollte hierbei mindestens eine Einteilung in Bilderbücher, Sachbücher, Erstlesehefte, Bücher der ersten Lesestufe und Bücher der zweiten Lesestufe vorsehen. Als Orientierung können Bücher und Regalflächen mit einem bunten Klebepunkt markiert werden, sodass auch jemand die Bücher wegräumen kann, der sie nicht selbst aus dem Regal geholt hat. Dennoch bleibt es für viele Kinder noch lange Zeit eine Herausforderung, – abseits der Erstleseheftchen mit ihrer Staffelung – selbst zu entscheiden, was sie überhaupt lesen möchten und wie schwierig es sein darf. Sie benötigen Beratung bei der Auswahl durch die Lehrkraft oder durch elterliche Lesepaten. Nach und nach wird schließlich die Lesezeit zu einer *stillen* Lesezeit, in der die Kinder gemütlich im Raum verteilt immer selbstständiger auch ganze (Erstlese-)Bücher lesen. Das gemeinsame Anschauen von Bilderbüchern bleibt weiterhin erlaubt, jedoch sollte von Woche zu Woche mehr Ruhe in den Klassenraum einziehen, damit keiner in seinem Leseprozess gestört wird.

Empfehlungen für Erstlesehefte mit Staffelung der Schwierigkeit

Balhorn, Heiko / Brügelmann, Hans / Kretschmann, Rudolf / Scheerer-Neumann, Gerheid (1989): *Regenbogen-Lesekiste 1 und 2.* Stuttgart: Verlag für pädagogische Medien.
Drecktrah, Stefanie / Brandau, Nicole (2013): *Lesestart mit Eberhart-Reihe.* Offenburg: Mildenberger.
Hunt, Roderick (2014): *Lesebaum-Reihe.* Hannover: Lesebaum.

Führen eines Lesepasses

Wenn die Kinder zu lesen beginnen, beginnt spätestens die Ausleihe von Erstleseheftchen und Büchern nach Hause. Zunächst übernimmt dies noch die Lehrkraft, später kann das eine feste Gruppe von Schülerinnen und Schülern übernehmen. Damit die häusliche Unterstützung beim Lesenüben zuverlässiger eingefordert werden kann, ist das Führen einer Vorlesekarte sinnvoll. Wenn Eltern, Großeltern oder auch lesekundige Geschwister zu Hause für zehn Minuten mit den Kindern Lesen geübt haben, leisten sie eine Unterschrift auf dieser Karte (Abb. 10).

Vorlesekarte von

____

Mein Kind hat mir
10 Minuten vorgelesen.

Datum	Unterschrift

Abb. 10: Vorlesekarte
für die Vorlese-Unterschriften

Sind zehn erforderliche Unterschriften beisammen, zeigen die Kinder den Zettel der Lehrkraft vor, heften ihn in den eigenen Lesepass ein und nehmen eine weitere Vorlesekarte mit nach Hause. Die Eltern werden so angehalten, Verantwortung für den Leselernprozess der Kinder zu übernehmen, und die Lehrkraft erhält die unerlässliche Rückmeldung darüber, welche Kinder zu Hause Hilfe beim Üben erhalten. Sollte die häusliche Mitwirkung trotz mehrfacher Gespräche ausbleiben, muss für die betroffenen Kinder eine andere Lösung gefunden werden. So können zum Beispiel Lesepaten oder fortgeschrittene Schülerinnen und Schüler mit ihnen in der Schule trainieren und die begehrte Unterschrift auf der Lesekarte leisten.

Gegen Ende des ersten Schuljahres – oder mit Beginn des zweiten – sind die Kinder so weit, dass sie ihre in der Lesezeit gelesenen Bücher im Lesepass dokumentieren können. Hierfür steht eine weitere Vorlage zur Verfügung, auf der Titel und Autorin oder Autor eines beendeten Buches vermerkt werden, eine einfache Bewertung vorgenommen und zum Beispiel ein Lieblingssatz aus dem Buch abgeschrieben wird (Abb. 11). Eine solche Dokumentation gibt der Lehrkraft Auskunft darüber, wie regelmäßig die Kinder in der Lesezeit die gelesenen Bücher auch beenden; sie wirkt aber auch als Motivator für die Leserinnen und Leser, denn das Eintragen des Buches bezeugt ja immer auch die geleistete Anstrengung. Sie befreit die Lehrkraft jedoch nicht von der Aufgabe, sich regelmäßig von allen Kindern ein Stück vorlesen zu lassen, kontrollierende Verständnisfragen zu den Büchern zu stellen und interessiert nachzufragen, wie den Kindern die jeweiligen Bücher gefallen haben.

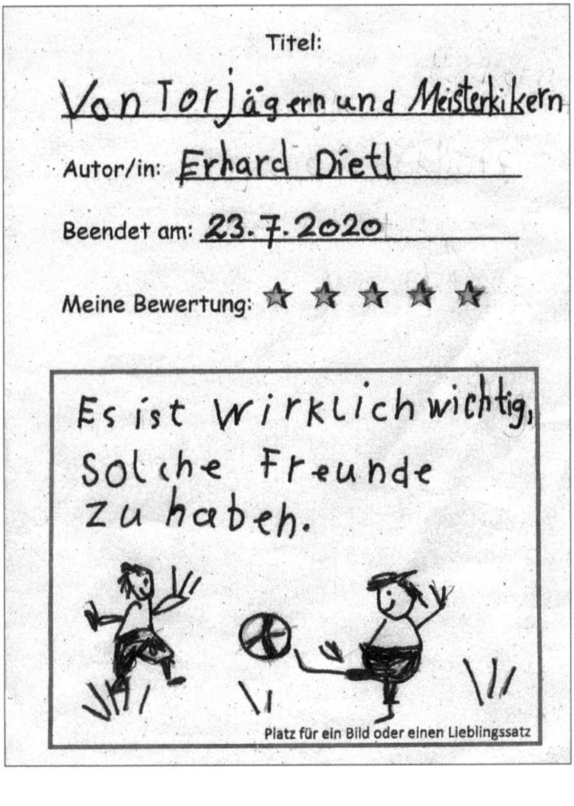

Abb. 11: Seite aus einem Lesepass zur Dokumentation des Buches *Von Torjägern und Meisterkickern* von Erhard Dietl, zweite Klasse

Das Führen eines Lesepasses kann durch alle Schuljahre fortgesetzt werden. Weitere Vorlagen, wie zur Bewertung von Sachbüchern oder Charakteren, können dabei die Dokumentation gelesener Bücher abwechslungsreich und interessant halten. Ob der Lesepass immer mal wieder für eine Zeit lang ausgesetzt wird, da zum Beispiel andere Anschlussaufgaben mehr Raum beanspruchen, muss in der jeweiligen Situation entschieden werden. Vielleicht wird er eines Tages sogar ganz abgelöst, zum Beispiel durch ein Lesetagebuch? Aber wie auch immer die Entscheidung fällt, eines bleibt unverzichtbar, nämlich die Buchführung darüber, wie regelmäßig die Schülerinnen und Schüler welche Lektüren beenden; denn nur auf Grundlage dieses Wissens können möglicherweise erforderliche individuelle Hilfen auch zeitnah bereitgestellt werden.

Stille Lesezeiten in der zweiten bis vierten Klasse

Stille Lesezeiten sollten durch alle Jahrgangsstufen ihren Charakter der Ruhe und Gemütlichkeit behalten. Dennoch kommen ab der zweiten Klasse weitere Elemente hinzu, die das eigenständige Lesen stärker anleiten und ausbilden.

Struktur der stillen Lesezeiten

Dem Grundsatz nach sollte eine Lesezeit immer mit der kurzen Abfrage beginnen, ob jedes Kind weiß, welches Buch es gerade liest, wo sich dieses befindet oder ob vielleicht noch aus der letzten Lesestunde eine unbeendete Aufgabe Vorrang vor dem Lesen hat. Realistischerweise wird es dennoch viele Lesestunden geben, in denen die Kinder erst nach und nach zum Lesen kommen, wenn zum Beispiel die vorhergehende Unterrichtsstunde nach und nach in die Lesezeit übergeht. Hier ist darauf zu achten, dass den langsameren Lernern die Lesezeit nicht eingekürzt wird, denn häufig sind gerade sie es, deren Schwierigkeiten beim eigenständigen Lesen am größten sind.
Ist ein Kind auf der Suche nach einem neuen Buch, kann bei der Auswahl die *Drei-Finger-Regel* zur Anwendung kommen, eine Methode zur ersten Einschätzung des Schwierigkeitsgrads einer Lektüre: Ein Kind liest eine Seite zur Probe und hebt für jedes unbekannte oder schwierig zu lesende Wort einen Finger. Sind am Ende der Seite mehr als drei Finger oben, sollte ein anderes Buch ausgewählt werden (vgl. Rieckmann 2018, 15).
Für das Lesen können sich die Kinder frei im Klassenraum oder auf dem Flur einen bequemen Platz suchen. Wird mit einer Partnerin oder einem Partner gelesen, sollte etwas Abstand zu den anderen gehalten werden, damit diese nicht gestört werden.
Neben der durchlaufenden Aufgabe, das eigene Lesen im Lesepass zu dokumentieren, gibt es in der Lesezeit spätestens ab der dritten Klasse eine weitere zu erledigende Pflichtaufgabe: Ein Genrerad hängt gut sichtbar in der Klasse (Abb. 12). Beginnt ein Kind ein neues Buch, muss es die Wahl dem entsprechenden Genre auf diesem Genrerad

zuordnen. Hierfür knipst es eine Wäscheklammer mit seinem Namen an das entsprechende Feld auf dem Rad. Dies übt die Unterscheidung verschiedener Genres, ermöglicht Diskussionen über die Trennschärfe der Abgrenzung und bietet eine Kontrollfunktion für die Lehrkraft (vgl. Rieckmann 2018, 13).

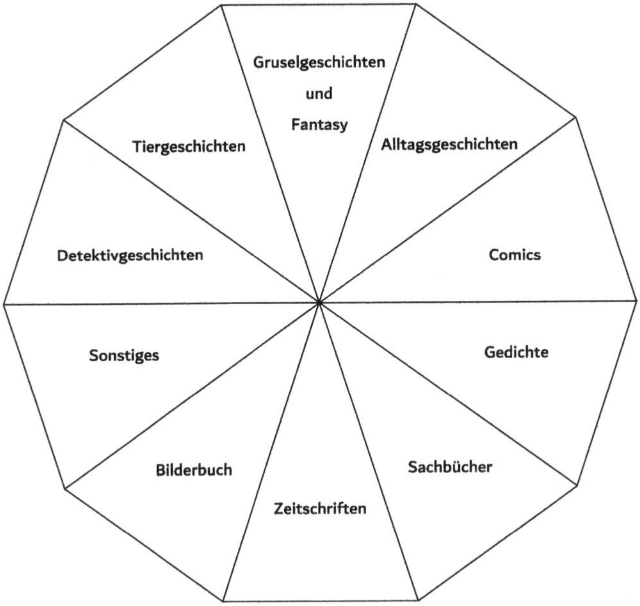

Abb. 12: Genrerad für ein zweites Schuljahr

In der Lesezeit können auch viele der in den folgenden Unterkapiteln vorgestellten Anschlussaufgaben erledigt werden, so zum Beispiel die Arbeit an einem Lesebegleitheft oder die Vorbereitung einer Buchvorstellung. Voraussetzung für die Integration solcher Anschlussaufgaben in die Lesezeit ist, dass deren Bearbeitung die anderen Kinder nicht stört und dass das Lesen selbst nicht für längere Zeit zu kurz kommt. Auch hier kann eine Entscheidung nur unter Berücksichtigung der jeweiligen Klassensituation getroffen werden. Manche Klassen finden ganz von allein ein Gleichgewicht zwischen konzentriertem Lesen und der Bearbeitung von weiterführenden Anschlussaufgaben, zwischen Leseruhe und Arbeitsunruhe. Andere Klassen hingegen benötigen eine klare Regelung: Erst nach 15 Minuten lesen sind Anschlussaufgaben erlaubt.
Den Abschluss der Lesezeit bildet jeweils eine gemeinsame Runde. Hier können die Kinder Bücher vorstellen, von Leseerfahrungen berichten, Schwierigkeiten mit dem Genrerad diskutieren und sich vor allem über Bücher austauschen und gegenseitige Buchtipps geben.

Lesegespräche mit der Lehrkraft

Um das eigenständige Lesen optimal beobachten und unterstützen zu können, führt die Lehrkraft mit jedem Kind regelmäßig individuelle Lesegespräche. Diese dienen dazu,

- Leseziele zu vereinbaren und zu kontrollieren,
- den Austausch von Leseerfahrungen anzuregen,
- die Text-Leser-Passung und das Leseverstehen zu überprüfen,
- die Buchauswahl zu begleiten und zu beraten sowie
- zu nächsten Lernschritten zu ermutigen.

In den Gesprächen lässt sich die Lehrkraft vom Kind zunächst den jeweiligen Lesestoff zeigen und stellt ein paar kurze Fragen, um das Textverstehen zu überprüfen. Meist reicht hier die kurze Aufmunterung „Erzähl doch mal, was in deinem Buch passiert, das sieht ja ganz schön spannend aus!“ oder „Wer ist denn dieser lustige Typ auf dem Cover?“, um einen Eindruck davon zu bekommen, ob die Schülerin oder der Schüler die Handlung des jeweiligen Buches tatsächlich verstanden hat. Auch der nachfolgende kurze Austausch über das Buch sollte einen möglichst ermutigenden, bestätigenden und interessierten Charakter haben und Vermutungen zum weiteren Handlungsverlauf anregen. Anschließend liest das Kind halblaut eine Seite vor. Das eigenständige Lesen erfolgt im optimalen Fall auf dem Unabhängigkeitsniveau; es sollten also auf etwa hundert Wörter nicht mehr als fünf Wörter kommen, die das Kind nur mit zusätzlicher Hilfe erlesen kann. Zum Abschluss wird überprüft, ob das Kind die vereinbarte Seite erreicht hat, und es wird ein neues Seitenziel bis zum nächsten Gespräch verabredet, das sich die Lehrkraft notiert. Nähert sich das Kind dem Ende eines Buches, kann die anstehende Buchauswahl gemeinsam vorbereitet werden:

- Waren Thema, Leseumfang und Lesestufe angemessen?
- Kann ein Wiederaufgreifen des Themas oder der Serie das Einlesen in das nachfolgende Buch erleichtern?
- Welche weiteren Themen könnten von Interesse sein?
- Ist ein Genrewechsel denkbar?
- Wird ein größerer oder geringerer Textumfang gewünscht?

Für diese Gespräche ist es zum einen wichtig, dass sich die Lehrkraft in der Welt der Kinderliteratur auskennt, dass sie die jeweils angesagten Bücher selbst gelesen hat und dass ihre Lesetipps in den Augen der Kinder ernst zu nehmen sind. Zum anderen muss sie sich neugierig zeigen auf die Erfahrungen, die die Kinder mit ihren Büchern gemacht haben; sie muss sich auf Augenhöhe austauschen, ohne zu belehren. Im Mittelpunkt der Gespräche sollte das Potenzial der Kinder für das Lesen stehen, nicht deren Probleme mit dem Lesen. Denn dieses Potenzial ist es, was Kinder in sich entdecken müssen, damit sie nach und nach ein positives lesebezogenes Selbstkonzept aufbauen können.

Unterschiedliche Lesertypen und strukturierende Hilfen

Nicht alle Kinder können sich gleichermaßen aktiv und aufmerksam ihrem Buch oder ihrer Zeitschrift widmen. Sie benötigen jeweils unterschiedliche Hilfestellungen. Folgende Lesertypen lassen sich in fast allen Klassen identifizieren (vgl. Rieckmann 2018, 65 ff.): Es gibt die unmotivierten *Als-ob-Leser,* die lediglich vorgeben zu lesen und regelmäßig auf die Toilette müssen. Sie benötigen eine enge Beratung bei der Buchauswahl. Wofür interessieren sie sich im Leben? Worüber würden sie gern noch mehr erfahren? Ihnen hilft vielleicht, das erste Kapitel vorgelesen zu bekommen, um den Einstieg in die Geschichte zu finden. Aber auch das eigenständige Lesen einer Probeseite vor der Entscheidung für ein Buch ist für sie unverzichtbar. Darüber hinaus benötigen sie eine klar strukturierte Routine, zum Beispiel durch die Bearbeitung eines Lesebegleitheftes.
Dann gibt es die *Überforderten Leser*, die eigentlich gern lesen würden, aber schon zu häufig gescheitert sind, als dass sie es nochmals ernsthaft mit einem Text versuchen würden. Sie benötigen unbedingt Lesematerial, welches sie auf der Unabhängigkeitsstufe bewältigen können, vielleicht auch aus einer Buchserie. Zusätzlich kann ihnen eine Mitschülerin oder ein Mitschüler als Lesepate zur Seite gestellt werden, der neben dem gemeinsamen Lesen auch schon mal ein Stückchen vorliest. Der Lesepate dient auch als Lesemodell für die eigenständige Regulierung des Leseprozesses zur Bewältigung von Leseschwierigkeiten. Er demonstriert mehr oder weniger unbewusst, dass Verständnisschwierigkeiten Vorrang vor dem Fortkommen im Text haben und dass das Lesetempo dem Schwierigkeitsgrad eines Abschnitts angepasst werden kann.
Die *Unrealistischen-Möchtegern-Leser* suchen sich immer das angesagteste Lesematerial heraus, auch wenn es ihre Lesefähigkeiten bei weitem übersteigt. Sie zappen mehr durch die Bücher, als dass sie lesen, und fangen immer wieder Neues an. Natürlich dürfen Bücher auch angelesen und wieder weggelegt werden. Aber nach ein oder zwei Versuchen sollte jedes Kind eine verbindliche Entscheidung getroffen haben. Bei ihrer Lektüreauswahl müssen die Unrealistischen-Möchtegern-Leser eng begleitet werden, sie brauchen klare Leseziele und vor allem viel positiven Zuspruch. Vielleicht gibt es Kinder in der Klasse, die das gleiche Buch wie sie lesen und mit denen sie eine Lesegemeinschaft gründen und Anschlussaufgaben gemeinsam bearbeiten können.
Die *Bin-schon-fertig-Leser* lesen ein Buch, um fertig zu werden. Inhaltsfragen können sie nur selten im Detail beantworten. Ihnen helfen Anschlussaufgaben, die sie tiefer in die Bücher hineinführen, die beim Aufbau emotionaler Bezüge helfen oder Detailwissen ab-

fragen, also Aufgaben wie das Schreiben von Charakterisierungen oder Nacherzählungen und das Bearbeiten von Lesebegleitheften.

Es gibt auch *Ich-bleib-bei-meinem-Genre-Leser*, die zum Beispiel immer nur Sachbücher lesen oder sich lediglich für Pferdegeschichten interessieren. Sie lesen aufmerksam und engagiert, aber nicht vielfältig. Denkbar ist hier die Vereinbarung, über einen gewissen Zeitraum die Wäscheklammer an drei unterschiedlichen Feldern des Genrerades anzuklipsen.

Und natürlich gibt es auch in jeder Klasse echte *Bücherwürmer und Leseratten*, für die ständig neue Bücher herangeschafft werden müssen und die immer neue weiterführende Herausforderungen benötigen. Sie haben in der Regel Freude daran, ein Lesetagebuch zu führen, in dem sie ihre Erfahrungen und Wertungen festhalten und reflektieren können. Aber auch sie sollten Anregungen erhalten, durch die sie sich mit anderen austauschen können, beispielsweise bei dem gemeinsamen Erstellen einer Fotostory zu einem Buch.

Karl ist ein Viertklässler mit Verzögerungen in der Entwicklung. In der Lesezeit greift er immer wieder nach Harry Potter, *weil das in der Klasse derzeit angesagt ist. Es fällt ihm schwer zu akzeptieren, dass diese Bücher für ihn noch nicht zu schaffen sind. Viele Gespräche sind notwendig, bis sein mangelndes Selbstvertrauen es zulässt,* King-Kong das Geheimschwein *von Kirsten Boie zu lesen. Nach einer gelungenen Buchvorstellung aber bezeichnet er sich als „King-Kong-Fachmann" und greift bereits von allein nach dem nächsten Band aus der Reihe.* Harry Potter *hört er schließlich – in Auszügen – als Hörbuch mit Rufus Beck als Sprecher.*

Vielleseverfahren

Von Zeit zu Zeit können Lesezeiten mit entsprechenden Vielleseverfahren aufgepeppt und neu angeregt werden. So dienen im zweiten Schuljahr kleine Leseratten-Ausweise als Anreiz dazu, nachweislich zehn Bücher zu lesen (vgl. Sommer-Stumpenhorst/Hötzel 2001, 85).

Eine Art Meilenprogramm für Vielleser bietet der globale Lesemeilen-Wettbewerb der britischen Organisation *National Literacy Trust* und des Universitätsverlages *Oxford University Press*. Hier werden jedem Kind pro zehn Minuten Lesezeit je 500 Meilen vergeben, die es in ein eigenes Reisedokument einträgt und mit denen es auf einer Landkarte um die Welt fliegen kann (vgl. Ní Chatháin 2019b, 21).

Die Kinderbuchautorin Ursel Scheffler kreierte die Aktion *Büchertürme* (auf der gleichnamigen Webseite zu finden), bei der die Kinder einer Klasse oder Schule gemeinsam möglichst viele PISA-Meter erlesen. Als Messlatte fungiert ein lokaler Turm aus der Schulumgebung; gelesen wird, bis die Höhe des Turmes in summierten Buchstärken erlesen wurde.

Neben der Quantität kann auch die Vielfalt des Lesens angeregt werden, so zum Beispiel mit der einfachen Zielvorgabe, bis zu einem festgelegten Datum mindestens einen Zeitschriftenartikel oder ein Buch von einem thematischen Lesetisch zu lesen.

3.4 BUCHVORSTELLUNGEN

Buchvorstellungen ermöglichen soziale Teilhabe

Erfahrene Bücherwürmer wissen, dass Abgeschiedenheit, Muße und Behaglichkeit beim Lesen Voraussetzungen dafür sind, vollständig in ein Buch einzutauchen. Darüber hinaus entspringt Lesemotivation aber häufig noch etwas anderem: Sie folgt dem Bedürfnis nach sozialer Teilhabe (vgl. Rosebrock/Nix 2015, 23). Denn Geschichten beschäftigen. Spannende, traurige, überraschende, unverdaute, aber auch nicht verstandene Momente wollen mitgeteilt und diskutiert werden. Charaktere lassen einen nicht los und fordern dazu auf, anderen von ihnen zu erzählen. Die Begeisterung für ein Buch kann ansteckend sein, und wer von seinem Buch überzeugt ist, der will auch andere überzeugen. Das Missionieren gehört zum Lesen wie das Salz in der Suppe. Medial zelebriert wurde ein solcher Austausch von Leseerfahrungen durch Marcel Reich-Ranicki und Hellmuth Karasek in den Hochzeiten des *Literarischen Quartetts*, einer Literatursendung des Zweiten Deutschen Fernsehens. Diese Sendung zeigte unterhaltsam und eindrücklich, wie sehr das Lesen die Diskussion herausfordert und wie sehr wiederum die Diskussion das weitere Lesen anregt. Letzteres zeigte sich auch in der Harry-Potter-Welle, die zu großen Teilen ebenfalls dem Wunsch nach sozialer Teilhabe entsprang, dem Wunsch nach Zugehörigkeit zu einer Lesegemeinschaft (vgl. Rosebrock/Nix 2015, 23). Wer mit dem Leben von Harry, Ron und Hermine nicht vertraut war, konnte auf dem Schulhof viele Jahre nicht mitreden und in Spielen Zaubersprüche nicht mit dem entsprechenden Gegenzauber abwehren. Dies sorgte für einen regelrechten und anhaltenden Leseboom.

Das Lesen im Klassenraum zu individualisieren, bringt folglich auch die Notwendigkeit mit sich, das Lesen wieder zusammenzuführen und den Austausch über Gelesenes zu ermöglichen, so unterschiedlich die Eindrücke auch sein mögen. Denn ohne kommunikative Anschlusshandlungen im Klassenverband bleibt der Leser eben dies – einsam. Buchvorstellungen sind eine mögliche Form, den privaten, zurückgezogenen Leseprozess wieder zu öffnen und andere daran teilhaben zu lassen.

In den Anfängen ist die Kommunikation noch mehr ein Geben denn ein Nehmen. Dennoch übt sie genau das, was die Grundlage eines jeden literarischen Gesprächs ist: die

Wiedergabe des Gelesenen, die Beschreibung von Charakteren und die Reflexion eigener Leseerfahrungen. Öffnet sich schließlich die Präsentation im Anschluss an den Vortrag und dürfen Fragen aus dem Publikum gestellt werden, so beginnt auch eine erste Konversation, ein erster Austausch. Dabei agieren die Vortragenden als Fachleute, die über Insiderwissen verfügen. Manchen gelingt es auf diese Weise, die Rolle des Leseversagers erstmalig abzustreifen und in die Rolle des Buchexperten zu schlüpfen. Was für eine Chance! Und nicht selten auch führt dieses Gespräch zu dem Statement eines Zuhörers, das Buch ebenfalls lesen zu wollen.

Buchvorstellungen entwickeln

Dennoch sind Buchvorstellungen keinesfalls für alle Kinder ein Selbstläufer. Lesekommunikation ist eine erworbene Kulturtechnik, die nicht etwa automatisch erlernt wird, sondern einiger Anleitung und Übung bedarf (vgl. Rieckmann 2018, 90). Denn vor dem *Erzählen von einem Buch* kommt zunächst das *Nachdenken über ein Buch*. Kinder aus Leserfamilien haben jahrelange Übung darin, Vorlesebücher gemeinsam mit einem kompetenten Gegenüber zu konsumieren und dabei Inhalte zusammenzufassen, Handlungsmotive herauszuarbeiten und sich eine eigene Meinung zum Buch zu bilden. Lesefern aufgewachsenen Kindern mangelt es an diesem intensiven und vor allem angstfreien Training. In einer Präsentation beschränken sie sich häufig darauf, Fakten zum Buch wie Titel, Autor, Seitenzahl und Inhalt darzustellen und vielleicht noch eine Textstelle vorzulesen. Der Informationsgehalt ihrer Buchvorstellung ist häufig gering, persönliche Einschätzungen werden vermieden oder bleiben unbegründet, sodass sich kaum Anknüpfungspunkte für die Zuhörenden ergeben (vgl. Rieckmann 2018, 25).
Kinder, die wenig Erfahrungen mit Anschlusskommunikation haben, müssen sich langsam an die Reflexion über Gelesenes und an die Präsentation von Gelesenem herantasten. Hierfür benötigen sie

- spielerische Übungen,
- abwechslungsreiche Präsentationsformen,
- klare Aufgabenstellungen,
- enge Begleitung bei der Vorbereitung sowie
- Formulierungshilfen, die sprachlich vorentlasten.

Steht dann eine erste große Buchvorstellung mit einem längeren Sprechtext bevor, benötigen nicht nur leseungeübte Kinder eine Partnerin oder einen Partner, um die vorbereitete Präsentation vorab gemeinsam zu üben. Ein solcher Probelauf gibt die Gelegenheit, Formulierungen einzuschleifen, Unverständliches zu sortieren und Nervosität zu mindern.

Aber bis dahin ist es noch ein weiter Weg. Die folgende Auswahl an Präsentationsvorschlägen (vgl. Dörnhoff 2018, 24 ff.) macht es sich zur Aufgabe, Reflexions- und Präsentationsfähigkeit nach und nach aufzubauen. Dabei muss zunächst das Erzählen über Bücher zu einem selbstverständlichen und vor allem regelmäßigen Bestandteil des Unterrichts werden, aus dem sich abwechslungsreichere Präsentationsformen entwickeln.

Kurzvorstellungen

Schon in den ersten Tagen nach der Einschulung können die Schülerinnen und Schüler das erste Mal dazu aufgefordert werden, ein Buch, welches ihnen gut gefällt, von zu Hause mitzubringen. Besitzt ein Kind keine Kinderbücher, kann es ein Buch aus der Klassenbücherei oder ein vorgelesenes Buch der Lehrkraft auswählen. Die Klasse trifft sich im Sitzkreis, und alle Exemplare werden zur Ansicht mit dem Cover hochgehalten. Der Reihe nach erzählen die Kinder einige Sätze zu ihrem Buch. Pflichtteil dieses Kurzberichtes sind jeweils der Einstieg mit dem Buchtitel und der Abschluss mit der Formulierung *„Ich finde mein Buch spannend/lustig/traurig, weil …“* Abschließend kann das Publikum zu jedem Buch drei Fragen stellen, die das Kind frei beantworten muss. Im Anschluss an die Vorstellungsrunde werden alle Werke auf den Tischen ausgelegt, in Ruhe angeschaut und vielleicht sogar in einer Schmökerzeit angelesen. Kurzvorstellungen sollten regelmäßig in allen Klassenstufen in den Unterricht integriert und mit der Zeit thematisch ausgebaut werden. Folgende Aufmacher sind denkbar:

- Mein Lieblingsbuch
- Ein Freizeitbuch
- Ein interessantes Sachbuch
- Mein aktuelles Buch aus der stillen Lesezeit
- Das beste Buch aus der Klassenbücherei
- Mein derzeitiges Buch aus der Stadtbücherei

Nach und nach können Formulierungshilfen helfen, den inhaltlichen Ausbau voranzutreiben (vgl. Endres et al. 2012, 29):

- Mein Buch heißt …
- Es wurde geschrieben von …
- Es hat … Seiten, der Verlag heißt …
- Der wichtigste Charakter ist …
- Sein Gegenspieler heißt …
- Das passiert in dem Buch: …
- Ich finde das Buch …, weil …
- Am besten gefällt mir … Gar nicht gefällt mir …
- Ich empfehle das Buch für …

Wird eine Textstelle vorgestellt, kann das in der ersten Klasse zunächst noch die Lehrkraft oder ein lesestarkes Kind als „Assistent" übernehmen. Aber auch das Abspielen einer Hörbuch-Textstelle ist denkbar.

Kurzvorstellungen müssen nicht zeitaufwändig im Klassenverband erfolgen, sie funktionieren auch vor Kleingruppen. Es müssen auch nicht alle Kinder etwas vorstellen. Wichtig ist lediglich, dass jedes Kind tatsächlich drankommt und dass es vorher weiß, *wann* es an der Reihe ist. Wenn man aber umgekehrt die Präsentationen in einen größeren Schulkontext stellen möchte, so sind vom ersten Schuljahr an kurze schriftliche Statements zu Büchern realisierbar (Abb. 13), die anschließend zum Beispiel in der Schulbücherei für alle sichtbar ausgestellt werden.

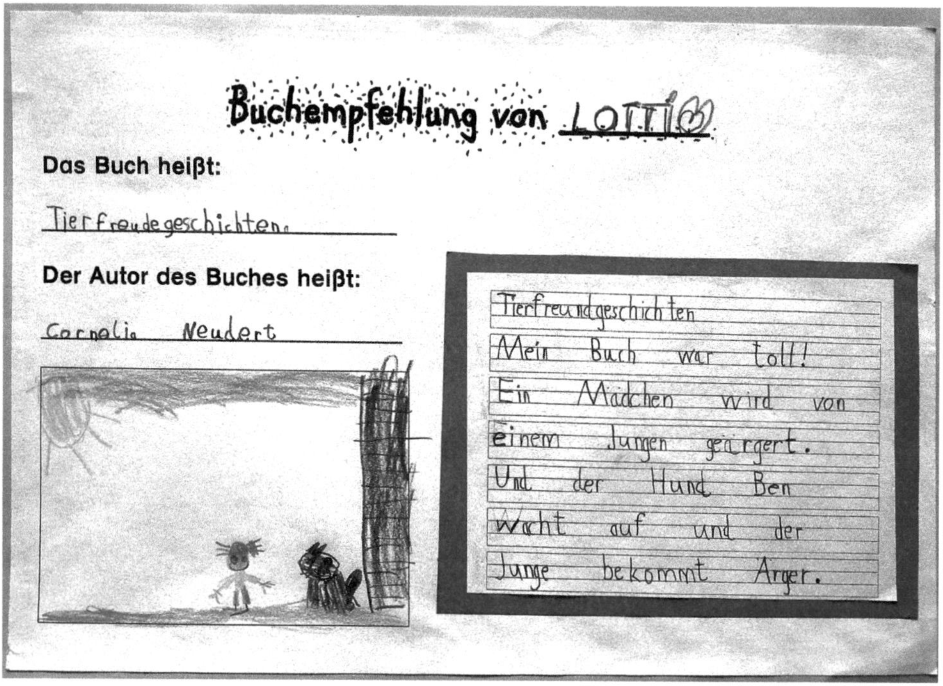

Abb. 13: Buchempfehlung zu *Tierfreundegeschichten* von Cornelia Neudert, erste Klasse

Das Café der Protagonisten

Eine völlig andere, spielerische Präsentationsform ist das *Café der Protagonisten*, sie ist dem freien Spiel von Kindern nachempfunden. Kinder lieben es, beim Nachspielen von Büchern in die Rollen ihrer Lieblingscharaktere zu schlüpfen und deren Leben probehandelnd auszutesten. Das Café der Protagonisten nutzt diesen Umstand: Schülerinnen und Schüler verwandeln sich in einen Buchcharakter, kehren gemeinsam in das Café ein und erzählen einander in einem großen Rollenspiel gegenseitig aus ihrem Buchleben.
Als Vorbereitung auf die Präsentation ermitteln die Kinder Aussehen, Charakter, Lebensumstände und Freunde ihrer Figur und bereiten in einer identifikatorischen Auseinandersetzung eine entsprechende Verkleidung vor. Dann wird das Klassenzimmer zum Kaffeehaus umfunktioniert, die Gruppentische mit Tischdecken geschmückt und das Café eröffnet. Wichtig ist ein klarer Gesprächsauftrag an die Kinder. Die Unterhaltung sollte sich nicht allein um Kaffee und Kuchen drehen, Ziel ist es vielmehr, dem Gegenüber möglichst viel aus dem eigenen Leben mitzuteilen und im Gegenzug möglichst viel aus dessen Leben zu erfahren. Nach einiger Zeit werden die Plätze gewechselt, und es ergeben sich neue Konstellationen. Im Anschluss an das Rollenspiel reflektieren die Kinder, mit welchen Charakteren sie sich unterhalten haben, was sie erfahren haben und wer ihnen besonders gut gefallen hat.

Lies mich! Lieblingsbücher sprechen für sich

Mithilfe kreativer digitaler Apps können Kinder ihre Lieblingsbücher selbst zum Sprechen bringen, die sich auf diese Weise höchstpersönlich einem Publikum vorstellen. Hierfür erstellen die Schülerinnen und Schüler zu ihrem Lieblingsbuch einen Sprechtext, in welchem sich das Buch in etwa 30 Sekunden selbst vorstellt. In der Ich-Form berichtet es kurz von seiner Handlung, stellt seinen Hauptcharakter vor und begründet, warum es sich gut lesen lässt. Dann wird das Buchcover fotografiert und zum Beispiel in die App *ChatterPix Kids* oder in die browserbasierte Anwendung *Blabberize* hochgeladen. Nun wird der Sprechtext mit der App aufgenommen und dem Cover ein Mund gezogen. Nach Fertigstellung spricht dieser Mund den aufgenommenen Text. Die Vorführung der Buchtipps am interaktiven Whiteboard findet großen Anklang. Enden die Tipps jeweils mit dem Appell „Lies mich“, stehen immer schon Kinder Schlange, die das Buch sofort ausleihen möchten (vgl. Brückner/Hoppe 2019, 1 ff.).

Eine Lesekiste präsentieren

Die gestalterische Umsetzung eines Buches fordert Kommunikation geradezu heraus. Stellt man einen leeren Schuhkarton mit der langen Seite in seinen Deckel, so entsteht eine Art Bühne, auf der eine Buchszene durch Zeichnungen, kleine Figuren, Minibauten und Kurztexte dargestellt werden kann: die Lesekiste (Abb. 14). Auf den Außenseiten finden formale Informationen, eine Textstelle oder eine Bewertung Platz. Zwar ist hier (noch) keine umfassende Buchvorstellung angedacht, die künstlerische Umsetzung des Buches aktiviert aber die Vorstellungskraft, lässt Handlung und Figuren lebendig werden und intensiviert das Leseerlebnis. Nach Abschluss der Herstellungszeit stellen sich die Kinder einander ihre Lesekisten mit einem Gallerywalk vor. Dabei lassen sie andere meist gern an ihren Produkten teilhaben und tun dies mit großer Unbefangenheit. In ihren Augen ist das Sprechen über ein gebasteltes Produkt „schließlich etwas ganz anderes" als das Sprechen über ein Buch.

Abb. 14: Schülerarbeit – Lesekiste zu *Labyrinth der Lügen* von Ute Krause, vierte Klasse

Ausstellung der sprechenden Statuen

Die Ausstellung der sprechenden Statuen ist eine weitere spielerische Präsentationsform mit identifikatorischem Charakter. Wieder schlüpfen die Kinder in die Haut eines Protagonisten, wenngleich sie dieses Mal in ihrer Rolle nicht frei sprechen und spielen, sondern als Statue innerhalb einer Ausstellung einen vorbereiteten Vortrag zu ihrer Person halten.
Als Vorbereitung haben die Kinder erneut die Aufgabe, sich mit den Daten, Eigenschaften und Lebensumständen ihres gewählten Buchcharakters vertraut zu machen. Zu diesen Fakten notieren sie sich Stichworte und schreiben einen kurzen Präsentationstext auf eine Schautafel. Kinder, denen es schwerfällt, die erforderlichen Daten aus einem Buch herauszufiltern, können mit anderen zusammen zu einem gemeinsamen Buch arbeiten. Im Idealfall haben keine zwei Kinder hierbei dieselbe Rolle, und doch können sich die Mitglieder gegenseitig beraten und absprechen. Die Sprechtexte werden auswendig gelernt. Auf eine freie Rede mit Blickkontakt und nonverbalen Gestaltungselementen kann bei dieser Präsentationsform noch verzichtet werden. So werden Kapazitäten frei, um die Sprechweise in den Blick zu nehmen. Eine deutliche, langsame und klar verständliche Ausdrucksweise will vorab geübt sein. Sie bestimmt maßgeblich, wie verständlich und überzeugend die Präsentation letztlich sein wird.
Schließlich kann die Ausstellung für Eltern oder für andere Klassen geöffnet werden. Großen Anklang findet sie auch als Treppenhausausstellung zu Pausenbeginn für die gesamte Schulgemeinschaft. Dabei stehen die Statuen unbeweglich auf einem Podest oder Stuhl und halten ihre Schautafeln vor sich. Die Besucher wandern durch die Ausstellung und fordern „per Knopfdruck" nähere Informationen zum Buchcharakter an, woraufhin die Statue die gewünschten Informationen aufsagt.

Tipp: Für höhere Klassen wird die Aufgabe anspruchsvoller, indem der Arbeitsauftrag um zusätzliche Aspekte erweitert wird, wie eine Zusammenfassung der Handlung und eine Buchbewertung.

Vortrag über ein Buch

Mit ausreichender Präsentationserfahrung im Gepäck sollte jedes Kind mindestens einmal im Schuljahr auch einen umfassenderen Vortrag über ein gelesenes Buch halten.
Ein solcher Buchvortrag ist hinsichtlich Vorbereitung und Umsetzung sicherlich die anspruchsvollste Präsentationsform. Vieles gilt es hier zu beachten und vorab zu üben.
In der Vorbereitungsphase müssen die Schülerinnen und Schüler

- eine sinnvolle Gliederung des Vortrags erarbeiten,
- notwendige Informationen recherchieren und herausschreiben,
- Wichtiges von Unwichtigem trennen,

- Kateikarten mit Stichpunkten erstellen,
- Inhalte in eigenen Worten erläutern und
- treffende Formulierungen finden.

Die Entwicklung einer eigenen Gliederung kann manche Schülerinnen und Schüler noch überfordern. Zur Entlastung könnte folgender Aufbau vorgegeben werden:
- Einleitung und anregende Eröffnung
- Gliederung des Vortrages
- Formale Buchinformationen
- Charaktere inklusive Gegenspieler
- Handlung
- Leseprobe
- Buchbewertung

Während der Umsetzung kommen weitere Herausforderungen hinzu, auf deren Training schon in der Vorbereitung Zeit verwendet werden sollte. Die Vortragenden müssen
- deutlich sprechen,
- Sprechweise und Lautstärke anpassen,
- Pausen machen,
- unterstützende Gestik einsetzen,
- die Zuschauer anschauen und
- die Uhr im Blick behalten.

Um nach der Präsentation den Austausch im Klassenverband anzuregen, hat es sich bewährt, Gesprächsanfänge für das Publikum vorzuformulieren, wie „Ich habe noch nicht ganz verstanden, …“, „Was ich noch gern wissen würde: …“ oder „Das Buch würde ich auch gern einmal lesen, weil …“ Und natürlich muss abschließend immer die Möglichkeit bestehen, wertschätzende Rückmeldungen oder hilfreiche Tipps zum Aufbau, zur Verständlichkeit und zur sprachlichen Gestaltung des Vortrages zu geben.

Tipp: Schon mithilfe eines einfachen Laptops oder Smartphones kann die Präsentation vorab aufgenommen und anschließend an einem interaktiven Whiteboard digital präsentiert werden. Schüchterne Kinder können so ihren Vortrag ohne direktes Publikum bewältigen. Die webbasierte Anwendung VoiceThread *macht es zum Beispiel auf einfache Weise möglich, Fotos und Bilder hochzuladen und mit einem Sprachtext zu unterlegen.*

In Sachen Buchvorstellung ist alles erlaubt, was Spaß macht und was Sprache entlockt. Aber wie auch immer Kinder ihre Bücher vorstellen: Eine Voraussetzung muss grundsätzlich gegeben sein, nämlich eine vertrauensvolle Klassenatmosphäre, in der es jedes Kind wagen kann, ein Stück von sich selbst preiszugeben. Denn Buchvorstellungen öffnen die Tür ins eigene Innere und sind ein Spiegelbild privater Interessen und Sehnsüchte.

Timo hat im vierten Schuljahr Julius Zebra *von Gary Northfield gelesen. Das Lesen bereitet ihm keinerlei Mühe, auch die Vorbereitung der Präsentation meistert er souverän. Dennoch kann er sich nicht dazu durchringen, die Buchvorstellung vor der ganzen Klasse zu halten. Schließlich probt er seinen Redetext mit der Erzieherin der Klasse. Im Anschluss daran hält er seine Präsentation vor einer kleinen Gruppe vertrauter Kinder, die Erzieherin sitzt neben ihm. Er ist einen Schritt weiter, wenn auch noch nicht ganz am Ziel.*

3.5 ANSCHLUSSAUFGABEN ZUR INDIVIDUELLEN LEKTÜRE

Erfahrene Leserinnen und Leser stört es zunächst wenig, wenn sie einen Text nicht von Anfang an in seinen Einzelheiten erfassen und verstehen können. Sie haben gelernt abzuwarten, sich erst einzulesen, Informationen auch zwischen den Zeilen zu erkennen, eigene Vorstellungen einzufügen und somit nach und nach ein mentales Modell des Gelesenen aufzubauen. Ein solches Leseengagement geht einher mit der Fähigkeit, sich gefühlsmäßig auf die Lektüre einzulassen, identifikatorisch zu reagieren und den Spannungsaufbau zu genießen. Genau dieses Miterleben und Mitdenken fällt jedoch unerfahrenen Leserinnen und Lesern oft noch schwer. Sie müssen mit literarischen Spielformen erst vertraut werden, müssen noch lernen, diese zu erschließen. Ein Literaturunterricht, der in fragend-entwickelnden Unterrichtsgesprächen zu früh nach der Textdeutung fragt, schließt somit diejenigen aus, die ihren Zugang zum Text noch nicht gefunden haben (vgl. Bertschi-Kaufmann 2017, 57), und bewirkt „bei vielen Kindern und Jugendlichen genau das Gegenteil dessen [...], was er erreichen will: Statt die Heranwachsenden zu Lesern zu machen, schafft er Antipathie gegenüber dem geschriebenen Wort“ (Haas et al. 1994, 17). Auch die bereits mehrfach genannte Erfurter Studie zeigt auf, dass bei Kindern der Wunsch nach Anschlusskommunikation über Gelesenes mit Familie und Freunden von Klasse zwei bis vier relativ konstant bleibt oder sogar leicht steigt, das Bedürfnis nach Anschlusskommunikation mit Lehrkräften in dieser Zeit jedoch mehr und mehr abnimmt. In der zweiten Klasse sind es noch 39,1 Prozent der Kinder, die sich schulische Gespräche über spannende und interessante Bücher wünschen, in der vierten Klasse nur noch 20,8 Prozent (vgl. Richter/Plath 2012, 82 f.).
Das Lesen individueller Lektüren verändert jedoch auch die Anschlussaufgaben und die damit verbundene Kommunikation über das Gelesene. Schülerinnen und Schüler, welche sich einer Lektüre allein oder zu zweit widmen – und zum Beispiel eine Personenvorstel-

lung in Bild und Text vorbereiten –, sind angehalten, so zu schreiben und zu erzählen, dass die Zuhörenden die Zusammenhänge verstehen können, ohne das Buch selbst gelesen zu haben. Sie erzählen aus der Rolle eines Experten in Alleinstellung heraus, in dem Bewusstsein, dass sie nicht etwa etwas beisteuern, was die anderen auch und vor allem schon viel besser wissen, sondern sie tragen etwas Neues und vor allem Eigenes bei. Es ist nicht mehr möglich, im Gespräch abzuschalten und sich so lange zurückzuziehen, bis andere Kinder oder die Lehrkraft passende Deutungsmuster vorgeben. Jedes einzelne Kind muss eine individuelle Perspektive auf seinen Text entfalten. Es ist selbst gefragt, muss *selbst tätig* werden, und genau diese Selbsttätigkeit ist auch der Weg dahin, dass alle Kinder ein eigenständiges Erzählen leisten können. Somit steht bei allen Anschlussaufgaben die Eigenaktivität im Vordergrund, das spielerische Entdecken, das gestalterische Experimentieren und das produktiv-abwandelnde Nachahmen. In diesem Spektrum gibt es vielfältige Möglichkeiten, aus denen passend zum Text und zur Klasse ausgewählt werden kann. Visuelle, akustische und gestalterische Wege werden dabei den unterschiedlichen Begabungstypen gerecht, und oftmals kann das Lesen mit dem Schreiben verknüpft werden.

Anschlussaufgaben müssen Kompetenzen erweitern und gleichzeitig die Lesefreude fest im Blick behalten. Sie müssen darauf ausgerichtet sein, Vertrautheit mit Büchern hervorzurufen, nicht Fremdheit. Ziel ist, das Textverständnis sicherzustellen, das Leseerlebnis zu vertiefen, die Imagination auf Grundlage von Textinformationen anzuregen und das, was der Text auslässt, mit eigenen Vorstellungen zu ergänzen. Manche Kinder können Lektüre bereits unter ästhetischen Gesichtspunkten wahrnehmen und interessieren sich dafür, was einen guten Text eigentlich ausmacht. Für sie ist die Kommunikation mit anderen wichtig, der gemeinsame Austausch sowie Fragestellungen, die Begründungen erfordern.

Die folgende Auswahl an Anschlussaufgaben kann nur erste Anregungen geben und lässt sich jederzeit erweitern und abändern. Wie die Aufgaben letztlich im Unterricht eingesetzt werden, dass muss jede Lehrkraft für die jeweilige Situation und Klasse neu entscheiden. Fast alle Aufgabentypen eignen sich für die Arbeit mit der ganzen Klasse zur jeweils individuellen Lektüre. Einige Aufgaben sind eher für Kleingruppen geeignet, in denen die jeweils zugehörigen Kinder das gleiche Buch lesen und den Austausch untereinander suchen. Manche Arbeiten erfolgen einmalig, andere laufen für längere Zeit parallel zur Lesezeit. In einer Klasse, die das selbstständige Arbeiten gewohnt ist, kann auch eine Auswahl an Aufgaben über einen Laufzettel angeboten werden (Abb. 15).

Als Anschlussaufgabe zur individuellen Lektüre eignen sich folgende Ideen:

- Buchcharaktere schriftlich vorstellen und gestalten
- Nacherzählungen zu Buchillustrationen verfassen
- Buchbewertungen schreiben

- Tagebucheinträge verfassen
- Lesebegleithefte bearbeiten
- Kapitel dazuerfinden
- Kapitel in Comic umsetzen
- Briefe oder E-Mails an Buchcharaktere verfassen
- Chats von Protagonisten erfinden
- Briefe oder E-Mails an die Autorin oder den Autor schreiben
- Geschichten mit eigenem Leben vergleichen
- Collagen, Plakate und Lapbooks erstellen

Laufzettel Leseprojekt

Bearbeite aus jeder Spalte mindestens eine Aufgabe.
Wenn du mit einer Aufgabe fertig bist, male das Kästchen an.

Male ein großes Poster von einer Buchfigur und stelle diese in einem Text vor.	Male eine wichtige Stelle des Buches und erkläre, was dort passiert.	Schreibe eine Buchbewertung. Begründe deine Meinung.	Suche dir ein Partnerkind. Schreibt beide eine Buchbewertung und tauscht sie aus. Besprecht, ob euch die Bewertungen jeweils überzeugt haben.
Mit welcher Buchfigur würdest du dich gern anfreunden? Warum? Male ein Bild von der Figur und schreibe einen Text.	Du bist ein Fernsehreporter. Berichte über das aufregendste Ereignis des Buches.	Suche zwei Dinge in dem Buch, die in deinem Leben ähnlich sind, und zwei, die anders sind. Male und schreibe über diese Dinge.	Suche dir ein Partnerkind. Ihr seid als eure Buchfiguren in einem gemeinsamen Chatroom. Schreibt den Chatverlauf auf.
Du bist eine der Personen des Buches. Schreibe in ihrem Namen einen Tagebucheintrag.	Erstelle einen Zeitstrahl mit den wichtigsten Ereignissen des Buches.	Wie kann es weitergehen? Schreibe eine Fortsetzung.	Suche dir ein Partnerkind. Findet 5 Gemeinsamkeiten und 5 Unterschiede zwischen euren Büchern.
Gibt es eine Figur in deinem Buch, die sich deiner Meinung nach falsch verhält? Bereite eine Rede vor, in der du die Figur zu überzeugen versuchst, anders zu handeln oder zu denken.	Erstelle ein Quiz zum Buch.	Vergleiche das Buch mit dem Buch, welches du davor gelesen hast. Schreibe einen Vergleich, welches Buch dir besser gefällt.	Formuliere sechs Fragen, die du der Autorin oder dem Autor gern stellen würdest. Suche dir ein Partnerkind. Stellt euch gegenseitig eure Fragen vor.

Abb. 15: Laufzettel zu einem Leseprojekt einer vierten Klasse

Wenn mehrere Kinder das gleiche Buch lesen, können sie gemeinsam an den folgenden Aufgaben arbeiten:

- Standbilder zu Schlüsselszenen erarbeiten
- Texte in eine Fotostory oder ein Hörspiel umsetzen
- Textstellen in szenisches Spiel umsetzen
- Nacherzählungen in Bild und Schrift erstellen
- Vortragsweisen erproben, Textstellen vertonen

Es können sich auch Kinder mit verschiedenen Büchern treffen und kooperativ-kreativ arbeiten:

- Briefwechsel zwischen Protagonisten erfinden
- Gespräche von Protagonisten ausdenken
- Gemeinsamkeiten und Unterschiede der Bücher suchen
- Quizfragen zu den Büchern erstellen und beantworten lassen
- Literatur-Talkshow zu den Büchern veranstalten

Bei vielen Aufgaben entstehen konkrete Produkte, die vor der ganzen Klasse oder vor Kleingruppen präsentiert werden können. Den Lehrenden kommt dabei die Aufgabe zu, diese Vielfalt von Ergebnissen, Deutungen und Meinungen offen aufzunehmen und zusammenzuführen, deren Präsentation sachgerecht und fantasievoll zu organisieren und schließlich in eine anregende Diskussion überzuleiten.

Nacherzählungen anhand der Buchillustrationen

Ein gutes Buch zu beenden heißt, sich verabschieden zu müssen, denn die Geschichte ist erzählt. Es gilt, sich von den vertraut gewordenen Charakteren zu lösen, die gemeinsame Zeit ist vorbei. Ein gutes Buch schafft es, beim Zuklappen ein kurzes Gefühl von Traurigkeit hervorzurufen. Man würde doch so gern noch länger in dieser Welt bleiben, nur noch ein paar Seiten. Nacherzählungen greifen dieses Gefühl des Verweilen-Wollens auf und nutzen es für einen kreativen Schreibanlass. Kinder, die gerade ein Buch beendet haben, sind stolz auf ihre Leseleistung und lassen andere gern an ihrem Wissen über Handlung und Charaktere teilhaben. Das eigene Erzählen lässt die Geschichte erneut vor dem inneren Auge vorbeiziehen, das Geschehen wird nochmals erlebt, geordnet und intensiviert. Der Begriff *Nacherzählung* wird dabei nicht im schulischen texttreuen Sinne verstanden, sondern umschreibt einen eigenaktiven und kreativen Schreibprozess, der vor allem die Freude am Erzählen in den Mittelpunkt stellt. Die Schülerinnen und Schüler gestalten ein eigenes kleines Heft, in das sie Kopien der Buchillustrationen einkleben. Die kopierten Bilder stellen einen roten Faden dar, eine Strukturierungshilfe, anhand derer die Geschichte leicht wiedergegeben werden kann. Zusätzlich erleichtern sie das vollständige Eintauchen in die Geschichte und fordern zu emotionaler Beteiligung, Imagination und Auseinandersetzung heraus. Im Schreibprozess selbst entlastet das Nacherzählen einer bereits gegebenen Geschichte das Arbeitsgedächtnis des Schreibenden, weil keine eigene Handlung entworfen werden muss, sondern auf bereits Bestehendes zurückgegriffen werden kann (vgl. Crämer 2019, 25). So werden Kapazitäten für eine sprachliche Gestaltung frei, welche sich ebenfalls am sprachlichen Vorbild orientieren und von ihm profitieren kann. Formulierungen oder Erzählmuster der Sprachvorlage werden übernommen, weiterentwickelt und auf diese Weise nach und nach in den eigenen Sprachschatz übernommen.

Unterrichtliche Umsetzung

Die folgende Aufgabenstellung eignet sich mit kleineren Anpassungen für die erste bis vierte Jahrgangsstufe. Nach Abschluss der Lektüre schauen die Kinder ihr Buch nochmals durch und wählen je nach Umfang des Buches bis zu zehn Abbildungen aus, die ihnen gut gefallen und die für die Geschichte relevant sind. Die entsprechenden Seiten werden mit gelben Klebezetteln markiert. Um eine solche Auswahl treffen zu können, müssen die Schülerinnen und Schüler den Handlungsverlauf bereits zu diesem Zeitpunkt grundlegend rekapitulieren. Das „Entlanghangeln" an den Bildern hilft dabei der Erinnerung auf die Sprünge und macht noch dazu Freude. Die meisten Kinderbücher haben jedoch eine deutlich größere Anzahl an Zeichnungen, und so müssen für eine reduzierende Auswahl einige Entscheidungen getroffen werden:

- Welche Illustrationen sind für den Handlungsverlauf unerlässlich?
- Welche Illustrationen geben eine Situation besonders gut wieder?
- Welche Illustrationen sprechen mich besonders an, sodass ich nicht auf sie verzichten möchte?

Nun werden alle Bildseiten sowie das zugehörige Titelbild von der Lehrkraft kopiert. Die Kinder beschriften die erste Seite des Heftes mit den formalen Buchdaten: Autorin oder Autor, Titel und möglicherweise auch Verlag, Seitenzahl und Preis. Anschließend schneiden sie ihre Bilder aus, sortieren sie und kleben jeweils ein bis zwei Bilder auf die Doppelseiten eines DIN-A5-Linienheftes. Dann beginnen sie mit der Nacherzählung. Jüngere Kinder beschreiben häufig lediglich das Geschehen auf den Bildern, ohne von einer Szene auf die nächste überzuleiten. Auch geben sie zunächst manche Textstellen ausführlicher wieder als andere, nicht immer entscheiden sie hier nach logischen Gesichtspunkten (Abb. 16). Älteren Kindern gelingt es schließlich mehr und mehr, die Handlungsstruktur in passender Gewichtung wiederzugeben, Wendepunkte als solche kenntlich zu machen und Höhepunkte herauszuarbeiten. Aber auch sie behalten in der Regel eine Vorliebe für die Wiedergabe derjenigen Szenen, die sie emotional besonders angesprochen und berührt haben. Und das war schließlich von Anfang an das, was erreicht werden sollte. Nach Fertigstellung werden die Hefte in buntes Papier eingeschlagen und die Fotokopie des Buchcovers wird auf die Vorderseite des Heftes geklebt. Schreiben die Kinder ihren Namen dann neben den der Autorin oder des Autors, fühlt sich das fast schon ein bisschen so an, als ob sie das Buch selbst geschrieben haben.

***Tipp:** Alternativ zu den Textkopien können die Kinder auch selbst Bilder malen.*

***Tipp:** Die Nacherzählungen können anschließend gemeinsam mit dem Original in der Schulbücherei ausgestellt werden.*

Abb. 16: Schülerarbeit – Auszug aus einer Nacherzählung von Astrid Lindgrens *Brüder Löwenherz*, zweite Klasse

Buchcharaktere vorstellen

Wer einen Buchcharakter treffend beschreiben möchte, muss sich in der Integration von Textimpulsen, eigenen Alltagserfahrungen und Weltwissen eine Vorstellung von der Person schaffen und in Sympathie oder auch Antipathie eine persönliche Haltung zu ihm entwickeln. Ist die darzustellende Person mit klar erkennbaren inneren und äußeren Merkmalen ausgestattet, erleichtert dies die notwendige Auseinandersetzung (vgl. Schulz 2012, 107). In diesem Prozess üben die Schülerinnen und Schüler gegebenenfalls auch den Einsatz von Lesetechniken, wenn sie nämlich allgemeine Daten oder Kennzeichen des Protagonisten nochmals nachschlagen und über den Text verteilte Informationen zu Lebensumständen und Wesensart herausschreiben müssen. Das sprachliche Vorbild wird dabei in eine eigene Darstellung umgearbeitet und möglicherweise auch anhand von Illustrationen ausdifferenziert. Leistungsstärkere Kinder können zusätzlich rekonstruieren, ob Wesenszüge ihres Charakters indirekt, also nur an Handlungen erkennbar, entwickelt wurden, und dieses mit Textstellen belegen. So ist ein erster Schritt gemacht, Distanz zum Text einzunehmen und sprachliche Mittel in den Blick zu nehmen.

Unterrichtliche Umsetzung

Die Vorstellung eines Buchcharakters können Kinder der ersten bis zur vierten Jahrgangsstufe schreiben. Vorbereitung und Umsetzung unterscheiden sich zwangsläufig je nach Klassenstufe und Kind im Hinblick auf einzuhaltende Kriterien, Vielfalt der abzudeckenden Bereiche und Detailreichtum der Darstellung. Spätestens in der dritten Klasse sollten formale sprachbezogene Kriterien zur Anwendung kommen, die vorab erarbeitet werden müssen:

- Schreibe im Präsens.
- Achte auf die Reihenfolge.
- Schreibe sachlich.
- Verwende treffende Adjektive.
- Vermeide Wiederholungen.
- Verwende unterschiedliche Satzanfänge.

Die Vorstellung eines Buchcharakters kann sich hier durchaus von einer einfachen Personenbeschreibung unterscheiden, weil neben der Beschreibung der äußeren Merkmale weitere zu beschreibende Eigenheiten hinzukommen:

- Allgemeines (Name, Geschlecht, Alter, Rolle in der Geschichte)
- äußere Gestalt (Körperbau, Frisur, Gesicht, Kleidung)
- Charaktereigenschaften
- Vorlieben und Begabungen

Leistungsstärkere Kinder können zusätzlich die Bedeutung des Buchcharakters in einer kritischen Stellungnahme reflektierend in Worte fassen. Dies kann durch eine Sammlung von Adjektiven zu Charaktereigenschaften unterstützt werden; sie regt nicht nur die Sprachentwicklung an, sondern auch eine Reflexion der charakterlichen Merkmale (Abb. 17).

Adjektive für Charaktereigenschaften

Gute Charaktereigenschaften

anständig, artig, brav, cool, ehrlich, eifrig, fleißig, freundlich, fröhlich, gescheit, großzügig, herzlich, höflich, intelligent, interessant, klug, lebhaft, lieb, liebenswert, loyal, lustig, mutig, nett, ordentlich, pünktlich, ruhig, schlau, schüchtern, selbstständig, sportlich, stark, sympathisch, tüchtig, verlässlich, weise

Schlechte Charaktereigenschaften

abweisend, aggressiv, böse, dreist, dumm, einfältig, faul, feige, frech, furchtsam, geizig, gemein, grob, habgierig, hinterlistig, leichtgläubig, nachtragend, schlampig, streng, trotzig, unehrlich, unfreundlich, unhöflich, unpünktlich, unsympathisch, unverbesserlich, verlogen, verrückt, verwöhnt, vorlaut, zerstreut, zornig

Abb. 17: Sammlung von Adjektiven zu Charaktereigenschaften

Die Kinder schreiben zunächst einen Entwurf des Textes. Sind zwei Kinder damit fertig, stellen sie einander ihre Entwürfe vor und tauschen Rückmeldungen zu Verständlichkeit und Sprache aus. Nach den erforderlichen Überarbeitungen fertigen sie die Reinschrift des Textes an. Abschließend wird die Buchfigur in Übergröße auf eine Papierbahn oder auf Zeichenpapier gemalt und der Text aufgeklebt (Abb. 18).
Bei der Vorstellung eines Buchcharakters im Plenum ist das Interesse in der Regel groß, und viele Nachfragen erfordern eine weitere Auseinandersetzung mit der Figur. Darüber hinaus kann der vorgestellte Protagonist mit denen anderer Kinder verglichen werden, und Ähnlichkeiten und Abgrenzungen in Bezug auf Typ und Rollenbedeutung können herausgearbeitet werden. Das fertige Produkt wird in der Klasse aufgehängt, so dass der Text für alle gut lesbar ist.

Tipp: Werden die Personenvorstellungen in der Ich-Form geschrieben, können sich die Buchfiguren mithilfe einfacher digitaler Anwendungen auch persönlich vorstellen: Mit der App ChatterPix Kids *oder auch der browserbasierten Anwendung* Blabberize *lassen sich Fotos der gemalten Charaktere mit einem sprechenden Mund versehen, der anschließend den aufgenommenen Sprachtext wiedergibt.*

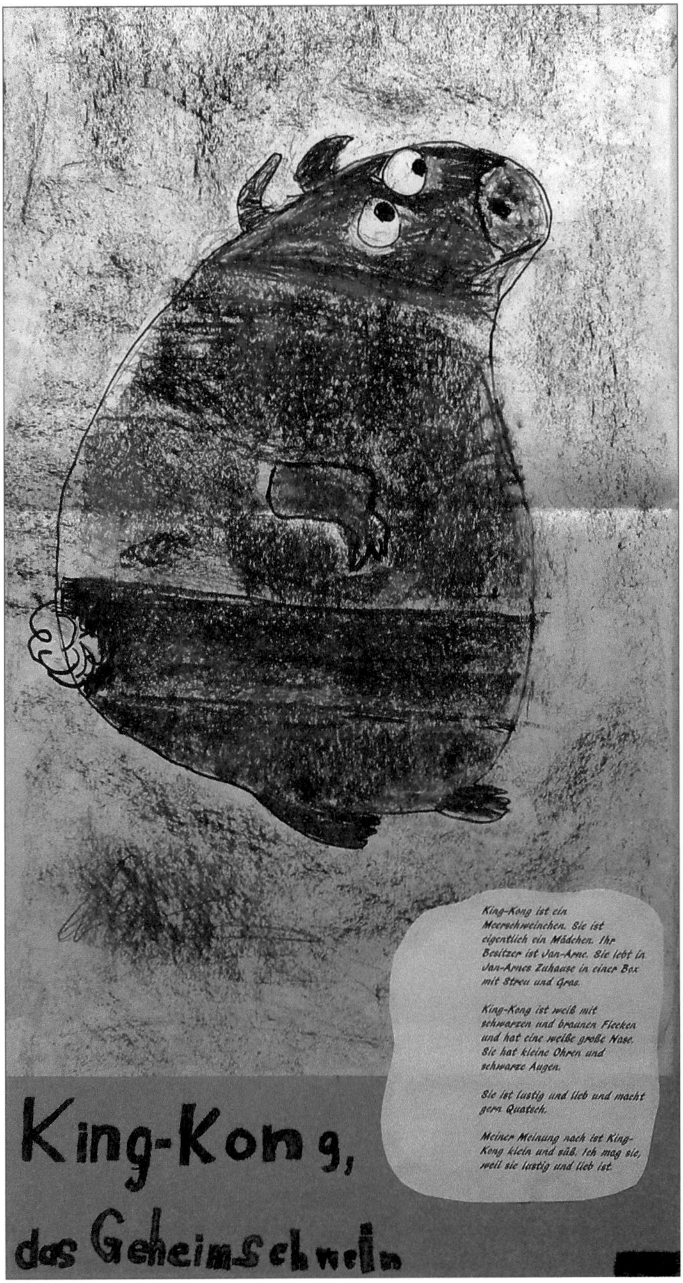

Abb. 18: Schülerarbeit – Vorstellung des Meerschweinchens King-Kong aus *King-Kong, das Geheimschwein* von Kirsten Boie, dritte Klasse

Lesebegleithefte

In freien Lesezeiten wird die unterschiedliche Leseentwicklung von Kindern in vielen Punkten sichtbar, in der Selbsteinschätzung der Schülerinnen und Schüler, ihrer Konzentration auf den Leseprozess und ebenso ihrer Bereitschaft, die sie für einen Austausch von Leseerfahrungen mitbringen. Die Qualität der Verstehensleistung, die emotionale und die kognitive Auseinandersetzung mit der Lektüre sowie der individuelle Gewinn für die Lese- und Schreibfähigkeit werden jedoch nicht dokumentiert, da sie nicht von außen beobachtbar sind (vgl. Bertschi-Kaufmann 1998, 89 f.). Da jedoch auch lustvolles Lesen nicht zwangsläufig mit einem verstehenden, reflektierenden Lesen einhergeht, ist von Zeit zu Zeit der Einsatz von Lesebegleitheften sinnvoll, der eben dieses Lesen fordert, fördert und dokumentiert. Kindern, die das Lesen etwas vor sich herschieben, kann die Lehrkraft manchmal so noch schneller auf die Schliche kommen; Kinder, die Verständnisprobleme haben, kann sie identifizieren und Unterstützung anbieten.

Unterrichtliche Umsetzung

Ein Lesebegleitheft ist eine Sammlung von Arbeitsaufträgen zur jeweiligen Lektüre (Abb. 19). Die Aufgaben folgen dem chronologischen Verlauf des Buches und werden in den stillen Lesezeiten begleitend zum Leseprozess allein oder mit einem Partnerkind bearbeitet. Lesebegleithefte werden meist zu erzählenden literarischen Texten angeboten, aber auch bei Sachbüchern und Zeitschriften lohnt sich deren Einsatz. Die Hefte werden in Einzelarbeit zu individueller Lektüre bearbeitet oder von einer kleinen Gruppe, die sich dem gleichen Werk widmet. Lesestarke Kinder können bereits im Laufe des ersten Schuljahres an einfachen Verständnisfragen arbeiten; insbesondere zu Erstleseheften lassen sich – wenn nicht beim Verlag erhältlich – schnell und effizient entsprechende Kopiervorlagen erstellen, die sich jahrelang nutzen lassen.
Lesebegleithefte bieten ein breites Spektrum möglicher Fragestellungen, die Schwerpunktsetzung variiert je nach Jahrgangsstufe und Verlag oder – wenn sie selbst erstellt werden – je nach Klasse und Kind:

Formales Wissen

- Informationen zur Autorin oder zum Autor aus dem Klappentext entnehmen
- Titel weiterer Bücher der Autorin oder des Autors nennen
- Daten des Buches wie Erscheinungsjahr, Seitenanzahl und Preis angeben

Inhaltliches Verständnis

- Informationen unterstreichen
- Verständnisfragen zum Text beantworten
- Dialoge, Szenen oder einzelne Kapitel zusammenfassen

- Personen anhand von Textinformationen illustrieren
- Lektüre unterbrechen und eigene Fortsetzungen antizipieren

Empathie, Identifikation, Vorstellungskraft
- Figuren in Steckbriefen, Ich-Form, Interviews vorstellen
- Gedanken und innere Monologe von Figuren ausformulieren
- Handlung aus der Perspektive anderer Protagonisten umschreiben
- Szenen illustrieren

Reflexion eigener Gedanken
- persönliche Einschätzungen in Briefen an Figuren formulieren
- Kommentare zum Gelesenen schreiben
- Erfahrungen ähnlicher Art erinnern

Sprachliche Besonderheiten, Sprachmuster der literarischen Vorlage
- Bedeutung unbekannter Wörter aus dem Kontext erschließen
- Fremdwörter erklären
- Lieblingssätze visuell gestalten und Auswahl begründen
- Dialoge hinzuerfinden
- Textstellen ausfabulieren
- Handlung transformieren, Szenen umschreiben

Bewertung der Lektüre
- Wertungen vornehmen und begründen
- Buchempfehlungen verfassen

Das Vorgehen der Kinder bei der Bearbeitung der Hefte ist erfahrungsgemäß unterschiedlich. Manche schauen sich die Fragen zum jeweiligen Kapitel schon vor dem Lesen an, um den Fokus von Anfang an auf die erforderlichen Informationen legen zu können. Andere wiederum lesen zunächst das jeweilige Kapitel unter reinem Vergnügungsaspekt und durchforsten es anschließend im Hinblick auf die geforderten Antworten. Die Freiheit, das Arbeitstempo selbst bestimmen zu können, wirkt sich in vielen Fällen positiv auf die Qualität des Leseprozesses und der Schreibtexte aus. Ungeübte Leserinnen und Leser finden durch die Beantwortung der Fragen Bestätigung dafür, den Text richtig verstanden zu haben, was sie für das weitere Lesen motiviert. Schüchternen Kindern bieten die Hefte die Gelegenheit, eigenen Gedanken unbemerkt Ausdruck zu verleihen. Geübte und bereits lesemotivierte Kinder nutzen die Hefte, um sich tiefer in die Geschichte hineinzudenken sowie weitere Details zu entdecken und in einen Zusammenhang zu stellen. Im Vordergrund steht bei der Bearbeitung der Hefte die inhaltliche Arbeit am Text; auf ganz

Zweites Kapitel
WACHTMEISTER JESCHKE BLEIBT STUMM

1. Auf den Seiten 37 und 38 beschreibt Erich Kästner die Pferdebahn. Male ein genaues Bild davon auf die Rückseite.

2. Hat das Kapitel eine passende Überschrift? Begründe deine Meinung.

3. Emil ist *flau in den Knien*, als er zum Bahnhof geht. Was bedeutet dieser Ausdruck? Erkläre.

4. Frau Tischbein gibt ihrem Sohn viele Ratschläge mit auf den Weg. Ermahnen dich deine Mutter oder dein Vater auch so oft? Schreibe Beispiele auf.

Abb. 19: Seite aus einem selbst erstellen Lesebegleitheft zu *Emil und die Detektive* von Erich Kästner

selbstverständliche Art und Weise werden auch Lesestrategien und die damit verbundene metakognitive Kontrolle des Leseprozesses geübt. Denn um die Aufgaben bearbeiten zu können, müssen die Kinder unter anderem das eigene Verstehen überprüfen, Textstellen wiederholt und langsam lesen sowie unbekannte Wörter aus dem Kontext erschließen. In regelmäßigen Rückmeldungsrunden trifft sich die Klasse, um Fragen zu klären und unverständliche oder gelungene Buchszenen sowie fertiggestellte Aufgaben vorzustellen. Der so entstehende Austausch macht neugierig auf den Fortgang der Lektüren und regt zum Weiterlesen an. Nachfragen zu Personen oder zum Handlungsverlauf eröffnen neue Perspektiven und Sichtweisen, eigene Ideen müssen begründet und möglicherweise überdacht werden. Angewandte Lesetechniken sollten ebenfalls immer wieder zum Thema gemacht werden. Kinder können sich gegenseitig erklären, wie sie ihr Lesetempo an ihr Leseverständnis anpassen, Informationen im Text wiederfinden und diese gegebenenfalls markieren.

Tipp: Mit Computer, Scanner oder auch Office Lens *auf dem Smartphone lassen sich Lesebegleithefte schnell selbst erstellen. Finden sich die Lehrenden einer Jahrgangsstufe zusammen, können sie an einem Nachmittag vier bis fünf Hefte digital erarbeiten und einander zur Verfügung stellen.*

Lea liest im zweiten Schuljahr Drachen gibt's doch gar nicht *von Jack Kent. Sie hat große Freude daran, den immer größer werdenden Drachen in ihr Lesebegleitheft zu malen. Die alles entscheidende Frage, warum der Drache denn nun eigentlich so groß werden musste, kann sie nicht korrekt beantworten. Er sei halt einfach gewachsen, meint sie. Dass der Drache die ganze Zeit versucht, wahrgenommen zu werden, wird ihr erst im Gespräch mit der Lehrkraft klar. Gemeinsam blättern sie nochmals durch die Bilder, und jetzt kann Lea sogar den Titel der Geschichte richtig einordnen.*

Lesetagebücher

Ein Lesetagebuch ist ein Heft, in welchem die Schülerinnen und Schüler begleitend zur Lektüre der stillen Lesezeiten ihre Leseerfahrungen, Eindrücke und Bewertungen in freien Texten und Illustrationen festhalten und aufbewahren. Hier können sie zum Beispiel neu erworbenes Wissen dokumentieren, favorisierte Textstellen abschreiben, Kommentare zu Figuren abgeben, Bücher bewerten, Ideen zur Weiterführung der Handlung aufschreiben oder Figuren und Szenen visuell gestalten. In Nachahmung, Abwandlung und Wertung setzen sich Kinder dabei mit der jeweiligen Textvorlage auseinander, erproben Erzähl- und Sprachmuster, dokumentieren ihre Leseinteressen und drücken persönliche Gedanken in eigenen Texten aus. Lesetagebücher fordern nicht allein Distanzierungs- und Abstraktionsprozesse im Umgang mit Lektüre, sondern legen den Schwerpunkt stärker noch auf Identifikations- und Imaginationsprozesse, welche Ich-Beteiligung und subjektive Sichtweisen herausfordern und persönliche Verstehensweisen ernst nehmen (vgl. Hintz 2008, 50).

Auch bezüglich des Schreibprozesses steht nicht so sehr das ablesbare interpretatorische Ergebnis im Mittelpunkt schulischer Aufmerksamkeit, sondern der Prozess des Schreibens als interaktiver Aneignungsprozess mit der Entwicklung und Ausarbeitung subjektiver Gedanken (vgl. Hintz 2008, 52). Das Schreiben erhält einen autobiografischen und personalen Charakter, und somit blättern Kinder – und auch Eltern – gern zurück durch die Hefte, erinnern sich an Gelesenes und ihre Einschätzungen dazu, betrachten den zurückgelegten Leseweg und haben Freude an ihren erkennbaren Fortschritten.

Unterrichtliche Umsetzung

Die Arbeit mit einem Lesetagebuch erfordert eine gewisse Regelmäßigkeit. Wenn einmal in einer Klasse installiert, so ist es ein ständiger Begleiter aller Kinder in den stillen Lesezeiten. Nicht zu jedem Buch muss umfassend gearbeitet werden. Denn manchmal besteht vielleicht einfach der Wunsch nach stillem Genuss, oder es stehen andere Anschlussaufgaben, wie das Erstellen eines Lapbooks, eine Zeit lang im Vordergrund. Aber wenn in einer Klasse mit dem Lesetagebuch gearbeitet wird, sollte jedes Buch zumindest in seinen Grunddaten und in einer kurzen Einschätzung seinen Eingang in das Tagebuch finden. Darüber hinaus gibt es noch eine ganze Reihe anderer möglicher Einträge:

Auf die erste Seite des Heftes wird ein Aufgabenkatalog geklebt und mit den Kindern besprochen. Er dient als Ideenpool für mögliche Aufgabentypen (Abb. 20). Einige der Aufgabenformate sollten zuvor im gemeinsamen Klassenunterricht eingeführt und bearbeitet werden. Mit der Zeit aber können die Kinder aus diesem Pool frei wählen oder eigene Schreibformate ausprobieren. Möchte die Lehrkraft die Aufgabenwahl stärker steuern, werden einzelne Aufgabentypen zu Pflichtaufgaben erklärt, so zum Beispiel das Schreiben einer Wertung oder ein Kommentar dazu, wie einfach oder schwierig sich der Leseprozess für den Lesenden gestaltet hat. Auch die Vorgabe, tatsächlich zu jedem Leseabschnitt eine Eintragung vorzunehmen, ist denkbar. Selbstverständlich sollten Einträge zu einer neuen Lektüre immer mit der Angabe von Autor, Titel und Verlag beginnen. Schülerinnen und Schüler wählen erfahrungsgemäß zunächst überwiegend Aufgabentypen, die auf Reproduktion und Wertung ausgerichtet sind, gefolgt von imaginativen, identifikatorischen und (selbst)reflektierenden Arbeitsweisen (vgl. Hintz 2008, 253). Mit der Zeit aber entfernt sich die gewählte Textform mehr und mehr von gewohnten schulischen Schreibweisen, sodass der kommunikative Charakter des Schreibens in vielen Tagebuchtexten immer stärker hervortreten kann. Es gibt jedoch in jeder Klasse auch Schülerinnen und Schüler, für die eine solche freie Arbeitsform eine klare Überforderung darstellt. Diese Kinder haben möglicherweise Schwierigkeiten damit, ihre Arbeit selbst zu strukturieren, sie benötigen einen eindeutig definierten Rahmen und eine klare Aufgabenstellung. Ihnen kann es eine Hilfe sein, wenn Aufgabenformate in gemeinsamer Absprache festgelegt und in einem „abzuarbeitenden“ Plan dokumentiert werden. Je nach Leistungsvermögen kann der Schwerpunkt dabei auf gestaltend zeichnerische oder schriftliche Aufgabenformate gelegt werden.

Die Lesetagebücher werden regelmäßig von der Lehrkraft durchgesehen. Zum einen gewährleistet dies eine saubere und gründliche Arbeitsweise der Lernenden auch über einen längeren Zeitraum hinweg, zum anderen bieten Lesetagebücher einen unverzichtbaren Einblick in die individuellen Lernfortschritte der Kinder. Hier wird ersichtlich, wer in der nächsten Stunde engere Unterstützung benötigt und wer den Schritt wagt, sich von

vertrauten Textsorten zu lösen und sich zu neuen Leseufern aufzumachen. Mit kurzen Kommentaren unter den Texten zeigt die Lehrkraft Interesse an den Leseerfahrungen der Kinder, gibt wertschätzende Rückmeldungen und regt eine Intensivierung des Textverstehens an, die ansonsten vielleicht ungenutzt geblieben wäre.
Der Austausch mit der Klasse gehört beim Lesetagebuch ebenso dazu wie das regelmäßige Schreiben. Denn der Schreibprozess dient der Dokumentation von Leseprozessen und der individuellen Auseinandersetzung mit einer Lektüre, aber auch dem Sortieren der eigenen Gedanken, bevor man sie der Öffentlichkeit preisgibt. Die Lesetagebücher von Mitschülerinnen und Mitschülern sind Ideenlieferanten für eigene Umsetzungen und individuelle Denkprozesse. Die Verzahnung individueller Rezeptionsphasen mit gemeinsamen Klassengesprächen ermöglicht weiterhin, die Aufmerksamkeit auf diejenigen Aspekte eines Textes zu lenken, die sich dem Aufnahmevermögen der Schülerinnen und Schüler bisher entzogen haben (vgl. Hintz 2008, 46). Insbesondere wenn sich eine Gruppe von Kindern mit dem gleichen Buch beschäftigt, können hier Schlüsselszenen herausgearbeitet, Verständnisfragen geklärt und Aspekte des Buchgeschehens vertieft werden.

Lesetagebuch: So geht es!

Pflichtaufgaben
- Schreibe zu jedem Buch, das du in der Stillen Lesezeit liest, den Titel und den Autor auf. Von Zeitschriften nennst du den Titel und die Heftnummer.
- Schreibe zu jeder Lektüre eine Bewertung. Begründe deine Meinung.

Freie Aufgabenwahl
- War die Lektüre einfach oder schwer zu lesen? Warum?
- Male eine Buchfigur und stelle sie vor.
- Welche Buchfigur wärest du gern? Warum?
- Schreibe einer Figur einen Brief.
- Schreibe eine Textstelle ab. Schreibe auf, warum sie dir gut gefällt.
- Erzähle die Handlung nach. Male Bilder dazu.
- Schreibe die Handlung um oder erfinde ein neues Ende.
- Schreibe auf, was du beim Lesen gefühlt oder gedacht hast.
- Welche Dinge aus dem Buch, sind in deinem Leben auch so? Schreibe darüber.
- Was war interessant und wissenswert?
- Hast du etwas gelesen, das du nicht vergessen möchtest? Schreibe es auf!
- Hast du noch eigene Ideen? Probiere sie aus!

Viel Spaß!

Abb. 20: Beispiel für einen Aufgabenzettel für ein Lesetagebuch

Die Drittklässlerin Elif berichtet in ihrem Lesetagebuch zu Otfried Preußlers Die kleine Hexe *von der Walpurgisnacht. Nach einer kurzen Bewertung des Leseprozesses schreibt sie zunächst den Originaltext ab und erfindet dann eigene Hexensorten: „Ich habe ganz lange am Stück gelesen. Am besten fand ich die vielen Hexen. Die waren alle anders. Es mochten wohl, alles in allem, fünf- oder sechshundert Hexen sein. Berghexen, Waldhexen, Sumpfhexen, Nebelhexen und Wetterhexen, Windhexen, Knusperhexen und Kräuterhexen. Da waren aber auch Regenhexen und Gewitterhexen, Schneehexen, Meerhexen und Flusshexen. Sie wirbelten alle so durcheinander und haben Besen gehabt. Die Schneehexen zauberten glitzernden Schnee, die Gewitterhexen warfen mit leuchtenden Blitzen und die Meerhexen tanzten mit Seepferdchen." Die Lehrerin schreibt unter den Text: „Liebe Elif, du hast dir ja tolle Hexensorten ausgedacht. Mir gefällt die Schneehexe am besten, weil der Schnee so schön glitzert. Kannst du erklären, welche Aufgabe die großen Hexen der kleinen Hexe gestellt haben?"*

Lapbooks, Leserollen und Plakate

Lapbooks, Leserollen und Plakate sind drei unterschiedliche Gestaltungsobjekte, die jeweils die Funktion eines Portfolios zu einer Lektüre erfüllen. Ein Lapbook ist eine aus einem DIN-A3-Fotokarton gefaltete aufklappbare Mappe, in die weitere kleine Faltbüchlein, Taschen, Klappen, Drehscheiben und Umschläge eingearbeitet werden (vgl. Blumenhagen 2017, 4). Eine Leserolle hingegen besteht aus einer aneinandergeklebten Papierbahn, die in einer gestalteten Papپröhre aufbewahrt wird. Auf einem Plakat wird ein Buch in unterschiedlichen Texten, Bildern oder Rätseln vorgestellt (Abb. 21). Plakate lassen sich inzwischen sehr einfach auch digital erstellen und anschließend auf einem interaktiven Whiteboard anzeigen (Abb. 22).

Unterrichtliche Umsetzung

Die Schülerinnen und Schüler erarbeiten Wahl- und Pflichtaufgaben sowie freie Aufgabenstellungen. Die Zielsetzungen und Aufgaben ähneln dem Grundsatz nach denen eines Lesetagebuches. Jedoch werden im Lesetagebuch meist nur einzelne Fragestellungen zu einer Lektüre bearbeitet, anschließend geht man zur nächsten Lektüre über, während bei Leserolle und Co sich alle Aufgaben auf ein und dieselbe Lektüre beziehen. Die Beschäftigung mit dem einzelnen Buch ist somit über einen deutlich längeren Zeitraum angelegt, kann von der Lehrkraft durch konkretere Vorgaben zu den Aufgabenstellungen stärker gesteuert werden und geht meist mehr in die Tiefe. Bei allen drei Gestaltungsobjekten kann innerhalb des Aufgabenangebots gut zwischen verschiedenen Anforderungsniveaus unterschieden werden:

Anforderungsniveau 1: Wiedergeben und abschreiben

- Textstellen abschreiben
- Klappentext abschreiben
- Lieblingssätze verzieren
- Kapitelüberschriften auflisten
- Personenverzeichnis erstellen
- Wiedergabe inhaltlicher Fakten

Anforderungsniveau 2: Beschreiben und einfühlen

- Buchcover abmalen und beschreiben
- unbekannte Wörter erklären
- Landkarte erstellen und beschreiben
- Zeitstrahl zur Handlung erstellen
- Figuren und ihre Gegenspieler vorstellen
- Textstellen, Handlungen, Gedanken der Figuren nacherzählen
- Textstellen in Comic umsetzen
- Briefe, Chats oder Texte mit Perspektivwechsel verfassen
- Lesequiz erstellen

Anforderungsniveau 3: Bewerten, interpretieren, recherchieren

- Steckbrief zur Autorin oder zum Autor erstellen
- Inhalte zusammenfassen und Stellungnahme schreiben
- Figuren bewerten und kommentieren
- Handlungsmotive der Figuren erklären
- eigene Gedanken zum Buch aufschreiben
- Buchempfehlung schreiben

Die Aufgaben werden zum Teil als Falt- und Kopiervorlagen angeboten, teilweise als Aufgabenliste, aus der die Kinder wählen können. Dabei werden die verschiedenen Anforderungsniveaus in unterscheidbare Ablagekörbe sortiert, sodass die Kinder sich reflektiert und bewusst für einen Schwierigkeitsgrad entscheiden können. Bei allen drei Objekten wirkt der hohe Bastelanteil motivierend und führt dazu, dass bereits während der Herstellung intensiv mit Nachbarkindern über die zugrundeliegenden Bücher diskutiert wird. Über ihren an sich bereits präsentierenden Charakter hinaus eignen sich Leserolle und Lapbook gut als Grundlage für einen ersten umfassenden und freien Vortrag zur Lektüre.

Tipp: Mit den webbasierten Plattformen Padlet *und* LearningApps *lassen sich digitale Plakate unkompliziert erstellen. Im Internet finden sich vielfältige Anleitungsfilme für die stressfreie Einführung. Beide Anwendungen sind mit einer einfachen Registrierung nutzbar.*

Abb. 21: Schülerarbeit – Plakat zu Tanja Stewner *Alea Aquarius*, vierte Klasse

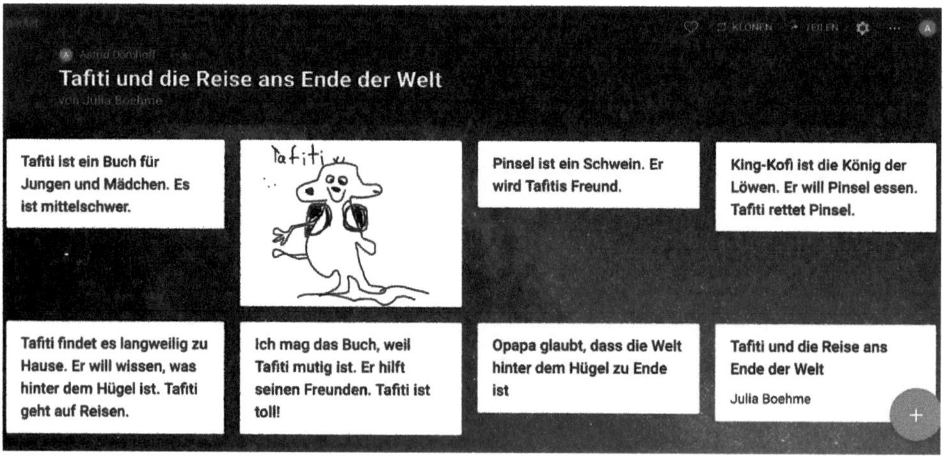

Abb. 22: Beispiel für ein digitales Poster zu Julia Boehme *Tafiti und die Reise ans Ende der Welt*

Die Klasse 4a arbeitet an ihren Lapbooks zu individuellen Ferienbüchern. Till und Collin sitzen nebeneinander und reden quasi ununterbrochen miteinander. Nur die angeordneten Flüsterminuten können sie von Zeit zu Zeit zum Schweigen bringen. Man könnte fast den Eindruck bekommen, dass ihre Arbeitsbereitschaft leidet; aber am Ende ist es Collin, der Till während dessen Präsentation mehrfach an wichtige kleine Details erinnert. Dabei hat Collin das Buch von Till gar nicht selbst gelesen – zumindest nicht bis zu diesem Zeitpunkt.

Fotostory

Das Erstellen einer Fotostory ist eine Anschlussaufgabe an das Lesen kinderliterarischer Texte. Die Umsetzung einer Fotostory im eigentlichen Sinne, also mit Entwicklung eines illustrierten Storyboards und digitaler Text- und Bildbearbeitung der Fotos, erfordert ein gewisses Maß an Medienkompetenz der Schülerschaft und ist somit eher für medienerprobte Kinder ab Klasse 4 geeignet. Dabei werden zentrale Buchszenen zunächst in Standbilder umgesetzt, fotografiert und anschließend am Bildschirm – wie bei einem Comic – mit Sprechblasen oder Untertiteln versehen. Fotostorys im einfachen Sinne lassen sich bereits mit jüngeren Kindern realisieren, wenn Computer und (Smartphone-)Kameras zur Verfügung stehen. Hierfür fotografieren die Kinder ebenfalls die zentralen Szenen einer Lektüre als Standbilder, die Texte werden jedoch handschriftlich oder am Bildschirm unter die (ausgedruckten) Fotos geschrieben.
Die Möglichkeit, ein Buch in eine Fotostory umzusetzen, löst natürlich bei allen *„digital natives"* große Begeisterung aus. Welches Kind ließe sich nicht gern von Kamera, Computer und Co zum Lesen von Büchern verlocken? Über den reinen Motivationseffekt hinaus – der allein schon Grund genug wäre, das Projekt einmal auszuprobieren – initiiert die szenische Umsetzung der Bilder persönliche Bezüge zum Text auch bei denjenigen, die eine affektive Beteiligung sonst nur in geringem Maße aufbauen können. Denn das Darstellen einer Buchfigur erfordert immer auch eine Auseinandersetzung mit ihrer Wesensart sowie mit ihren Gedanken und Gefühlen, und all dies gilt es ins rechte Bild zu setzen. Der erforderliche „trockene Teil" der Aufgabenstellung, nämlich das Rekapitulieren und Gliedern der Handlung, erhält durch die geplante Umsetzung in Fotos eine reale Bedeutung, was ebenfalls motivierend wirkt. Lesestarke Kinder legen ihren Ehrgeiz darein, wichtige Zusammenhänge in die neue Darstellungsweise zu übertragen und nach Möglichkeiten zu suchen, Gedanken und Gefühle der Figuren durch Requisiten, Sprache oder Mimik in die Fotostory einfließen zu lassen. Und vielleicht sind es im weiteren Verlauf ja gerade die Nicht-Leser, die glänzen können, weil sie medienkompetent wissen, wie man Bilder bearbeitet und Zeichenelemente in Texte einfügt.

Unterrichtliche Umsetzung

Die vorgeschlagene unterrichtliche Umsetzung der Fotostory ist für eine dritte oder vierte Jahrgangsstufe denkbar. Voraussetzung ist, dass alle Kinder einer Kleingruppe das betreffende Buch gelesen haben. Im Anschluss an die Lektüre entwickeln die Schülerinnen und Schüler in gemeinsamer Gruppenarbeit ein Storyboard, also eine schriftlich-zeichnerische Darstellung der angedachten Bilder in korrekter Reihenfolge. Dafür muss die Gruppe zunächst die Handlung rekapitulieren und die zentralen Textstellen des Buches identifizieren. Kinder, die ein mentales Modell des Geschehens bisher nicht vollständig oder nur fehlerhaft aufbauen konnten, erhalten in der Gruppenarbeit Hilfe, sodass sie Zusammenhänge wiederholen und festigen können. Schließlich müssen sich alle gemeinsam für etwa zehn Szenen entscheiden, in denen die entscheidenden Teile der Handlung erzählt werden. Für jede dieser Szenen muss ein einzelnes Bild gefunden werden, das die jeweilige Szene repräsentiert. Hier gilt es, Figurenaufstellung, Requisiten, Hintergrund, Gestik und Mimik miteinzubeziehen, um ein aussagekräftiges Arrangement auszutüfteln. Denn wie bei einem Comic erzählt bereits das Standbild einen Teil der Geschichte; es wird um Textelemente ergänzt, behält aber seine eigene Aussagekraft. In leistungsstarken Gruppen können auch erste filmische Gestaltungsmittel ihren Eingang in die Überlegungen finden, denn Kameraperspektiven und Einstellungsgrößen kommentieren die Geschichte auf ihre ganz eigene Weise. Unterschiede sprachlicher und filmsprachlicher Mittel lassen sich gut am Beispiel der Darstellung von Gefühlen festmachen und faszinieren Kinder durchaus.

Auch die Vorbereitung des Textes gehört zur Planung dazu. Was sagen die einzelnen Figuren? Sind weitere Erklärungen im Fließtext notwendig? Sollen lautmalerische Begriffe die Bilder ergänzen? Ist die Leserichtung möglicher Sprechblasen von links nach rechts oder oben nach unten berücksichtigt?

Zum Abschluss wird für jedes Bild geprüft, ob es aussagekräftig ist und welche Requisiten benötigt werden. Sind dann für alle Bilder die notwendigen Rollen verteilt, können alle Bilder durchgeprobt und schließlich fotografiert werden.

Kameraperspektiven	
Normalperspektive	Aufnahme auf Augenhöhe einer Figur
Vogelperspektive	Aufnahme von oben
Froschperspektive	Aufnahme aus Fuß- oder Kniehöhe

Einstellungsgrößen	
Totale	Überblick über den Ort des Geschehens
Halbtotale	Überblick über die nahe Umgebung
Halbnah	Person bis zur Gürtellinie
Nah	Person bis zur Brust
Groß	Kopf einer Person
Detail	Ausschnitte übergroß, zum Beispiel von Mund oder Augen

Anschließend werden die Fotos am Computer bearbeitet, indem sie in die richtige Reihenfolge gebracht, passend zugeschnitten und um Sprechblasen und Textelemente ergänzt werden. Für den Anfang ist dabei ein Textverarbeitungsprogramm wie *Microsoft Word* völlig ausreichend.

Der Höhepunkt der Arbeit ist natürlich die Präsentation vor der Klasse. Die jeweilige Gruppe stellt die Fotostory als reales Buch oder digital am interaktiven Whiteboard vor und erläutert ihre Überlegungen zur Umsetzung. Die Rückmeldungen der Kinder geben Aufschluss darüber, ob sich die Handlungszusammenhänge der Geschichte aus der Darstellung gut erschließen lassen, ob die sprachlichen und bildlichen Gestaltungsmittel passend gewählt und die Figuren schauspielerisch überzeugend dargestellt wurden. Eine anerkennende, wertschätzende Haltung ist dabei wie bei jeder Präsentation die unverzichtbare Grundlage der Kommunikation.

3.6 Autorenprojekte zu Astrid Lindgren und Kirsten Boie

„Ich kann mit einer Geschichte erst anfangen, wenn ich den ersten Satz gefunden habe", erklärte Kirsten Boie einmal in einem Interview (Boie zitiert in Hörnlein 2015). Die Handlung könne schon lange klar sein, aber erst, wenn der Ton stimme, könne sie auch starten. Solche Informationen finden Kinder spannend. Ebenso interessieren sie sich dafür, dass Astrid Lindgren am liebsten morgens früh auf dem Bett geschrieben hat und dass sie Michel aus Lönneberga nur erfunden hat, um einen kleinen Knirps vom Schreien abzuhalten. Dieses Wissen ist Insiderwissen, und es vermittelt das Gefühl, mit der jeweiligen Autorin verbunden und vertraut zu sein. Wenn man dies erst einmal spürt, möchte man mehr wissen, mehr erfahren, mehr lesen. Und natürlich lässt auch der Bekanntheitsgrad von Kirsten Boie oder Astrid Lindgren Kinder neugierig werden auf die jeweilige Person, die all die spannenden und liebenswerten Figuren ins Leben gerufen hat. In Autorenpro-

jekten kann man diese Neugierde nutzen, damit Schülerinnen und Schüler eine Vorstellung von dem Leben und dem Werk einer Autorin oder eines Autors gewinnen, die wichtigsten Bücher durch eigenes Lesen und gegenseitige Präsentation kennenlernen, Leseerfahrungen austauschen und dazu angeregt werden, weitere Bücher der Autorin eigenständig zu lesen. Dabei sollen sie einander möglichst viel an ihrem Wissen teilhaben lassen, sich als Lesegemeinschaft erleben und eine größtmögliche Selbstständigkeit bei der Auswahl und dem Lesen der Bücher erlangen.
Autorenprojekte sind in allen Jahrgangsstufen und zu allen Schriftstellern denkbar, solange die entsprechenden Bücher den Kindern gut gefallen. Wichtig ist, dass das Gesamtwerk eine möglichst große Bandbreite an Leseinteressen und Schwierigkeitsstufen abdeckt, Themen für Jungen und für Mädchen zu bieten hat und für die kommenden zwei Altersstufen weiteren Lesestoff bietet. Die Vorgehensweise ist in allen Jahrgangsstufen strukturell kaum verschieden, die Aufgabenvielfalt und Art der Steuerung der Aufgabenwahl muss aber natürlich an die jeweilige Jahrgangsstufe angepasst werden. Im vorliegenden Beispiel ist der Aufgabenkasten zu Astrid Lindgren für eine zweite Klasse oder eine jahrgangsübergreifende Eingangsstufe gedacht, der Aufgabenkasten zu Kirsten Boie eignet sich für eine dritte oder vierte Klasse.

Hintergrundinformationen zu Astrid Lindgren

Zum Schreiben kam sie durch einen Zufall. Ihre kleine Tochter Karin lag krank im Bett und wünschte sich eine Geschichte über ein Mädchen mit Namen Pippi Langstrumpf. So fing Astrid Lindgren an zu erzählen. Seitdem schrieb sie über 90 Bücher, Drehbücher und Theaterstücke, die in 107 Sprachen übersetzt und von denen weltweit 165 Millionen Exemplare verkauft wurden. 200 Schulen wurden nach ihr benannt, und sie erhielt in ihrem Leben 75.000 Briefe von Kindern, die ihre Bücher lasen. Ihre Adresse direkt neben dem Vasapark kennt in Schweden jeder: Dalagatan 46 in Stockholm. Hier schrieb sie ihre Bücher, deren Ideen häufig der Erinnerung an ihre idyllische Kindheit nahe der kleinen Stadt Vimmerby entsprangen. Viele ihrer Figuren tragen die Namen von Menschen, die ihr nahestanden. Astrid Lindgren kämpfte ihr Leben lang für Gleichberechtigung, eine gewaltfreie Erziehung und die Rechte der Kinder. Und auch ihre naseweisen, manchmal einsamen, aber immer mit starkem Rückgrat versehenen Charaktere sollen Kinder stark machen: Madita protestiert, als der Rektor ihre Klassenkameradin Mia schlagen möchte, Krümel und Jonathan wehren sich unter Lebensgefahr gegen den Tyrannen Tengil. Pippi reitet im vollen Galopp zur Schule – aber nur um Weihnachtsferien zu bekommen – und lässt sich auch von der gesellschaftskonformen Prusseliese nicht einreden, einsam zu sein, nur weil sie allein wohnt. Astrid Lindgren sagte einmal, wenn Pippi jemals zu etwas anderem als der Unterhaltung hätte dienen sollen, so hätte sie mit ihr zeigen wollen, „daß man Macht haben kann, ohne sie zu mißbrauchen" (Lindgren zitiert in: Gottschalk 2006, 93). Ihren Figuren erspart sie weder Einsamkeit noch Trauer oder Tod in übermächtiger Größe. Verzweifelt weint und klagt Mattis nach Glatzen-Pers Tod, aber Astrid Lindgren nimmt dem Abschied seine Macht, indem sie ihre Gestalten Trost erfahren lässt und einen Weg in die Zukunft aufzeigt.

Astrid Lindgren schrieb für das Kind, das sie einmal gewesen ist und welches ihr immer noch so gut bekannt war. Ihr mit 19 Jahren unehelich geborener Sohn Lasse musste die ersten Jahre bei einer Pflegemutter in Dänemark aufwachsen, als Erwachsenen verlor sie ihn an den Krebs. Auch die Ehe mit ihrem Mann Sture Lindgren war nicht immer unbeschwert. Wenn sie aber schrieb, konnten Sorgen und Ängste nicht mehr Besitz von ihr ergreifen. Ähnlich geht es wohl auch ihren Leserinnen und Lesern: Aus Astrid Lindgrens Geschichtenschatz kann man ein Leben lang schöpfen.

Astrid Lindgren wurde am 14. November 1907 geboren, sie starb am 28. Januar 2002. Ihre Leserinnen und Leser verdanken ihr Abenteuer- und Familiengeschichten, Märchen und Farcen, fantastische Erzählungen und Detektivgeschichten für alle Altersstufen und für beide Geschlechter. Ihr eigenes Leben wurde in unzähligen Büchern nacherzählt, und sie selbst erhielt zahlreiche Auszeichnungen, darunter den „Alternativen Nobelpreis", den Deutschen Jugendbuchpreis und den Friedenspreis des Deutschen Buchhandels.

Hintergrundinformationen zu Kirsten Boie

Kirsten Boie wurde am 19. März 1950 in Hamburg geboren. Ihre Liebe zur Literatur entdeckte sie schon früh. Als Fünfjährige schrieb sie Geschichten auf Butterbrotpapier, als Elfjährige las sie Lessings *Nathan der Weise* und auch sonst verschlang sie vom Groschenroman bis hin zu anspruchsvoller Literatur alles, was ihr unter die Finger kam. Die Eltern hatten beide keine höhere Schulbildung, und dass sie, Kirsten Boie, dennoch das Gymnasium besuchen konnte, schreibt sie dem Lesen zu. Am Abend vor dem mündlichen Abitur suchte sie Zuflucht bei *Bullerbü* von Astrid Lindgren, wohlwissend, wie tröstlich Kindheitsbücher sein können (vgl. Boie 2019, 76). Später studierte sie Deutsch und Englisch auf Lehramt an der Universität Hamburg und promovierte, nach einem Auslandsjahr an der englischen Universität Southampton, im Fach Literaturwissenschaft über Bertolt Brechts frühe Prosa. Zunächst arbeitete sie als Lehrerin an einem Gymnasium, wechselte dann auf eigenen Wunsch an eine Gesamtschule. Sie erfuhr, unter welchen unterschiedlichen Lebensbedingungen Kinder in Deutschland aufwachsen; viele Themen, über die sie später schreiben wird, haben hier vermutlich ihren Ursprung.

Zum Schreiben kam Kirsten Boie, als sie und ihr Mann 1983 ihr erstes Kind adoptierten. Das Jugendamt war damals der Meinung, Mütter sollten nicht arbeiten. So musste Kirsten Boie ihren Beruf aufgeben, suchte sich jedoch eine neue, und zwar literarische Aufgabe. Im Jahr 1985 erschien ihr erstes Buch *Paule ist ein Glücksgriff*, das auf Anhieb in die Auswahlliste zum Deutschen Jugendliteraturpreis aufgenommen wurde. Seither erschafft sie in einer wunderbaren Sprache realistische und fantastische Figuren wie den kleinen Ritter Trenk, den Meisterdetektiv Thabo aus dem afrikanischen Hlatikulu, die winzigen Medlevinger, die tapfere Seeräubermoses und das vorwitzige Meerschweinchen King-Kong. Einfühlsam und emphatisch erzählt sie aber auch von Obdachlosen in Deutschland, Aidswaisen in Afrika und von Mobbing in deutschen Schulen. In ihren mehr als 100 Bilderbüchern, Erstlesebüchern, kinderliterarischen Erzählungen und Jugendbüchern gelingt es ihr immer wieder, ihre Leserinnen und Leser zum Schmunzeln, aber auch zum Nachdenken zu bringen. Sie erhielt unter anderem den Gustav-Heinemann-Friedenspreis, das Verdienstkreuz 1. Klasse, den Großen Preis der Deutschen Akademie für Kinder- und Jugendliteratur und im Jahr 2007 den Sonderpreis des Deutschen Jugendliteraturpreises für ihr Gesamtwerk.

Kirsten Boie ist Schirmherrin vieler sozialer Projekte. Bescheiden, aber entschieden tritt sie für ihre Überzeugungen ein, so beschreibt DIE ZEIT sie (vgl. Hörnlein 2015). Dabei gilt ihr besonderes Augenmerk der Leseförderung. Im Jahr 2018 forderte sie gemeinsam mit anderen Hamburger Prominenten mit der *Hamburger Erklärung* mehr Engagement für die Leseförderung in ihrer Heimatstadt, und zu ihrem 70. Geburtstag im Jahr 2020 veröffentlichte sie eine Streitschrift und eine Liebeserklärung zum Lesen.

Die Projektarbeit

Trotz der großen Bekanntheit kann nicht davon ausgegangen werden, dass alle Kinder, insbesondere solche mit anderem (lese)kulturellen Hintergrund, bereits von Astrid Lindgren oder Kirsten Boie gehört haben. Um aber allen Kindern das Gefühl vermitteln zu können, zur Lesegemeinschaft dazuzugehören, muss vor dem Projektstart sichergestellt werden, dass *alle* auf Vorerfahrungen zur jeweiligen Autorin und zu ihren Büchern zurückgreifen können. Hierfür kann beispielsweise im Monat vor dem Projektbeginn ein entsprechendes Buch oder Hörbuch vorgelesen werden, und die Projektbücher können mit der Klasse zusammen in der Bücherei ausgeliehen werden. Zu beiden Autorinnen lassen sich dort häufig auch die Bücher in verschiedenen Sprachen finden. Werden dann zu Projektbeginn Fragen und Vorinformationen zur Autorin und zu ihrem Werk gesammelt, können nun alle Kinder aktiv ins Gespräch einbezogen werden.

Die tägliche Projekteinheit umfasst eine produktive Arbeitszeit, eine gemeinsame Besprechungsrunde und ausreichend Lesezeit. In der produktiven Arbeitszeit können die Kinder aus drei Themengebieten wählen: *Aufgaben zur Autorin, Aufgaben zu den Büchern* und *kreative Aufgaben* (siehe Aufgabenkästen). So können sie zum Beispiel in Einzel-, Partner- oder Gruppenarbeit ein Plakat mit Informationen zur Autorin zusammenstellen, ein Buch nacherzählen (Abb. 23), eine Textstelle in szenisches Spiel umsetzen, Figuren in Bild und Schrift vorstellen oder Umfragen zu Lieblingsbüchern erstellen. In der produktiven Arbeitszeit können neben selbst erlesenen Büchern auch Bücher bearbeitet werden, die dem Kind „nur" vom Vorlesen oder als Hörbücher bekannt sind. So kann jedes Kind unabhängig vom eigenen Lesevermögen mit anderen zusammenarbeiten.

Abb. 23: Schülerarbeit – Auszug aus einer Nacherzählung zu *Ronja Räubertochter* von Astrid Lindgren, erste Klasse

Bei einer Recherche zur Autorin müssen leseschwache Kinder auf vorab erstellte, einfache Informationstexte zurückgreifen können (Beispiele siehe unten). Lesestarke Kinder können beim Lindgren-Projekt vielfältige (Kinder-)Bücher zum Leben von Astrid Lindgren nutzen, beim Boie-Projekt sind sie eher auf das Internet angewiesen. Wichtig sind auch Aufgaben, die von der ganzen Klasse gemeinsam bearbeitet werden. So können zum Beispiel über den gesamten Projektzeitraum Lieblingssätze auf einem gemeinsamen großen Plakat verewigt oder neu gefundene Lebens- oder Buchdaten auf einen zwei Meter langen Zeitstrahl geklebt werden. Vielleicht kommen auch einmal Kinder einer höheren Klasse zu Besuch und lesen aus Lindgren-Büchern vor, oder die Projektklasse selbst liest für eine untere Jahrgangsstufe aus Boie-Büchern. Auch eine Bastelaktion mit der ganzen Klasse, in der die Villa Kunterbunt oder die Reihenhäuser aus dem Möwen-

weg nachgebaut werden, macht neugierig auf neue Bücher (Abb. 24). Schreibt die Klasse Kirsten Boie einen Brief, so bekommt sie sogar Antwort, ein klarer Höhepunkt des Projektes.
Die gemeinschaftliche Arbeitsweise, aber auch die regelmäßigen Besprechungsrunden mit allen zusammen ermöglichen eine ungezwungene Kommunikation über Geschichten und Charaktere und den Austausch interessanter Details aus dem Leben Astrid Lindgrens oder Kirsten Boies. Zwischenergebnisse oder auch fertige Produkte können täglich präsentiert werden, sodass alle Kinder nach und nach einen Einblick in ausgewählte Werke der jeweiligen Autorin erhalten. Fragen werden gemeinschaftlich geklärt und man kann unverbindlich in neues Lesefutter hineinschnuppern.

Shutterstock.com/Konoplytska.

Abb. 24: So könnte der Tischlerschuppen von Michel aus Lönneberga im Nachbau aussehen.

Auszug aus Informationstexten zu Astrid Lindgren (Klasse 2)

Astrid Lindgrens Kindheit
Astrid Lindgren wurde am 14. November 1907 in Schweden geboren. Sie lebte auf dem Hof Näs. Ihre Eltern hießen Samuel August und Hanna. Astrid hatte drei Geschwister: Gunnar, Stina und Ingegerd. Auf dem Hof Näs gab es viele Kinder zum Spielen.

Astrid Lindgren als Erwachsene
Im Jahr 1926 bekam Astrid Lindgren ihren Sohn Lars. Ein paar Jahre später heiratete sie Sture Lindgren. Ihre Tochter Karin wurde 1934 geboren. Die Familie lebte in Stockholm. Mit sieben Jahren lag Karin krank im Bett und dachte sich den Namen Pippi Langstrumpf aus. Astrid Lindgren erzählte ihr die Geschichte von einem starken Mädchen.

Astrid Lindgren als Autorin
Astrid Lindgren schrieb 34 Bücher und 41 Bilderbücher. Ihre Bücher wurden in mehr als 100 Sprachen übersetzt. Am liebsten schrieb sie morgens um 5 Uhr auf dem Bett.
Sie schrieb viele Erinnerungen aus ihrer Kindheit auf. Von ihren Figuren mochte sie Michel aus Lönneberga am liebsten. Astrid Lindgren bekam für ihre Bücher viele Preise.

Mögliche Aufgaben für ein Autorenprojekt zu Astrid Lindgren (Klasse 2)

Aufgaben zur Autorin
- Lebenslauf aufschreiben
- Auszeichnungen und Preise auflisten
- Zitate sammeln
- Zeitleiste zu Leben und zu Veröffentlichungen erstellen
- Autorin schriftlich vorstellen, mögliche Fragestellungen:
  - Welche Personen waren in ihrem Leben wichtig?
  - Wie, wann, wo schrieb sie? Woher hatte sie ihre Ideen?
  - Wie wurde sie Autorin?
- Lindgren-Wörter sammeln (Krummeluspille, Spunk, Wilddruden …)

Aufgaben zu ihren Büchern
- Bücherliste erstellen (Buchtitel, Verlag, Preis)
- Text zu einer Buchillustration schreiben
- Nacherzählung anhand von Buchillustrationen schreiben
- Bewertung verfassen
- Quiz zum Buch erstellen
- Lieblingssatz abschreiben und verzieren

- Buchcharakter in Großformat malen und Person vorstellen
- Textstelle vortragen oder szenisch umsetzen
- Textstelle malen, collagieren, bauen oder vertonen
- Buchvorstellung vorbereiten und halten

Kreative Aufgaben
- Kapitel eines Buches dazuerfinden
- Figuren verschiedener Bücher in neuer Geschichte kombinieren
- Umfrage zum beliebtesten Lindgren-Buch erstellen
- Häuser zu Büchern bauen (Mattisburg, Villa Kunterbunt, Höfe aus Bullerbü …)

Auszug aus Informationstexten zu Kirsten Boie (Klassen 3 und 4)

Kirsten Boies Kindheit

Kirsten Boie wurde am 19. März 1950 in Hamburg geboren. Ihre Mutter erzählte ihr viele Geschichten. Als Kirsten Boie einmal krank war, las der Vater ihr *Pippi Langstrumpf* vor. Mit fünf Jahren brachte sich Kirsten Boie selbst das Lesen bei und schrieb Geschichten auf Butterbrotpapier.

Kirsten Boie als Erwachsene

Kirsten Boie arbeitete zunächst als Lehrerin. Im Jahr 1983 adoptierten sie und ihr Mann ihr erstes Kind. Das Jugendamt war damals der Meinung, Mütter dürften nicht arbeiten. So musste sie ihren Beruf aufgeben, und sie begann zu schreiben.
Kirsten Boie unterstützt als Schirmherrin viele Projekte mit Lesungen oder Spenden. Die Projekte haben das Ziel, dass alle Kinder lesen lernen und dass kein Kind wegen seiner Herkunft benachteiligt wird. Im Jahr 2020 wurde Kirsten Boie 70 Jahre alt. Sie lebt noch immer in der Nähe von Hamburg.

Kirsten Boie als Autorin

Bis heute schrieb Kirsten Boie rund 100 Bücher für Kinder und Jugendliche, die in viele Sprachen übersetzt wurden. Im Jahr 2007 bekam sie den Sonderpreis des Deutschen Jugendliteraturpreises für ihr Gesamtwerk. Viele weitere Auszeichnungen folgten. Ihre Bücher schreibt Kirsten Boie an einem Laptop, dazu trinkt sie gern eine Tasse grünen Tee. Als Autorin bekommt sie viele Briefe von Kindern, die sie alle beantwortet. Sie hält auch Lesungen an Schulen oder auf Bühnen. Am schönsten findet sie es, wenn es an der Tür klingelt und ihr die Post das erste Exemplar eines neuen Buches bringt.

Mögliche Aufgaben für ein Autorenprojekt zu Kirsten Boie (Klassen 3 und 4)

Aufgaben zur Autorin

- Informationen zu Kirsten Boie recherchieren (Klappentexte, Informationstexte, Webseiten)
- Leben der Autorin schriftlich vorstellen
- Preise und Auszeichnungen auflisten
- Zitate sammeln
- Zeitleiste zu Leben und Veröffentlichungen erstellen
- Autorin unter bestimmten Fragestellungen vorstellen:
  - Wie ist ihre Arbeitsweise?
  - Welche sozialen Projekte unterstützt sie?
  - Zu welchen Themen hat sie bisher Reden gehalten?
- Boie-Figuren sammeln (Nix, Linnea, Jarven, Käptn Klaas ...)
- Brief an Kirsten Boie schreiben

Aufgaben zu ihren Büchern

- Bibliografie erstellen (Buchtitel, Verlag, Erscheinungsjahr, Preis, Auszeichnungen)
- Buch inhaltlich zusammenfassen
- Text zu einer Buchillustration verfassen
- Nacherzählung anhand von Buchillustrationen schreiben
- Buch in Fotostory umsetzen
- Klappentext oder Buchempfehlung verfassen
- Quiz zum Buch erstellen
- Lieblingssatz abschreiben und verzieren
- Personenvorstellung schreiben und Charaktere in Großformat malen
- Steckbrief zu einer wichtigen Textfigur erstellen
- Textstelle vortragen, szenisch oder als Hörspiel umsetzen
- Textstelle malen, collagieren, bauen, vertonen
- Buchvorstellung vorbereiten und halten
- Tandemlesen mit Leseproben oder Klappentexten

Kreative Aufgaben

- zu einem Buch ein Kapitel dazuerfinden
- Protagonisten verschiedener Bücher in neuer Geschichte kombinieren
- Umfrage und Diagramm zum beliebtesten Boie-Buch erstellen
- Häuser zu Büchern bauen (Hans vom Hohenlobs Burg, Omas Haus in Sommerby, Reihenhäuser vom Möwenweg ...)

Der Projektabschluss

Eine Ausstellung für Eltern oder andere Klassen bildet den krönenden Abschluss des Projektes. Die Kinder verkleiden sich als ihr Lieblingsprotagonist und führen das Publikum gemeinsam mit abwechselnden Sprechtexten durch die Ausstellung. Vorab werden kleine Theaterszenen aufgeführt und vertonte Texte präsentiert. Manchmal findet sich anschließend sogar eine Buchhandlung, die die Kinderwerke in ihrem Schaufenster ausstellt.

Anna, eine Viertklässlerin mit dem Förderschwerpunkt Lernen, fällt es an manchen Tagen nicht leicht, längere zusammenhängende Texte zu verfassen. Im Autorenprojekt zu Kirsten Boie setzt sie ihren Ehrgeiz darein, das Erscheinungsdatum der Bücher herauszufinden und auf dem großen gemeinsamen Zeitstrahl der Klasse einzutragen. In der Elternpräsentation übernimmt sie die Vorstellung des Zeitstrahls und präsentiert wichtige Daten aus dem Leben der Autorin auswendig.

Empfehlungen für Literatur und Webseiten zu Astrid Lindgren

Astrid Lindgren Company: Webseite mit vielen Informationen über Person und Werk.
Björk, Christina / Eriksson, Eva (2007): *Von Kletterbäumen, Sachensuchern und kitzeligen Pferden: Astrid Lindgrens Kindheit.* Hamburg: Oetinger.
Bjorvand, Agnes-Margrethe (2018): *Astrid Lindgren: Ihre fantastische Geschichte.* Zürich: WOOW Books.
Forsell, Jacob / Erséus, Johan / Strömstedt, Margareta (2007): *Astrid Lindgren: Bilder ihres Lebens.* Hamburg: Oetinger.
Gottschalk, Maren (2006): *Jenseits von Bullerbü: Die Lebensgeschichte der Astrid Lindgren.* Weinheim: Beltz & Gelberg.
Oetinger Verlag: Webseite mit Informationen zur Autorin und zu ihren Werken.

Empfehlungen für Literatur und Webseiten zu Kirsten Boie

Boie, Kirsten (2019): *Das Lesen und ich.* Hamburg: Oetinger.
Boie, Kirsten: Die Autorin hat eine Webseite, auf der man sich über Person und Werk informieren kann.
Hörnlein, Katrin (2015): *Kirsten Boie: Zwischen Prinzen und Piraten.* DIE ZEIT, Nr. 12. Der Artikel ist auch online zu finden.
Oetinger Verlag: Webseite mit Informationen zur Autorin und zu ihren Werken.

TEIL 4 GEDICHTE ERARBEITEN

Gedichte können verzaubern. Sie faszinieren ihre Zuhörerinnen und Zuhörer mit ihrem Klang, ihrem Rhythmus und ihrer malerischen Sprache; sie lassen innere Bilder entstehen, rufen Assoziationen hervor und wecken Erinnerungen. Manchen Gedichten muss man dabei ein wenig Zeit geben; man muss sich ihnen langsam nähern, sie umkreisen und zunächst einmal vorsichtig beschnuppern. Und so wusste auch schon Bertolt Brecht im Jahr 1967: „Mit Gedichten muß man sich ein bißchen aufhalten" (Brecht 2006, 74).

4.1 KINDER UND GEDICHTE

Liest man Kindern Gedichte vor, so geraten sie in Bewegung, sie wiegen sich im Takt, bewegen Hände und Arme zum Rhythmus und versuchen mitzusprechen. Kinder mögen Gedichte. Denn häufig sind es Gedichte, mit denen Kinder ihre ersten literarischen Erfahrungen machen. Sie begegnen traditionellen Versen in Wiegen- und Schlafliedern, treffen auf Kinderreime in Kniereiterversen, Fingerspielen und Abzählreimen und erleben lyrische Poesie und Balladen in ihren Bilderbüchern (vgl. Schulz 1997, 13). Wird Raum für eine langsame Annäherung gegeben und das Verstehen nicht bewertend eingefordert, so übertragen sie ihre unbeschwerte Neugier schließlich auf den Gattungszweig der Kinderlyrik und machen häufig auch vor Erwachsenenpoesie nicht Halt. Denn sie sind daran gewöhnt, nicht immer alles sofort zu verstehen und sich ihre Welt erst nach und nach zu erschließen. Hierbei gehen viele Kinder mit einem erstaunlichen Sprachgefühl vor, zeigen Freude am Enträtseln von Sprachbildern und wissen Bezüge zu ihren eigenen Alltagserfahrungen herzustellen. Gedichte, die lebensweltlich bedeutsame Themen aufgreifen, stehen ganz oben auf ihrer Favoritenliste, denn diese zeigen, dass man mit Erfahrungen nicht allein ist, und sie regen zum Erzählen an. Von der sirrenden Mücke im Zimmer, über nackte Füße im Sommerregen bis hin zu Gedanken über das Vergehen der Zeit, das alles findet ihr Interesse. Kinder mögen auch Sprachspiele und konkrete Lyrik. Reime über verkehrte Welt, Parodien, Lügen- und Nonsensgedichte sowie Bilder aus Wort- und Buchstabensalat bringen sie zum Staunen und Kichern und laden sie zum Nachahmen ein.

Dabei bedarf poetische Sprache anderer Verstehensstrategien als Alltagssprache; sie erfordert Aufmerksamkeit für die Konzeption der Texte, Konzentration auf die sprachliche Gestaltung, Sinn für bildliches Denken, Großzügigkeit gegenüber Ungewohntem und Akzeptanz von Spielräumen. Gedichte wollen gedeutet werden, denn hinter ihrer Kürze und Prägnanz verbergen sie häufig eine ganze Welt. Ihre Hinweise legen sie mit Bedacht aus; Wiederholungen verstärken Wichtiges, Reimformen und Versmaß erwirken Betonungen und Lautmalereien verweisen auf Sinnliches. Das poetische Verstehen geht jedoch über reines Erschließen, Erklären und Deuten weit hinaus (vgl. Abraham 2012, 83). Denn die Welt hinter den Texten muss vom Leser miterschaffen werden, sie wird ko-konstruiert. Die Worte müssen eine Verbindung zwischen Leser und Gedicht herstellen, sie müssen berühren, und der Leser muss sich berühren lassen. Nicht jedem Kind gelingt das gleich, denn nicht jedes Kind bringt positive Erfahrungen oder überhaupt Erfahrungen mit Gedichten in den Unterricht ein. Manche Kinder zeigen Skepsis gegenüber blumiger Sprache, verhalten sich abweisend gegenüber gefühlvoller sprechsprachlicher Gestaltung, verstecken ihre Unsicherheit hinter Albernheit. Anderen mangelt es vielleicht an verstehensrelevantem Hintergrundwissen, an erforderlichen Genrekenntnissen oder einfach an der notwendigen Spracherfahrung. Die Gründe für eine Ablehnung können vielfältig sein, die Wege zum Gedicht sind es aber auch.

4.2 GEDICHTE IM UNTERRICHT

Wie Kinder Gedichte in der Schule kennenlernen, kann entscheidend für ihre lebenslange Einstellung zu Poesie sein. Gedichte auf einzelnen Seiten im Lese- oder Sprachbuch, die nach dem Umblättern „halt einfach dran sind“ und die zunächst stockend von einem Kind vorgelesen werden, haben es schwer oder haben sogar von Beginn an verloren. Gedichte müssen von Anfang an, regelmäßig und auf vielfältige Weise in den Unterricht integriert werden, dann öffnet ihnen insbesondere in den ersten Jahren die kindliche Offenheit gegenüber poetischer Sprache ganz selbstverständlich alle Türen.

Selbstverständliche Einbindung in den Unterricht

Gedichte müssen – wie Bücher ja auch – den Status einer selbstverständlichen Zugehörigkeit zum schulischen Leben erhalten. Umfassend erprobt sind fächerübergreifende Aktionen wie die klangliche Umsetzung eines Gedichtes im Musikunterricht oder die impulsgebende Untermalung von sachunterrichtlichen Themen durch Gedichte. Aber auch in der Lesezeit kann Gedichten Platz eingeräumt werden. Poesiebände für Kinder oder Ordner mit thematisch sortierten Gedichten sollten einen festen Bestandteil der Klassenbücherei bilden. Mit einem Hinweisschild werden sie klar ausgewiesen und sind so als Lesestoff jederzeit zugänglich. Aufgrund ihrer Kürze eignen sich Gedichte auch als Lesetexte für Lautlesetandems. Hierfür müssen sie jedoch inhaltlich, konzeptionell und sprachlich gut verständlich sein, damit das Training der Leseflüssigkeit ein Erfolgserlebnis vermitteln kann.

Vielleicht kann der Tag mit Poesie beginnen? Kurze und einfache Gedichte können Teil des Morgenrituals einer Klasse werden. In unteren Jahrgangsstufen trägt die Lehrkraft dabei selbst das morgendliche Gedicht im Sitzkreis vor, damit die Sprechweise die spezifische Eigenheit des Textes unterstützen kann. Was zunächst vielleicht ungewohnt in den Ohren der Kinder klingt, klingt so dennoch auch anrührend, lässt aufhorchen durch Reim und Rhythmus. „Nochmal, nochmal!", so ist dann meist auch die erste Reaktion. Mit dem zweiten Vorlesen verliert die Sprache ihre Fremdheit, nicht aber ihre Schönheit. Und beim dritten Vortrag beginnen die Kinder mitzusprechen, die Reime zu erraten oder Zeilen auswendig zu begleiten. In höheren Jahrgangsstufen kann jeden Morgen ein anderes Kind ein gut geübtes Gedicht vortragen. Steht genügend Zeit zur Verfügung und stößt das Gedicht auf größeres Interesse, kann es als morgendlicher Gesprächsanlass dienen oder später im Unterricht erneut aufgegriffen werden. Aber nicht immer muss ein Gedicht auch ein Gespräch nach sich ziehen, denn auch stiller Genuss bleibt eben Genuss.

Im Morgenkreis liest die Lehrerin ihrer dritten Klasse das Gedicht In dieser Minute *von Eva Rechlin vor. Das Gedicht beschreibt, was alles in dieser einen Minute auf der Welt passiert. Die Kinder sind fasziniert und lassen sich das Gedicht gleich mehrmals vortragen. Der Wunsch wird laut, die Lehrerin solle die Länder in dem Gedicht durch neue Länder ersetzen, möglichst natürlich durch solche, die den Kindern persönlich etwas bedeuten. Die Lehrerin holt erst einmal tief Luft, so eine Herausforderung am frühen Morgen! Schließlich aber machen die Kinder eine schnelle Wunschliste, die Lehrerin bittet sich einen Moment Konzentrationszeit aus. Und dann fällt der Schnee nicht mehr auf dem Nordpol, sondern in Russland, die Forelle schwimmt im Müggelsee statt im Titicacasee und der Baum wächst nun in Syrien, nicht mehr in Frankreich. Die Klasse ist fasziniert, eine kleine Weltreise, und das in nur einer Minute.*

Persönliche Zugänge eröffnen

Ein Unterricht, der für Gedichte aufschließen möchte, muss von Anfang an den persönlichen Zugang zum Gedicht im Blick haben. Gleich beim ersten Hören kann ein solcher durch blitzlichtartige Assoziationen und Imaginationen, durch ein spontanes Kichern oder ein aufmerkendes Verwundern entstehen. Die Bereitschaft, sich näher mit einem

Gedicht zu beschäftigen – das heißt, seine Metaphern, seine Sprache und seine Rhythmen erschließen zu *wollen* –, sie wird durch diese erste Text-Leser-Kommunikation angestoßen. Ausgebaut werden muss sie durch einen individuellen Umgang mit dem Gedicht, der „dem einzelnen Kind auf seine Weise das Gedicht ein Stück weit erschließen hilft" (Schulz 1997, 98). Denn Kinder mögen das Spiel mit Sprache und Wirklichkeit und sind gern bereit, sogar den Sinn im Unsinn zu suchen, wenn die Suche ihre *eigene* Suche ist, ihr *eigener* Verstehensprozess. Wenn Gedichte mit dem eigenen Leben verknüpft werden, so lösen sie auch ein Deutungsbedürfnis aus und machen neugierig darauf, „wie das denn überhaupt gemacht wurde" und wie es gelingt, dass Sprache verzaubern kann. Verschiedene emotionale und kognitive Umgehensweisen mit Gedichten können sich hier gegenseitig bereichern; Hören, Sprechen und Gestalten regen sich wechselseitig an (vgl. Schulz 1997, 20 ff.):

- In einer sprachsprecherischen Inszenierung des Gedichtes experimentieren die Schülerinnen und Schüler mit Mimik, Gestik und verschiedenen Sprechweisen, wobei auch Verfremdungen erlaubt sind. Wie klingt der Text als Geheimnis, als Deklaration, flüsternd, laut empört, ängstlich oder ironisch? Welche Sprechweise passt am besten?
- Eine solche sprachsprecherische Gestaltung kann auch im Dialog erfolgen. Hier lesen zwei Sprecher Teile des Gedichtes abwechselnd und kommunizieren auf diese Weise miteinander. Sie teilen sich gegenseitig etwas mit, verzweifeln und beruhigen sich, fragen und belehren oder übertrumpfen sich gegenseitig im Streitgespräch. Wie verändert sich das Gedicht dabei?
- Nach eigenen sprachlichen Experimenten hören oder schauen die Kinder poetische oder musikalische Umsetzungen von professionellen Sprechern über CD, Audible oder YouTube. Wie verändern diese Interpretationen den Text, seine Aussage und Wirkung? Die Darstellungsweisen können anschließend selbst ausprobiert werden.
- Gedichte lassen sich musikalisch, rhythmisch oder tänzerisch umsetzen. Um eine passende Umsetzung auszuarbeiten, werden hierfür vorab Inhalt, Metrum oder Wirkung des Gedichtes betrachtet. Wie kann die Stimmung des Gedichtes wiedergegeben werden? Gibt es eine Steigerung in der Intensität der Darstellung, gibt es einen Wendepunkt?
- Auch eine pantomimische oder szenische Erarbeitung ist denkbar. Es wird vorab untersucht, wie sich mögliche Figuren in dem Gedicht fühlen und was ihr Wesen ausmacht. Wie bewegen sie sich? Wie ist ihre Sprechweise? Kann man auch Lautgedichte szenisch umsetzen?
- Gedichte lassen sich in Standbildern darstellen. Welche Szenen werden benötigt? Wie kann die Stimmung ausgedrückt werden?

- Strophen, Bilder und Metaphern eines Gedichtes werden gezeichnet oder gemalt. Welche inhaltlichen Vorgaben gilt es einzuhalten? Welche inneren Bilder lassen sich zeichnen?
- Die Schülerinnen und Schüler schreiben ein Gedicht schreibgestaltend in eine Geschichte oder in einen Comic um. Hierfür sind möglicherweise textliche Ergänzungen notwendig. Was sagen die Charaktere? Was denken sie? Wie sehen sie aus? Wie lassen sich Metaphern des Textes zeichnerisch umsetzen?
- Poetisches Verstehen kann in einem eigenen Text über das Gedicht entwickelt und konkretisiert werden. Was berührt an dem Gedicht? Welche inneren Bilder entstehen? Welche Zeilen faszinieren? Warum?
- Die Schülerinnen und Schüler schreiben Gedichte selbst. Sie schreiben zu einem Gedicht einen Paralleltext, ergänzen Teile eines Gedichtes kreativ und verfassen Elfchen oder Haiku nach den vorgegebenen Regeln. Welche Gedichte finden Gefallen? Warum?

Über diese ersten Ideen hinaus gibt es noch unzählige weitere Herangehensweisen an ein Gedicht; denn Gedichte lassen sich vergleichen, abändern, zerlegen, zusammensetzen, kommentieren, weiterschreiben, erweitern und reduzieren (vgl. Mithra 2010, 3 f.). Die Ergebnisse wiederum können die Kinder aushängen, verschenken, aufnehmen, verfilmen, fotografieren und vorführen. Nicht immer muss die ganze Klasse an einem gemeinsamen Gedicht arbeiten. In der didaktischen Literatur finden sich viele Vorschläge für umfangreiche Gedichtewerkstätten mit unterschiedlichen Gedichten zu Themen wie Frühling, Wind, Tiere, Weihnachten oder Zeit. Der Kreativität sind hier somit ebenso wenig Grenzen gesetzt wie der Kreativität im Gedicht.

Über Gedichte sprechen

Mit der Rezeption von Gedichten nahezu untrennbar verbunden ist die literarische Kommunikation, zumindest in der Schule. Denn wer Gedichte erschließen möchte, muss sich mit ihnen beschäftigen, sich austauschen, Bedeutungen gemeinsam aushandeln. Darüber hinaus eignen sich Gedichte in besonderer Weise für eine gemeinsame Erarbeitung von Sprache und ihren Möglichkeiten; denn sprachliche Phänomene kommen in Gedichten in komprimierter Weise vor und erzeugen beim Lesen eine besondere Faszination und Freude. Alliterationen, Gegensätze und sprachliche Steigerungen, das Spiel von Rhythmus und Lautmalereien, sich langsam aufbauende Höhepunkte oder überraschende Wendepunkte bieten eine Fülle an Entdeckungen, an Deutungen und an Erkenntnissen darüber, wie Sprache Wirkung erzeugt. Gedichte lassen sich dabei spielerisch erkun-

den und ermöglichen eine Annäherung auf praktisch-handelnde Weise, ohne zu sehr zu theoretisieren.
Die dem literarischen Gespräch vorhergehende individuell-gestalterische oder experimentelle Vorarbeit ist hier bedeutsam, denn sie bietet allen Kindern die Gelegenheit, sich *vorab* einen *persönlichen Zugang* zum Gedicht zu schaffen, sprachliche und inhaltliche Besonderheiten *selbst zu entdecken* und sich *eigene Gedanken* zum Text zu machen. Der Charakter der Dichtung ist offen, und so muss es dann auch das literarische Gespräch sein. Anschlusskommunikation als kulturelle Praxis erlaubt unterschiedliche Meinungen, gegensätzliche Argumente und Perspektiven. Unverzichtbare Grundlage dafür sind eine vertrauensvolle Atmosphäre und das Wesen eines kooperativen Gesprächs. Denn nur wer darauf vertrauen kann, dass andere geduldig zuhören und dass die eigenen Äußerungen ernst genommen werden, findet den Mut, nach den richtigen Worten zu suchen, um seine Gedanken, Eindrücke, Vermutungen oder Wünsche zu formulieren. Ist diese Voraussetzung schließlich gegeben, so können im literarischen Gespräch die subjektiven Eindrücke mit den Textinformationen und dem Vorwissen der Leserinnen und Leser abgeglichen werden, um gemeinsam zu einem vertieften Verständnis des Textes zu gelangen und um dessen Wirkungsweise genau unter die Lupe zu nehmen.
Assoziationsketten führen dabei in das Gespräch ein. In einer kurzen Blitzlichtrunde berichten die Schülerinnen und Schüler, welche Bilder das Gedicht in ihnen hervorruft, welche Erinnerungen bestimmte Passagen wecken oder welche Textstellen ihnen besonders zusagen. Diese Blitzlichtrunden haben „zugleich die Funktion einer Sollbruchstelle im Übergang zum freien Gespräch" (Bräuer 2019, 40), denn die Spontanäußerungen lösen weitere Assoziationen und Reaktionen der anderen Kinder aus, die wiederum ins gemeinsame Gespräch überleiten. Dabei fassen die Kinder ihre Herangehensweise an den Text in Worte, stellen Fragen zu Unverstandenem und formulieren erste Deutungen. Gemeinsam können Leerstellen im Gedicht mit individuellen Ideen gefüllt, sprachliche Besonderheiten unter die Lupe genommen und persönliche Meinungen ausgeformt werden. Im Gespräch lernen die Kinder die Merkmale des Genres *Lyrik* kennen, wissen es schließlich am Reim, am Rhythmus, am Klangbild, an der Satzstellung, an seiner Kürze und seiner Form zu erkennen und diese Merkmale in ihre Überlegungen einzubeziehen. Das Mit-Teilen der Gedanken unterstützt den Denkprozess sowohl der Sprechenden als auch der Zuhörenden, denn wenn Kinder begründen, warum sie Textzeilen märchenhaft oder lustig finden, geht mit der Begründung immer auch die inhaltliche oder sprachliche Auseinandersetzung einher. Eine allgemeingültige Interpretationsweise wird dabei nicht gefunden, vielleicht aber das gemeinsame Erlebnis, dass Sprache fasziniert.

Die zweite Klasse spricht über das Gedicht Ach Storch – Kleines Frühherbstlied *von Fred Rodrian. In dem Gedicht fliegt der Storch nach Afrika. Das lyrische Ich bedauert, selbst keine Flügel zu haben und schickt dem Storch stattdessen Grüße an die Elefanten hinterher. Anton fällt es leicht, das Gedicht auf seine jetzige Lebenssituation zu beziehen und erklärt: „Klar, da ist Corona, der kann nicht reisen, der kann ja nicht weg, darf man ja nicht. Aber der würde jetzt auch gern die schönen Flüsse und Hügel sehen." Als die Frage aufkommt, wer denn der Ich-Erzähler in dem Gedicht sei, platzt Ellie heraus: „Das Ich, das sind doch wir, wir alle!" Vermutlich hätte keine Lehrkraft das lyrische Ich besser erklären können.*

4.3 ZWEI BEISPIELE FÜR GEDICHTE IM UNTERRICHT

„Nachttischlampe" von Georg Bydlinski

Nachttischlampe

Manchmal brauch ich
beim Einschlafen Licht.
Manchmal mag ich
die Dunkelheit nicht.
Ich stell mir dann manchmal
so mancherlei vor,
so monstrige Monster
mit Ratten im Ohr.

So drachige Drachen
mit Feuerspeimaul,
so Klapperskelette
auf einem Knochengaul,
so Spinnwebgehirne
im Abendwind,
so farblose Geister,
die unsichtbar sind …

Doch weil man Unsichtbares
nicht so gut sehen kann –
schalt ich gleich schnell noch
das Deckenlicht an!

aus: Bydlinski, Georg (2014):
Das Gnu im linken Fußballschuh.
Köln: Boje.

Das Gedicht knüpft an eine Erfahrung an, die alle Kinder schon gemacht haben: an die Angst im Dunkeln. Da kann die Fantasie schon einmal mit einem durchgehen und drachige Drachen und Spinnwebgehirne durchs Zimmer tanzen lassen. Die vielen Alliterationen

mit *M* erinnern an angstvolle Geräusche des im Bett liegenden Kindes *(manchmal, mancherlei, monstrige Monster)*. Die Klappergestelle klappern etwas unkoordiniert um das Bett, kommt doch der Rhythmus hier leicht ins Stolpern; aber auch diese Gestalten sind nicht weniger schaurig. Immer neue Figuren der Nacht scheint der Abendwind ins Zimmer hineinzuwehen; drei Auslassungspunkte am Ende der folgenden Zeile eröffnen dabei das Spiel mit der freien Assoziation. Unterbrochen werden Metrum und Geistertanz schließlich in der letzten Strophe, denn das Kind weiß sich zu helfen und setzt dem Spuk ein Ende. Es macht das Licht an – zwar mit der schützenden Begründung, dass es so die Gespenster besser sehen könne, aber es weiß seiner Angst zu begegnen.
Zusätzlich zu seinem ursprünglichen Erscheinungsort ist das Gedicht auch in dem Buch *Lyrik-Comics* (vgl. Schweizer 2019, 16 ff.) zu finden, welches für den Deutschen Jugendliteraturpreis 2020 nominiert wurde. Hierfür wurde es im DIN-A3-Format von der Illustratorin Halina Kirschner eindrucksvoll ins Bild gesetzt. Mit weißblauer Kreide auf schwarzem Grund geistern nebelhafte Nachgestalten umher, wobei Ratte und Knochenskelett in goldener Farbe besonders herausstechen. Die Nachttischlampe gibt zwar etwas Licht, aber eben nicht genügend, als dass sie die Dunkelheit vertreiben könnte. Im Medienverbund mit der zeichnerischen Umsetzung gibt es von Frank Wacks auch eine musikalische Vertonung des Gedichtes; zu finden ist sie frei verfügbar auf der Webseite zum Buch beim Verlag Beltz & Gelberg. Walzertakt und singende Säge betonen schauerlich das unwirklich schwebende Tanzen der Nachtgespenster, die Arrhythmie kommt durch den teilweise sprachartigen Gesang klar heraus.

Unterrichtliche Umsetzung für eine zweite oder dritte Klasse

Die Kinder betrachten im Sitzkreis die Zeichnung von Halina Kirschner und erhalten zunächst die Gelegenheit zum freien Assoziieren. Wenn auch der Gedichttext noch unbekannt ist, so gibt die hervorstechende gelbe Überschrift *Nachttischlampe* bereits den Hinweis auf das abendliche Einschlafen, die Kreidegestalten den Hinweis auf Ängste im Dunkeln. Die Kinder beschreiben, was sie entdecken, wie Gestalten und Schriftelemente wirken und assoziieren eigene Erlebnisse, Gefühle und Gedanken. Anschließend wird das Gedicht von der Lehrkraft vorgelesen.
Nun verteilen sich die Kinder und bewegen sich frei zur Musik von Frank Wacks im Raum. Danach erhalten sie den Auftrag, beim zweiten Hördurchgang die Nachtgestalten des Gedichtes zu verkörpern und erkennbar umzusetzen. Dieser Auftrag bleibt beim dritten Hören bestehen, zusätzlich wird jedoch zwischendurch die Musik wie beim Stopptanz ausgestellt, und die Kinder verharren in ihren szenischen Umsetzungen. Anschließend setzen sich alle Kinder auf den Boden und berichten, welche Standfiguren sie gut gelungen fanden. Bei wem war das Reiten auf dem Klappergaul erkennbar? Welche

Spinnwebgehirne wiegten sich deutlich im Abendwind? An dieser Stelle sollte bereits mit dem Text argumentiert werden, den die Kinder nun schon gut kennen.
In der nächsten Stunde erhalten alle Schülerinnen und Schüler eine Kopie des Gedichtes, die sie anschließend leise oder halblaut lesen. In Murmelgruppen von bis zu vier Kindern tauschen sie sich über das Gedicht aus, die Ergebnisse werden anschließend im Klassenverband zusammengetragen. Folgende Punkte können hier zur Sprache kommen:

- Warum mag man die Dunkelheit nicht?
- Wann kann dieses *manchmal* sein?
- Welche Gestalten spuken durch das Gedicht?
- Wie wirken sie auf den Zuhörer? Warum?
- Welche Wörter reimen sich? Welche Reimstruktur hat der Text?
- An welchen Stellen stolpert der Rhythmus? Warum und wozu?
- Warum hält die letzte Strophe das Metrum nicht ein?
- Was bedeuten die drei Auslassungspunkte?

Die Auslassungspunkte erlauben das Denken über den Text hinaus und das freie Assoziieren darüber, wer wohl noch ins Zimmer hereinschwebt. In einem nächsten Schritt werden entsprechende Ideen gesammelt und anschließend, wie in der professionellen Vorlage, mit weißer Kreide großflächig auf schwarzes Papier gezeichnet. Für den Körper der Gestalten muss die Kreide mit wenig Druck quer geführt werden, so entsteht ein unregelmäßiger Farbabdruck für eine durchscheinende Zeichnung. Die angsterregenden Details werden jedoch mit einem kräftigen feinen Kreidestrich hervorgehoben. Aus gelbem Tonpapier wird eine stilisierte Nachttischlampe ausgeschnitten und aufgeklebt. In höheren Klassen können die Schülerinnen und Schüler den Text mit einem goldenen Stift auf das Papier abschreiben. Für die neu erfundenen Figuren denken sich die Kinder Bezeichnungen im Stil des Gedichtes aus. Dabei können sie das Stilmittel der Alliteration gewinnbringend austesten und *fischige Fische* oder *schleimige Schlangen* durchs Zimmer tanzen lassen. Auch wenn der Fantasie zunächst einmal freien Lauf gelassen werden kann, die Assoziationen müssen dennoch zum Kontext des Gedichtes passen, denn auch eine spielerische Erweiterung eines Gedichtes muss sich an die Grenzen der textlichen Aussage halten (vgl. Abraham 2012, 89). Die Bezeichnungen werden auf gelbe oder rote Pappkarten geschrieben und können im Anschluss in einer Art Rätselspiel den passenden Bildern zugeordnet werden.
Zum Abschluss wird das Gedicht in einer weiteren Stunde in Gruppen szenisch umgesetzt. Die Kinder tragen das Gedicht sprechgestaltend vor oder verwenden die musikalische Umsetzung.

Buchempfehlungen für Gedichtsammlungen für die Klassen 1 bis 4

Fried, Amelie (Hrsg.) (2006): *Ich liebe dich wie Apfelmus: Die schönsten Gedichte für Kleine und Große.* München: cbj.
Schweizer, Stefanie (2019): *Lyrik-Comics: Gedichte Bilder Klänge für Kinder in den besten Jahren.* Weinheim: Beltz & Gelberg.

Empfehlungen für musikalische Umsetzungen von Gedichten für die Klassen 1 bis 4

Audio-CD: **Junge Dichter und Denker** (2009): *Die besten klassischen Gedichte: Gesungen und gerappt.* JDD Music (Alive).
Audios zum Buch: **Schweizer, Stefanie** (2019): *Lyrik-Comics: Gedichte Bilder Klänge für Kinder in den besten Jahren.* Online zu finden auf der Homepage des Beltz Verlags oder bei Youtube.

„Ein Riese warf einen Stein" von Josef Guggenmos

Ein Riese warf einen Stein

Ein Riese
warf einen Stein.
Gänge und Zimmer stürzten ein.
Hunderte brachen ein Bein.
Zwei Dutzend brachen das Genick.
Andere hatten Glück.
Der Stein
hatte wie eine Bombe eingeschlagen.
Zusammengebrochen
ist das Werk vieler Wochen.
Doch schon rennen Tausende herbei.
Tote werden weggetragen.
Man zieht, man zerrt, schleppt Trümmer,
baut neue:
neue Gänge,
neue Zimmer.

Doch im Getümmel
hört man da und dort einen sagen:
Solch ein Lümmel!
Wer war der Verbrecher?
Wer?
Ein Junge.
Was dachte sich der?
Nicht viel.
Er warf nur zum Spiel
den Stein
auf den Ameisenhaufen.

aus: Guggenmos, Josef (2020): *Ein Riese warf einen Stein.* Weinheim: Beltz & Gelberg.

Josef Guggenmos scheint mit seinen ersten beiden Zeilen seine Leser direkt in die Welt der Märchen zu führen: *Ein Riese warf einen Stein.* Man sieht es schon fast vor sich, wie er dort steht, zottelig, mächtig und eben märchenhaft. Bevor sich das Bild aber konkretisieren kann, wechselt die Perspektive und der Leser wird in die kleine Welt geführt, in die der Stein eingeschlagen hat, einer Bombe gleich. Dies ist keine Märchenwelt, in der alles kurzerhand mit einem Zauber wiederaufgebaut werden kann. Dies scheint plötzlich wahre Realität, der Schaden groß, das Entsetzen auch. Der dreimal verwendete Explosivlaut *T* in *Tausende, Tote, Trümmer* und der Zischlaut *Z* verstärken noch den Eindruck der Explosion. Die entstandene Hektik wird durch die Aufzählung der Rettungsmaßnahmen spürbar, *man zieht, man zerrt, schleppt Trümmer;* selbst für das Wort *und* gibt es keine Zeit. Schon aber wechselt die Atmosphäre erneut. Denn mit der nächsten Zeile, noch im selben Satz, geht die angstvolle Hektik in geschäftige Betriebsamkeit über, der Wiederaufbau beginnt. Koordiniert und perfekt aufeinander abgestimmt entstehen neue Gänge und in der nächsten Zeile schon neue Zimmer. Alles hat seine Ordnung, jeder Bauplan seine eigene Zeile. Nun gibt es zum ersten Mal Raum für die Frage nach dem Verursacher. Wer hat den Schaden zu verantworten? Unterschiedliche Meinungen werden diskutiert, allen voran fällt der Satz: *Solch ein Lümmel!* Hier kommen dem Leser erneut Zweifel in Bezug auf den Schauplatz des Geschehens, *Lümmel* klingt gar zu harmlos. So wird auch der folgende verzweifelte Ausruf *Wer?* abgemildert, der das gesamte Unverständnis über die entsetzliche Tat in einem einzigen Wort zum Ausdruck bringt. Denn die Leserin und der Leser ahnen es nun schon, und die Auflösung folgt sofort. Es war ein Junge, der gedankenlos und ohne über die Folgen nachzudenken den Stein warf – in einen Ameisenhaufen. Aber ist die Tat deswegen weniger dramatisch, weniger skrupellos, weniger

folgenschwer? Ist die Zerstörung eines Lebensraumes oder eines Volkes entschuldbar, wenn sie aus Gedankenlosigkeit, eigenem Genusswunsch oder aus Unkenntnis heraus erfolgt?
Das Gedicht wurde im Jahr 2020 beim Verlag Beltz & Gelberg als Bilderbuch veröffentlicht. Die doppelseitigen Zeichnungen der Illustratorin Sabine Kranz setzen das emsige Treiben der Ameisen, ihren selbstlosen Mut und ihre aufopferungsvolle und koordinierte Zusammenarbeit gekonnt ins Bild. Anders als beim alleinigen Hören oder Lesen des Gedichtes wird hier von Anfang an klar, dass es sich bei den bedrohten Wesen um Ameisen handelt, denen mit ihren großen Kulleraugen und ihrer ausgeprägten Mimik die Sympathien sofort zufliegen. Auf dem letzten Bild wird das Kräfteverhältnis durch die übermächtige Größe des Jungen, gegen den die Ameisen winzig, unscheinbar, fast schon bedeutungslos wirken, eindrucksvoll verdeutlicht. Und doch sind es die Ameisen, auf diesem Bild in geordneter Reihe stehend, die in bewundernswert koordinierter Verantwortung das Wohl der Gemeinschaft über eigene Interessen gestellt und mehr Verantwortung für ihre Welt bewiesen haben als der Junge in dem Gedicht. Die Imagination der tödlichen Zerstörung, der Toten und der Verletzten wird durch die vergleichsweise harmlosen Illustrationen abgemildert. Die mögliche Assoziation eines terroristischen Anschlags wird von vornherein gebremst, und eine Deutung als Zerstörung von Lebensräumen im Sinne des Klima- und Artenschutzes scheint wahrscheinlicher.

Unterrichtliche Umsetzung für eine zweite bis vierte Klasse
Für die Erstbegegnung wird das Gedicht von der Lehrkraft im Sitzkreis vorgelesen. Mit jüngeren Kindern sollte dabei gleich zum Buch gegriffen werden, weil die kindgerechte zeichnerische Darstellung das Schreckensszenario abmildert und Empathie mit den Ameisen hervorruft. Älteren Kindern kann das Gedicht durchaus einfach vorgetragen werden, damit der Überraschungseffekt nach dem Rätseln tatsächlich auch greifen kann. In einer kurzen freien Assoziationsrunde berichten die Schülerinnen und Schüler anschließend über die Eindrücke und Empfindungen, die das Gedicht in ihren hervorgerufen hat, wobei vermutlich auch die Frage von Schuld und Verantwortung direkt zur Sprache kommt. Trotz des vorrangig assoziativen Charakters dieser ersten Gesprächsrunde sollte in höheren Klassen Zeit eingeräumt werden, den Rezeptionsvorgang hinsichtlich des Verstehensprozesses zu reflektieren. Denn zu diesem Zeitpunkt ist die Überraschung noch frisch, und Kinder berichten gern, wann sie „es verstanden haben" und woran der Kontext der Handlung zu erkennen war.
Nun erhalten die Schülerinnen und Schüler jeweils zu zweit oder zu dritt die DIN-A3-Kopie einer Buchseite und einige Kärtchen mit größeren Gedankenblasen. Jede Seite des Buches sollte dabei einmal vergeben werden. Der Auftrag lautet, die Gedanken der

Ameisen passend zur Buchseite in die Gedankenblasen zu schreiben. Hierfür muss die Buchseite im Detail betrachtet werden; denn eine Ameise, die gerade den Nachwuchs sichert, denkt vermutlich etwas ganz anderes als eine Ameise, die mit anderen zusammen eine riesige Eichel stemmt. Im Anschluss daran werden die Buchseiten samt Gedankenblasen in der richtigen Reihenfolge ausgelegt, und die Schülerinnen und Schüler lesen sich in einem *Gallerywalk* die Ideen der anderen durch.
Ausgehend von den Impulsen der Kinder, könnten im anschließenden Gespräch unter anderem folgende Fragestellungen thematisiert werden:

- Wie fühlen sich die Ameisen?
- Ist die Handlung des Jungen harmlos?
- Ist die Zerstörung des Ameisenbaus hinzunehmen?
- Wofür steht der Ameisenbau?
- Wie viel Verantwortung hat der Starke dem Schwachen gegenüber?
- Wer ist der Riese? Wofür steht er?
- Warum reimt sich das Gedicht nicht durchgehend?

Zu Beginn der nächsten Stunde werden die Gedankenblasen der Reihe nach vorgelesen. Anschließend setzen die Kinder das Bilderbuch in eine Panellesung um. Panellesung bezeichnet die Transformation eines grafisch erzählten Textes in einen Vortrag, bei dem die Buchseiten passend zum Vortrag zum Beispiel über eine Dokumentenkamera am interaktiven Whiteboard angezeigt und mit Klangeffekten unterlegt werden (vgl. Wittig 2019, 77 f.). Jedes Kind erhält dabei eine Aufgabe: Manche Kinder sind Sprecherin oder Sprecher, einige machen Geräusche oder Musik, wieder andere sind für die Technik zuständig. Geprobt wird mit allen gemeinsam, denn die einzelnen Effekte müssen aufeinander abgestimmt werden. Dabei sollten die unterschiedlichen Stimmungen des Gedichts von Panik, Hektik, Beruhigung, Emsigkeit, Vorwurf und Gedankenlosigkeit herausgearbeitet werden. Der Perspektivwechsel in den Ameisenbau hinein kann durch verschiedene Sprecher verdeutlicht werden, die Zeilen *Wer war der Verbrecher? Wer?* können von mehreren Kindern im Chor gelesen werden. Vielleicht rufen Kinder aus dem Hintergrund passende Gedanken der Ameisen in die Sprechpausen. Geräusche oder Instrumente können zum Einsatz kommen, die das Werfen des Steins, das Fallen der Trümmer und das Trappeln vieler Füße untermalen.
Wer mag, kann das Gesamtkunstwerk für die Nachbarklasse, die Eltern oder die Besucher des nächsten Schulfests aufführen. Die Gesamtwirkung aus Bild und Ton ist überzeugend und macht vor allem Lust auf mehr Gedichte.

Empfehlungen für Bilderbücher zu einem Gedicht für die Klassen 3 und 4

Fontane, Theodor / Wünsch, Dorotea (2016): *Herr von Ribbeck auf Ribbeck im Havelland* (Reihe: Poesie für Kinder). Berlin: Kindermann.
von Goethe, Johann Wolfgang / Wilharm, Sabine (2006): *Der Zauberlehrling* (Reihe: Poesie für Kinder). Berlin: Kindermann.

TEIL 5 LESEFLÜSSIGKEIT TRAINIEREN

Der Prozess des Lesenlernens verlangt allen Kindern einer ersten Klasse enorm viel ab. Das Lesen zu lernen ist anstrengend. Und doch zeigen sich bereits nach wenigen Wochen große Unterschiede in der Entwicklung der basalen Lesefertigkeiten. Manche Kinder lernen das Lesen eher beiläufig. Sie schreiten scheinbar mühelos voran und können schon bald erste Texte selbstständig und sinnentnehmend lesen. Für andere Kinder hingegen bedeutet Lesenlernen trotz großer Anstrengungsbereitschaft noch im zweiten Schuljahr eine enorme Herausforderung. Sie müssen sich jedes einzelne Wort eines Satzes erarbeiten, und wenn sie endlich an dessen Ende angekommen sind, haben sie den Anfang womöglich schon wieder vergessen. Textverständnis und Lesefreude sehen anders aus; und bereits ab Ende der zweiten Klasse können Kinder mit Schwierigkeiten auf basaler Ebene ihren Rückstand ohne eine entsprechende Förderung nicht mehr aufholen (vgl. Klicpera/Gasteiger-Klicpera 1993, 56 f.). Die Kinderbuchautorin Kirsten Boie forderte somit im Jahr 2019 in ihrer Dankesrede für die Ehrung als „Förderin des Buches" durch den Börsenverein des Deutschen Buchhandels völlig zu Recht: „Ich wünsche mir, dass wir ein Land der Leser werden. Und dazu müssen wir jetzt zunächst zu einem Land werden, in dem alle lesen *können*" (Boie 2019, 95).

Der Begriff der *Leseflüssigkeit* ist in der deutschen Lesedidaktik noch relativ neu, und auch gezielte Übungen zur Verbesserung der Leseflüssigkeit erhalten erst seit einigen Jahren Einzug in die Schulpraxis (vgl. Barnieske 2020, 7). Inzwischen setzt sich jedoch die Erkenntnis durch, dass dem flüssigen Lesen eine grundlegende Bedeutung für verstehendes Lesen zukommt und dass die Schulung basaler Lesefertigkeiten auf der Wort-, Satz- und Textebene auch nach dem elementaren Lesenlernen des Anfangsunterrichts weiterhin einen zentralen Stellenwert in jeder systematischen Leseförderung einnehmen muss. Die Übungen setzen dabei an den hierarchieniedrigeren Teilprozessen des Lesens an, wirken sich jedoch auch auf hierarchiehöhere Prozesse aus, wie auf die Bildung globaler Kohärenz, die Lesemotivation und die Ausbildung eines lesebezogenen Selbstkonzeptes.

5.1 WAS IST LESEFLÜSSIGKEIT?

Was ist unter Leseflüssigkeit genau zu verstehen, und welchen Einfluss nimmt sie auf das Textverstehen? In der angloamerikanischen Leseforschung bildet die Leseflüssigkeit unter dem Begriff der *reading fluency* eine eigene diagnostische Kategorie und gilt als eigenständig zu fördernde Zielkategorie auch in höheren Klassen. Leseflüssigkeit umfasst dabei die folgenden vier Dimensionen (vgl. Rosebrock et al. 2017, 15 ff.):

- Genauigkeit beim Decodieren von Wörtern
- Automatisierung der Worterkennung
- angemessene Lesegeschwindigkeit
- sinngemäßes Sequenzieren und ausdrucksstarkes Vorlesen

Genauigkeit beim Decodieren von Wörtern
Mit der Genauigkeit beim Decodieren von Wörtern ist der exakte und fehlerfreie Zugriff auf die Wortbedeutung im mentalen Lexikon gemeint. Gute Leser decodieren genauer und verlesen sich weniger. Darüber hinaus verbessern sie mögliche Lesefehler selbstständig, indem sie die erarbeitete Wortbedeutung auf Kontextpassung überprüfen und das Wort im Zweifelsfall erneut angehen. Von leseschwachen Kindern wird sinnentstellendes Decodieren häufiger nicht bemerkt oder sogar ignoriert, in dem Bestreben, irgendwie durch den Text durchzukommen. So wird teilweise der Satzinhalt falsch erfasst, was wiederum das Verständnis auf lokaler Ebene erschwert oder ganz verhindert. Unterschreitet der Wert korrekt erlesener Wörter 90 Prozent, liest das Kind auf Frustrationsniveau (vgl. Rasinski 2003, 174). Manche Kinder gewöhnen sich mit der Zeit daran, dass viele Sätze vermeintlich keinen Sinn ergeben, und stellen falsche Wortbedeutungen immer weniger in Frage.

Automatisierung der Worterkennung
Die Automatisierung der Worterkennung bezieht sich auf den Aufbau eines Sichtwortschatzes, dessen Wörter oder Wortgruppen nicht mehr mühselig decodiert werden müssen, sondern anhand ihrer Wortgestalt erkannt und direkt einer Wortbedeutung zugeordnet werden können. Leseungeübte Kinder verwenden einen Großteil ihrer kognitiven Kapazitäten für das Entziffern der Buchstaben, für deren Verbindung zur Lautgestalt des Wortes und für das Abrufen der Wortbedeutung aus dem semantischen Lexikon. Gute Leser indes decodieren automatisch und unbewusst, was kognitive Aufmerksamkeit für hierarchiehöhere Verstehensprozesse freisetzt. Wie ein Fahranfänger beim Autofahren erst vorausschauend fahren kann, wenn er automatisch schalten und kuppeln kann, so kann auch ein Leseanfänger erst Vermutungen zum weiteren Verlauf des Textes anstellen, wenn er die hierarchieniedrigeren Prozesse des Lesens automatisiert hat. Übung macht

also auch hier den Meister. Schon kurz nach Schulbeginn werden kurze Häufigkeitswörter wie Artikel oder Personalpronomen von den meisten deutschsprachig aufgewachsenen Kindern „auf einen Blick“ erkannt. Dieser erste Sichtwortschatz muss nun sukzessive durch Übung ausgeweitet werden, mit dem Ziel, dass am Ende der ersten vier Schuljahre nahezu der gesamte Grundwortschatz in dieser Weise mental verankert ist (vgl. Rosebrock 2019, 7).

Angemessene Lesegeschwindigkeit

Die angemessene Lesegeschwindigkeit bezeichnet die grundlegende Geschwindigkeit der Worterkennung, die gewährleistet, dass zusammenhängende Einheiten eines Satzes im Arbeitsgedächtnis auch gleichzeitig verarbeitet werden können. Da das menschliche Arbeitsgedächtnis Inhalte lediglich für kurze Zeit speichern kann, sind Informationen aus den Anfängen eines Satzes nur abrufbar, wenn das Ende des Satzes schnell genug erreicht wird. Nur wer schnell genug liest, kann Informationen verknüpfen und auch überprüfen, ob diese Verknüpfungen überhaupt sinnvoll sind (vgl. Rosebrock et al. 2017, 18). Die Lesegeschwindigkeit lässt sich leicht messen und wird häufig in Wörtern pro Minute (WpM) angegeben.

> Am einfachsten lässt sich der WpM-Wert bestimmen, wenn ein Kind genau eine Minute lang liest und man die gelesenen Wörter zählt. Man kann aber auch einen Text vorgeben und die Lesezeit stoppen. Der WpM-Wert wird über die folgende Formel berechnet:
>
> $$\text{Wörter pro Minunte} = \frac{\text{Anzahl der Wörter im Text} \times 60}{\text{Anzahl benötigter Sekunden}}$$

Der Richtwert der wünschenswerten Lesegeschwindigkeit auf dem Unabhängigkeitsniveau liegt am Ende der vierten Klasse bei etwa 100 WpM beim lauten Lesen (vgl. Krug/Nix 2017, 63). Mit dieser Geschwindigkeit kann ein altersangemessener Text verstehend gelesen werden.

Erfahrene Leser passen allerdings ihre Lesegeschwindigkeit immer auch an die Komplexität oder Vorhersehbarkeit des Textes an. Wie sehr Kontextwissen tatsächlich die Lesegeschwindigkeit unterstützen und dabei helfen kann, Schwierigkeiten bei der Identifizierung von Wörtern zu kompensieren, zeigt eine interessante Untersuchung von Klicpera und Gasteiger-Klicpera. Hier erreichten Zweitklässler in Fließtexten eine durchschnittliche Lesegeschwindigkeit von etwa 80 WpM, in reinen Wortlisten lediglich knapp 60 WpM. Die Unterschiede setzten sich bei den Viertklässlern fort; sie lasen Fließtexte mit durchschnittlich 130 WpM, Listen hingegen nur mit 90 WpM (vgl. Klicpera/Gasteiger-Klicpera 1993, 51 ff.).

Sinngemäßes Sequenzieren und ausdrucksstarkes Vorlesen

Unter der Fähigkeit zum sinngemäßen Sequenzieren wird die Gruppierung von syntaktisch und semantisch zusammengehörenden Sinneinheiten durch sinnstiftende Betonung beim Vorlesen verstanden. Mit ihr werden unter anderem grammatikalische Bezüge ausgedrückt, teilweise noch bevor der Satz vom Lesenden voll erfasst werden kann. Damit ist das sinngemäße Sequenzieren zugleich Folge und Voraussetzung tiefer Verstehensprozesse auf der Ebene der lokalen Kohärenz (vgl. Rosebrock et al. 2017, 19). Aufgrund der Komplexität der Satzgefüge der deutschen Sprache wird das sinngemäße Sequenzieren auch als die womöglich forderndste Teilleistung von Leseflüssigkeit bezeichnet (vgl. Garbe 2020, 30).

Seit einigen Jahren wird die Bedeutung der Prosodie für das Verständnis von Texten umfassend untersucht. Prosodie als rhythmische und stimmliche Modulation umfasst die Nutzung von Pausen, Intonation, Lautstärke und Akzentsetzung für ein ausdrucksstarkes Vorlesen. Kinder sind dabei in höherem Maße als Erwachsene auf die Verwendung prosodischer Elemente angewiesen, um die Bedeutung von Sprache erschließen zu können (vgl. Kuhn/Stahl 2003, 6). Jedoch fällt genau diese Anwendung gerade den nicht flüssig lesenden Kindern schwer (vgl. Groen et al. 2019, 37). Sie lesen in Einzelwörtern, akzentuieren falsch oder gruppieren Wörter anders als in gesprochener Sprache vorgesehen, was das Textverständnis in erheblichem Maße erschwert. Das Training des ausdrucksstarken Vorlesens erscheint somit für leseschwache Kinder vielversprechend, vielleicht besonders für Kinder mit nicht deutscher Muttersprache, weil sie trotz möglicherweise ausreichendem Wortschatz in der Regel nur wenig Erfahrung mit deutscher Satzstruktur mitbringen (vgl. Rosebrock/Nix 2015, 40).

Was genau es aber bedeutet, wenn Wörter und Sätze nicht flüssig erlesen werden können, das können sich Lehrerinnen und Lehrer meist kaum noch vorstellen, denn bei Erwachsenen lässt sich die automatische Worterkennung gar nicht mehr abstellen.

Kleines Leseexperiment:
Wie anstrengend das mühselige Entziffern einzelner Wörter sein kann, wie frustrierend es ist, wenn das Verstehen durch eine zu langsame Lesegeschwindigkeit und viele Lesefehler ausgebremst wird, das kann nur noch ein solcher Spiegeltext zeigen. Wissen Sie noch, was am Anfang dieses Textes stand?

Der Zusammenhang von Leseflüssigkeit und Leseverstehen ist an diesem kleinen Leseexperiment in Spiegelschrift leicht ablesbar. Auch empirisch ist er inzwischen umfassend nachgewiesen und belegt (vgl. Krug/Nix 2017, 32). Die tägliche Frustration hingegen, die Anstrengung, die es leseschwache Kinder kostet, sich täglich durch eine Unmenge von Wörtern, Sätzen und Texten durchzuarbeiten, die spätestens in der dritten Klasse gar nicht mehr dem Lesenlernen dienen, sondern vor allem Transportmittel unterrichtlichen Wissens sind, die lässt sich jedoch auch mit so einem kurzen Experiment nicht im vollen Umfang nachvollziehen. Denn mit dem Gefühl, beim flüssigen Lesen zu versagen, verbindet sich schließlich auch das Gefühl, in allen lesebezogenen Fächern zu versagen. Wie viele Unterrichtsfächer aber gibt es in der Grundschule, in denen nicht gelesen wird?

5.2 LESEFLÜSSIGKEIT TESTEN

Um herauszufinden, wie flüssig Schülerinnen und Schüler lesen können und um bei festgestellten Defiziten passende Fördermaßnahmen einleiten zu können, gibt es eine ganze Reihe von Diagnoseverfahren, die aufgrund ihrer einfachen Handhabbarkeit gut für den schulischen Einsatz geeignet sind. Unterscheiden lassen sich dabei zum einen standardisierte Tests aus der psychologischen Testliteratur und zum anderen informelle Testverfahren. Bei standardisierten Tests erfolgen Durchführung, Auswertung und Interpretation nach einem festgelegten Schema. Sie müssen wissenschaftlichen Gütekriterien standhalten, die gewährleisten,

- dass das Testergebnis unabhängig von der durchführenden Person ist,
- dass das Testergebnis bei einer Wiederholung des Tests das gleiche wäre und
- dass der Test tatsächlich das misst, was er zu messen vorgibt.

Für standardisierte Tests stehen Vergleichswerte mit Durchschnittswerten zur Verfügung, anhand derer die Leistung objektiv eingeordnet werden kann. Informelle Verfahren indes sind kleine Diagnosetools, die in den Unterrichtsalltag eingebettet werden können und die unter anderem auf genauer Beobachtung fußen. Sie lassen sich meist wiederholt durchführen und ermöglichen auch in kurzen Abständen eine regelmäßige Rückmeldung zu den Lernfortschritten. Ihr Ergebnis liefert jedoch nur einen Vergleich innerhalb der Klasse und ist aufgrund der kleinen Vergleichsgruppe nicht objektiv zu deuten. Die im Folgenden vorgestellten Diagnoseverfahren lassen sich problemlos in den Unterricht integrieren und sind ohne großen Kostenaufwand durchzuführen.

Stolperwörter-Lesetest (STOLLE)

Der *Stolperwörter-Lesetest* wurde von dem Berliner Grundschullehrer Wilfried Metze entwickelt. Er erfasst Lesetempo, Lesegenauigkeit und Leseverständnis auf der Satzebene und ist als kostenfreier Gruppentest für Erst- bis Viertklässler konzipiert worden. Als Testzeitraum werden die letzten vier Wochen in einem Schuljahr empfohlen. Die Durchführungsdauer beträgt je nach Jahrgangsstufe vier bis zehn Minuten, die Auswertungszeit pro Kind etwa zwei Minuten. Der Test besteht aus 60 Sätzen auf einem Faltblatt – im ersten Schuljahr aus 45 Sätzen –, in denen jeweils ein Stolperwort eingebaut ist, das grammatikalisch oder von seiner Bedeutung her nicht in den Satzzusammenhang passt: *Im Herbst nass regnet es oft.* Es gilt, in der vorgegebenen Zeit möglichst viele dieser Stolperwörter zu finden und durchzustreichen. Prozentrangtabellen für jedes Schuljahr liefern Hinweise, ob die erbrachten Leistungen der Kinder überdurchschnittlich, durchschnittlich oder unterdurchschnittlich sind. Der Test genügt wissenschaftlichen Minimalstandards und ist auf der Internetseite der Universität Potsdam zu finden; Zugang erhalten Schulen, die die Materialien über ein digitales Formular anfordern.

Individuelle Lernstandsanalyse (ILeA)

Die *Individuelle Lernstandsanalyse* wurde vom Landesinstitut für Schule und Medien Berlin-Brandenburg (LISUM) in Zusammenarbeit mit verschiedenen Universitäten entwickelt. Die Analyse der Lesegeschwindigkeit ist ein Untertest aus dem Testheft *Lesen* und ermittelt den Ausprägungsgrad des schnellen und automatisierten Worterkennens auf der Wortebene. Anweisung und Auswertung des Verfahrens sind standardisiert und normiert. Die Lesegeschwindigkeitsanalyse ist zu Beginn des Schuljahres einsetzbar und sollte im Laufe des Schuljahres nur vereinzelt wiederholt werden, da sich anzukreuzende Wörter einprägen könnten. Die Leseaufgabe besteht darin, innerhalb von einer Minute möglichst viele der über 70 Nomen zu lesen, ihre Bedeutung zu erfassen und Wörter, die das Kriterium *Tier* erfüllen, herauszufiltern: *Dackel* ☐ *Katze* ☐ *Mann* ☐. Die Auswertung gibt den Grad der Beherrschung des schnellen und genauen Lesens in drei Abstufungen an, mit denen wiederum Hinweise auf die Notwendigkeit weiterer diagnostischer Maßnahmen und der jeweiligen Förderung verbunden sind. Der Test ist auf dem Bildungsserver Berlin Brandenburg frei verfügbar.

Lückentexte

Einfach in den Unterricht zu integrieren sind Diagnosen mit Lückentexten, bei denen Kinder auf Zeit einen zusammenhängenden Fließtext lesen und für einzelne fehlende Wörter das passende Wort aus drei Alternativen ankreuzen müssen: *Nun wartete sie am Bahnsteig auf ihren Flieger* ☐ *Traktor* ☐ *Zug* ☐. An die Tafel wird ein Zeitstrahl mit Abständen von zehn Sekunden gemalt. Nach dem Startsignal führt die Lehrkraft ihren Finger passend zur laufenden Zeit am Zeitstrahl entlang. Kinder, die den Text beendet haben, können ihre benötigte Zeit ablesen und auf ihrem Blatt notieren. Bei der Auswertung werden für jedes falsch angekreuzte Wort einige Sekunden auf die benötigte Zeit aufgeschlagen, zum Beispiel 30 Sekunden pro Fehler; anschließend wird der WpM-Wert ermittelt. Aus wissenschaftlicher Sicht wird dieses Verfahren als nicht valide kritisiert, weil die aufgeschlagenen Sekunden die tatsächliche Lesegeschwindigkeit verfälschen (vgl. Rosebrock et al. 2017, 64 f.). Dennoch ist das Verfahren für einen Klassenvergleich einfach zu handhaben, erfordert keinen großen Zeitaufwand und kann mit verschiedenen Texten wiederholt werden.

Tipp: Rosebrock et al. (2017) bieten auf einer CD-ROM zum Buch vielfältiges Lückentext-Material an, bei dem unter jedem Lückentext eine Leiste eingefügt ist, über die sich die erzielten Wörter pro Minute leicht ablesen lassen.

Lautleseprotokolle

Das Erstellen von *Lautleseprotokollen* ist unter der Bezeichnung *running record* in der angloamerikanischen Förderpraxis weit verbreitet (vgl. Rosebrock et al. 2017, 83). Lautleseprotokolle müssen zwar im Einzelverfahren durchgeführt werden, erfordern jedoch lediglich wenige ungestörte Minuten. Die Lehrkraft lässt sich von einem Lernenden eine Minute lang einen Text vorlesen, die Zeit wird dabei exakt gestoppt. Auf einer eigenen Textkopie notiert sie sich Beobachtungen zu den verschiedenen Dimensionen des flüssigen Lesens. Dabei wird jedes falsch gelesene Wort mit einem waagerechten Strich und jedes stockend gelesene Wort, das also noch nicht automatisiert ist, mit einem senkrechten Strich markiert. Im Anschluss an die Testung lässt sich die Lesegeschwindigkeit in WpM direkt auszählen. Erreicht ein Kind nun eine Lesegeschwindigkeit von unter 100 WpM, lässt sich differenziert betrachten, ob die Probleme beispielsweise eher auf Automatisierungsprobleme (senkrechte Striche) zurückzuführen sind oder auf eine zügige, aber ungenaue Leseweise (waagerechte Striche). Lautleseprotokolle lassen sich regelmäßig im Schuljahr durchführen, die Ergebnisse zur Lesegeschwindigkeit können in der Maßeinheit WpM in Tabellen oder als Verlaufsdiagramm festgehalten werden, sodass die Effektivität der Fördermaßnahmen direkt ersichtlich wird (vgl. Rosebrock et al. 2017, 83 ff.).

Tipp: Auch das Salzburger Lese-Screening (SLS 2–9) *oder der* Leseverständnistest für Erst- bis Sechstklässler (ELFE 1–6) *lassen sich in der Praxis gut einsetzen. Sie sind standardisiert und normiert, jedoch etwas kostenintensiver.*

5.3 LESEFLÜSSIGKEIT TRAINIEREN MIT LAUTLESEVERFAHREN

Die Diagnostik allein hat jedoch noch keinem Kind weitergeholfen. Eine Form, Leseflüssigkeit mit einzelnen Kindern oder mit der ganzen Klasse tatsächlich auch zu üben, sind die sogenannten *Lautleseverfahren*, bei denen nach verschiedenen Prinzipien Texte mehrmals laut oder halblaut vorgelesen werden. Die Technik des Lesens wird gezielt in den Mittelpunkt des Übens gestellt, und die in der Regel unsichtbare kognitive Seite des Leseprozesses wird hörbar gemacht. Das Lesen des übenden Kindes wird dabei immer durch einen kompetenten Lesepartner begleitet, wodurch unterschiedliche Lernvoraussetzungen berücksichtigt werden können.

Lautleseverfahren zielen darauf, durch wiederholtes Lesen den Sichtwortschatz auszubauen, das Erkennen von Wortgruppen im Satzzusammenhang zu üben und das Herstellen von Verknüpfungen zwischen Sätzen zu trainieren. Die Begleitung und gegebenenfalls auch die Korrektur durch einen Partner garantieren genaues Lesen und das Einprägen von korrekten Betonungsmustern. Mit der Zeit verbessert sich das Lesetempo, wodurch das Arbeitsgedächtnis entlastet wird und Kapazitäten für hierarchiehöhere Teilkompetenzen des Lesens frei werden. Lautleseverfahren sollten nicht mit dem sogenannten *Reihumlesen* verwechselt werden, bei dem alle Kinder einer Klasse der Reihe nach ein kleines Stück Text vorlesen, häufig ohne den inhaltlichen Gesamtzusammenhang erfassen oder das Lesen der anderen Kinder effektiv mitverfolgen zu können (vgl. Krug/Nix 2017, 68). Die Wirksamkeit der verschiedenen Lautleseverfahren im Hinblick auf die Förderung der Leseflüssigkeit wurde in den vergangenen Jahrzehnten hingegen durch zahlreiche Studien insbesondere im angloamerikanischen Raum umfassend belegt. Dabei konnten auch zusätzliche Transfereffekte auf das Textverstehen in den meisten Studien bestätigt werden (vgl. Rosebrock et al. 2017, 23).

Grundformen des Lautlesens

So unterschiedlich die einzelnen Übungsformate des Lautlesens auch sein können, sie lassen sich meist auf zwei Grundformen zurückführen.

Beim *Wiederholten Lautlesen (repeated reading)* liest das übende Kind einen Text mehrmals nacheinander und mit Betonung vor, wobei der zuhörende Lesepartner Lesefehler direkt verbessern darf. Eine klare Zielsetzung und ein deutliches Feedback sind wichtig für die Effektivität des Verfahrens. So kann als Zielsetzung eine zu erreichende Lesegeschwindigkeit von etwa 100 WpM für den vorliegenden Text vereinbart werden oder eine Zeit, die zum Lesen des Textes maximal zur Verfügung steht. Als Feedback kann zum Beispiel nach jedem Durchgang die Entwicklung der Lesefehler und der Lesegeschwindigkeit thematisiert und schriftlich fixiert werden (vgl. Nī Chatháin 2019a, 16 f.).

Beim *Begleitenden Lautlesen (assisted reading)* kommt dem *Modelling* durch das kompetentere Lesevorbild eine besondere Rolle zu, weil sich das leseschwächere Kind an der sinngemäßen Betonung und der Lesegeschwindigkeit orientieren kann. Dafür liest das Lesemodell den Text zunächst ausdrucksstark vor und erklärt, wie es seine Stimme beim

Lesen verändert und welche Hinweise es den Satzzeichen für seinen Lesevortrag entnommen hat (vgl. Nī Chathāin 2019a, 17 f.). Durch lautes Nachdenken macht es seinen Leseprozess transparent und demonstriert so, wie es die Bedeutung von Wörtern erschließt und korrekte Bezüge in Sätzen herleitet (vgl. Rasinski 2003, 46). Im Anschluss lesen beide Partner den Text mehrmals gemeinsam halblaut vor. Der stärkere Lesepartner kann dabei den schwächeren Lesenden „mitziehen", Lesefehler korrigieren und bei auftretenden Unsicherheiten die Bedeutung von Wörtern erklären. Im Anschluss an das Lesen kann in einem kurzen Gespräch das Textverständnis gesichert werden. Auch bei diesem Verfahren sind wertschätzende Rückmeldungen zu Übungserfolgen wichtig, denn sie bilden die unverzichtbare motivationale Grundlage und geben vielleicht sogar einen ersten Anstoß zu einer Veränderung des lesebezogenen Selbstkonzeptes. Grundsätzlich gesehen stellen Erwachsene das kompetentere Lesemodell dar, und die Begleitung der leseschwächsten Kinder durch derart erfahrene Leserinnen und Leser wäre sicherlich wünschenswert. Im schulischen Alltag jedoch ist abgesehen vom Förderunterricht eine derart enge Unterstützung realistisch gesehen zu selten umsetzbar, und auch Leseeltern stehen nicht immer in ausreichender Zahl zur Verfügung. Die Erfahrung zeigt jedoch, dass auch Kinder bereits zuverlässige und konsequente Lesepartner sein können und dass es ihnen so manches Mal sogar noch besser als Erwachsenen gelingt, mit viel Empathie und Humor die Übungsroutine lange Zeit interessant zu halten.

Dokumentation im Leseflüssigkeits-Diagramm

Den Auftakt eines jeden Leseflüssigkeitstrainings bildet die Diagnose der Leseflüssigkeit aller Kinder der Klasse. Hierfür können die bereits genannten Diagnoseverfahren verwendet werden. Will man außerdem den Schülerinnen und Schülern ihre Fortschritte in den kommenden Wochen regelmäßig rückmelden, ist ein konkreter Ausgangswert in Wörtern pro Minute günstig, denn diesen Wert gilt es schließlich im Laufe der Trainingswochen zu steigern. In diesem Fall bietet sich die Testung über Lückentexte oder Lautleseprotokolle an, die sich beide im Laufe der Trainingswochen wiederholt durchführen lassen. Um die zu erwartende Steigerung der Leseflüssigkeit während der Trainingswochen anschaulich zu dokumentieren, führen die Schülerinnen und Schüler ein Leseflüssigkeits-Diagramm, in das sie etwa alle vier Wochen ihren neuen WpM-Wert eintragen (Abb. 25). Dieser zusätzliche Aufwand zahlt sich schnell aus. Denn erfahrungsgemäß tragen die Kinder neue Werte sehr gern in das Diagramm ein, weil konkrete Fortschritte so direkt sichtbar gemacht werden. Das Ansteigen der Kurve ist die Bestätigung für die eigene Leistung, und vielen Kindern wird zum ersten Mal vor Augen geführt, dass regelmäßiges Üben tatsächlich Wirkung zeigt. Dabei ist die Erkenntnis, Erfolg zu haben, nicht einfach nur ein gutes

Gefühl; sie ermutigt zu weiteren Anstrengungen, die meist weitere Erfolge nach sich ziehen. Der erste Schritt aus dem Teufelskreis des Nichtlesens ist geschafft.

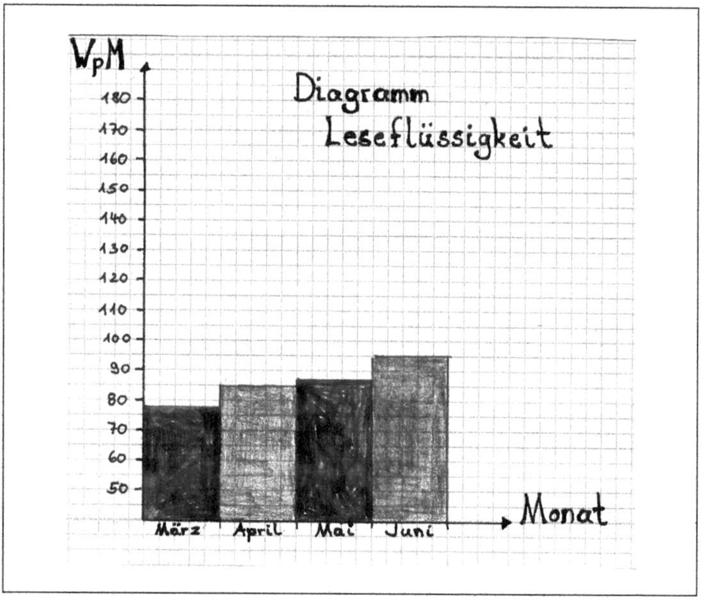

Abb. 25: Beispiel für ein Leseflüssigkeits-Diagramm

Jan fällt es schwer, Übungsroutine im Lesen aufzubauen. Als er jedoch zum zweiten Mal seine Lesegeschwindigkeit im Leseflüssigkeits-Diagramm einträgt, ist er völlig überrascht: „Das wird ja besser! Guck mal, das kann man üben. Wusste ich nicht." In den folgenden drei Wochen konzentriert er sich beim Tandemlesen sehr und kann seine WpM-Zahl tatsächlich erneut steigern.

Kooperative Lautlesetandems

Seit einigen Jahren haben sich unterschiedliche Lautleseverfahren einen festen Platz in der Grundschule erobert. Viele Formate gehen auf das von Rosebrock et al. entwickelte Verfahren der *Lautlesetandems* zurück, das eine Kombination der beiden Grundformen des Lautlesens darstellt. Dabei handelt es sich um strukturierte Trainingsroutinen, innerhalb derer Schülerinnen und Schüler Texte von etwa 100 bis 150 Wörtern nach einem vorgegebenen Ablaufschema wiederholt laut oder halblaut lesen. Die Lautleseübungen erfolgen in Zweierteams, wobei ein leseschwächeres Kind Unterstützung durch ein lesestärkeres Partnerkind erhält. Das Training erfolgt über zwei bis drei Monate etwa dreimal pro Woche für 15 bis 20 Minuten; die Regelmäßigkeit der Durchführung ist ein entscheidendes Kriterium für den Übungserfolg (vgl. Rosebrock et al. 2017, 97). In der hier vorgeschlagenen Weise kann das Training ab der zweiten Klasse beginnen, in einer ersten Klasse sind einige Anpassungen notwendig.

Einteilung der Lautlesetandems

Lautlesetandems werden nicht jede Stunde neu gebildet. Einmal eingeteilt, bleiben die Tandems mindestens bis zur nächsten Diagnose der Leseflüssigkeit zusammen, denn nur so fühlen sich *beide* Partnerkinder für das Ziel verantwortlich, die Lesegeschwindigkeit des leseschwächeren Kindes zu verbessern. Die Trainingspartner sollten sich dabei in ihrer Lesefähigkeit nicht zu sehr unterscheiden, denn wird die Differenz im Lesen als zu groß empfunden, ist das Üben für beide Seiten schnell unbefriedigend. Dementsprechend werden die Tandems am besten anhand der ermittelten Lesegeschwindigkeitswerte zusammengestellt. Die Namen aller Kinder werden, beginnend mit dem schnellsten Leser, nach ihrer WpM-Zahl sortiert aufgeschrieben. Diese Liste wird dann in zwei Hälften geteilt. Die obere Hälfte bildet die Gruppe der unterstützenden Kinder, sie werden nach sportlichem Vorbild *Trainerinnen und Trainer* genannt. Die untere Hälfte bildet die Gruppe der übenden Kinder, sie werden dementsprechend *Sportlerinnen und Sportler* genannt. Ihr Ziel ist es, ihre Geschwindigkeit im Lesen ähnlich durch wiederholtes und begleitendes Üben zu verbessern, wie es auch Läufer im Training machen. In beiden Listenhälften werden Trainer und Sportler jeweils von oben nach unten durchnummeriert. Die Trainer und Sportler mit der gleichen Nummer bilden dann jeweils ein Tandem, sodass das schnellste Trainerkind von der oberen Hälfte mit dem schnellsten Sportlerkind von der unteren Hälfte zusammenarbeitet. Natürlich ergeben sich bei dieser Art der Einteilung auch Konstellationen von Kindern, die nicht produktiv zusammenarbeiten können. Hier sind kleine Anpassungen nicht nur erlaubt, sondern notwendig. Bei einer ungeraden Anzahl muss ein Dreierteam gebildet werden. Auf keinen Fall jedoch sollte die Rangfolge im schnellen Lesen den Kindern mitgeteilt werden, denn für die leseschwachen Kinder wäre dies eine unzumutbare Demütigung.

Tipp: Nicht alle Schülerinnen und Schüler müssen an einem Leseflüssigkeitstraining teilnehmen; sichere Leserinnen und Leser können stattdessen an einem Lesestrategietraining arbeiten. Grundsätzlich aber profitieren alle Kinder von einem Training ihrer Leseflüssigkeit, der Übungsfortschritt der schwach und durchschnittlich schnell lesenden Kinder schlägt sich nur deutlicher in der Verbesserung ihres WpM-Wertes nieder.

Trainingsroutine

Die Methode der Lautlesetandems erfolgt nach einem festen Schema: Trainer und Sportler sitzen zusammen an einem Tisch und schauen gemeinsam in einen Lesetext. Auf das

Zeichen des Sportlers beginnen beide halblaut zu lesen. Der Trainer stellt sich dabei auf die Lesegeschwindigkeit des Sportlers ein und fährt mit dem Finger unter dem zu lesenden Text entlang. Macht der Sportler in einem Satz einen Lesefehler oder liest er ungenau, ohne sich selbst zu verbessern, unterbricht der Trainer das Lesen und korrigiert den Sportler freundlich. Hat der Trainer den Eindruck, dass der Sportler ein Wort nicht kennt oder nicht versteht, erklärt er es. Anschließend setzen sie das gemeinsame Lesen mit diesem letzten Satz beginnend fort. Hat der Sportler den Eindruck, dass er den Text allein weiterlesen kann, gibt er dem Trainer ein Handzeichen und liest allein weiter. Notwendige Korrekturen erfolgen wie gehabt. Merkt der Sportler nach einer Weile, dass er nochmals die Unterstützung des mitlesenden Trainers benötigt, gibt er erneut das Handzeichen, und sie lesen wieder gemeinsam. Auf diese Weise wird der Text insgesamt viermal gelesen – oder im optimalen Fall so lange, bis der Sportler den Text schließlich selbstständig lesen kann.

Tipp: Als Einstieg in die Arbeit mit Lautlesetandems kann ein kurzer Einführungsfilm gezeigt werden, in dem die Vorgehensweise erklärt und vorgeführt wird. Einer der möglichen Filme ist auf der Webseite von Beate Leßmann Individuelle und gemeinsame Lernwege im Deutschunterricht *zu finden.*

Auswahl der Texte

Auch im Fall von Lautlesetandems sind nicht alle Texte für alle Leserinnen und Leser gleichermaßen geeignet. Damit tatsächlich dem individuellen Niveau entsprechend gelernt werden kann, ist das Angebot einer Textauswahl auf unterschiedlichen Niveaustufen wichtig. Lautlesetexte sollten dem Instruktionsniveau des jeweiligen Sportlers entsprechen, denn so sind sie herausfordernd, aber nicht überfordernd, und versprechen den größtmöglichen Lernzuwachs (vgl. Rosebrock et al. 2017, 71). Bei einer Schriftgröße von 12 bis 14 pt sollten die Texte nicht mehr als 100 bis 150 Wörter haben, weil sie innerhalb einer Übungssequenz viermal gelesen werden müssen. Texte im Flattersatz sind leichter lesbar, große Zeilenabstände erleichtern das Mitführen des Zeigefingers. Auch die vier Dimensionen der Textverständlichkeit sollten bei einer Zusammenstellung der Texte im Blick behalten werden. Insbesondere schwache Leserinnen und Leser benötigen Texte mit

- überwiegend bekanntem Wortschatz, eher kurzen Wörtern und einfachen Satzstrukturen,
- übersichtlicher Textstruktur,
- bekannten Themen und
- hohem Aufforderungscharakter.

In der Regel kommen Lesebuchtexte, Kurzprosa oder kurze Sachtexte als Lesematerial zum Einsatz. Insbesondere aus Lesebuchtexten lassen sich ohne großen Aufwand Textsammlungen selbst zusammenstellen, indem alte Lesebücher kurzerhand in ihre Einzeltexte zerlegt werden. Die ausgewählten Texte können schließlich mit dem Lix ausgewertet, auf buntes Papier in drei verschiedenen Farben geklebt und auf diese Weise in drei Schwierigkeitsniveaus einsortiert werden. Als einfach zu erkennende Sortierung hat sich das Ampelsystem bewährt, bei dem *grün* für einen leichten Level steht, *gelb* für einen mittleren und *rot* für einen anspruchsvollen Level. Werden die Texte laminiert, können die Leseblätter über einen langen Zeitraum immer wieder verwendet und nach und nach zu einer Sammlung ausgebaut werden. Inzwischen bieten auch einige Verlage und Fortbildungsinstitute Material für Lautlesetexte an, eine Kennzeichnung des Schwierigkeitsgrades der einzelnen Texte – beispielsweise mit dem Lix – ist leider jedoch noch nicht selbstverständlich und muss selbst vorgenommen werden.

Empfehlungen für Lautlesematerialien für die Klassen 3 und 4

Barnieske, Andreas (2018): *In Lautlesetandems die Leseflüssigkeit trainieren: Anleitung, Praxistipps und 40 Lesetexte auf 2 Niveaustufen für Klasse 3/4.* Augsburg: Auer.
Gutzmann, Marion / Pols, Regina / Prengel, Josefine / Walther, Kirstin (2020): *Leseflüssigkeit trainieren: Materialpaket für Lautlese-Tandems: Niveaustufe C.* Ludwigsfelde: Landesinstitut für Schule und Medien Berlin-Brandenburg. Online auf dem Bildungsserver Berlin-Brandenburg zu finden.
Kruse, Gerd / Rickli, Ursula / Riss, Maria / Sommer, Thomas (2011): *Lesen: Das Training Klasse 2/3: Teil 2: Geläufigkeit.* Stuttgart: Klett. (Auch für Klasse 4 erhältlich)
Rosebrock, Cornelia / Nix, Daniel / Rieckmann, Carola / Gold, Andreas (2011): *Leseflüssigkeit fördern: Lautleseverfahren für die Primar- und Sekundarstufe.* Seelze: Klett/ Kallmeyer.

Unterrichtliche Umsetzung

In der unterrichtlichen Praxis lassen sich Lautlesetandems gut mit Lesezeiten kombinieren. Die Lautlesetandems werden der stillen Lesezeit vorgeschaltet und gehen dann fließend in letztere über. Wenn ein Teilungsraum zur Verfügung steht, kann das Training auch parallel erfolgen, ohne dass die Lesezeit zu sehr gestört wird. In den ersten Trainingsstunden nach der Einführung der Lesetandems sollte noch einmal an den Ablauf der Methode erinnert werden. Denn nur wenn der Trainer seine Aufgabe tatsächlich verantwortungsvoll ausführt, indem er den Sportler nach den Regeln des Tandemlesens wertschätzend unterstützt, kann der Trainingserfolg einsetzen. Vielen Kindern hilft es, die einzelnen Schritte vor sich zu sehen; ein entsprechendes Plakat in Wort und Bild kann als Erinnerungshilfe in der Klasse aufgehängt werden (Abb. 26). Auch muss immer wieder thematisiert werden, dass (Lese-)Fehler selbstverständlicher Teil des Lernens sind. Der Sportgedanke kann dabei erneut herangezogen werden, denn auch beim Hochsprung kann es passieren, dass Sportler die Latte reißen und den Sprung einfach wiederholen.

Abb. 26: Ablaufplan für Lautlesetandems

Das Training selbst erfolgt nicht zwangsläufig am Tisch sitzend, denn auch beim Lesen kurzer Tandemtexte kann es gemütlich zugehen, damit sich eine motivierende Wirkung entfalten kann. Solange die Teams konzentriert arbeiten und den Text den Regeln des Tandemlesens entsprechend mehrfach lesen, dürfen die Kinder auf Kissen in der Leseecke, auf dem Teppich liegend, an die Heizung gelehnt oder auf einem Tisch im Flur sitzend lesen. Sind die Texte laminiert, können sich die Kinder mit einem Folienstift Zeichen in den Text machen. So kann es zum Beispiel sinnvoll sein, alle Punkte vorab einzukreisen, wenn eine Sportlerin oder ein Sportler Schwierigkeiten damit hat, die kleine Pause am Satzende einzuhalten. Auch unbekannte Wörter können im ersten Lesedurchgang farblich gekennzeichnet werden, damit die Erinnerung an das Wort bereits abgerufen wird, wenn man sich dem Wort nähert. Um das viermalige Lesen nachdrücklich einzufordern, kann jedes Team einen Laufzettel erhalten, auf dem es nach dem Vermerk des Datums nach jedem Lesedurchgang ein Kästchen ankreuzt. Der Laufzettel sollte möglichst einfach gehalten werden. Welcher Text gelesen wurde, muss nicht vermerkt werden; denn je mehr Zeit auf das Schreiben verwendet wird, desto weniger Zeit bleibt dem Lesen. Vielleicht nicht jedes Mal, aber doch regelmäßig, mündet das Tandemlesen in eine kleine gemeinsame Runde. In dieser präsentieren die Teams ihre gut geübten Texte und nehmen Rückmeldungen zum Lesevortrag entgegen, unterstützend formuliert – das versteht sich von selbst. Regelmäßig wird auch die Tandemarbeit ausgewertet; folgende Fragestellungen sind dabei denkbar:

- Welche Fortschritte machen die Sportlerinnen und Sportler?
- Was zeichnet eine gute Trainerin oder einen guten Trainer aus?
- Nehmen die Sportlerinnen und Sportler die Hilfe an?
- Gibt es Störungen im Klassenraum?
- Gibt es Schwierigkeiten bei der Auswahl passender Texte?
- Ist die angesetzte Trainingszeit zu kurz oder zu lang?
- Was macht gutes Vorlesen aus?

Nach acht bis zehn Wochen geht das Leseflüssigkeitstraining zunächst zu Ende und wird im nächsten Halbjahr wieder aufgegriffen. Die Leseflüssigkeits-Diagramme werden ein letztes Mal ausgewertet, die Erfolge gebührend begutachtet. Und dennoch ist das Training nicht einfach so abgeschlossen. Für einzelne Kinder bleibt es durchgehend wichtig; denn solange ihr Lesen nicht in ausreichendem Maße flüssig ist, können weiterführende Übungen, wie zum Beispiel zu Lesestrategien, bei ihnen de facto nicht greifen. Sie profitieren stattdessen im weitaus größeren Maße von einer individuellen Fortführung des Leseflüssigkeitstrainings. Aber auch mit der Gesamtheit der Klasse kann das inzwischen erprobte Ablaufschema des Tandemlesens in vielen Fächern immer wieder aufgegriffen werden: Knobelaufgaben im Mathematikunterricht, Sachtexte über Tiere und Technik, Informationen über Komponisten und Künstler – alle diese Texte können mehrfach gelesen und auf diese Weise bestmöglich erschlossen werden. Sind die Regeln des Tandemlesens also erst einmal in Routine übergegangen, können Lautlesetandems in allen Fächer ihre selbstverständliche Anwendung finden, sodass Leseflüssigkeit und Leseverstehen weithin im Fokus bleiben.

Youssef, ein verhaltensauffälliger Zweitklässler, erhält Einzelförderung in Deutsch. Er könne nicht schnell genug decodieren, so die etwas unspezifische Information durch den Klassenlehrer. Beim Lautleseprotokoll erreicht Youssef einen WpM-Wert von 65. Der Wert ist überraschend gut, Youssef liest einen großen Teil der Wörter automatisch. Aber es zeigt sich, dass er über alle unbekannten Wörter, über Wortendungen und Punkte einfach hinwegliest. Für den Inhalt des Textes interessiert er sich eigentlich gar nicht. Für das anschließende Lautlesetraining sucht er sich einen Text über Pferde und Ponys aus, weil sein kleiner Bruder „Pferde so gern hat". Vor dem Lesen werden die Punkte im Text markiert. Im ersten Lesedurchgang muss Youssef noch mehrfach an die kleinen Pausen am Satzende erinnert werden; auch bei vielen Wortendungen muss er wiederholt ansetzen. Die Bedeutung mehrerer Wörter (Stute, Fohlen, Hengst, Rappe, Schimmel) wird geklärt. Nach dem dritten Durchgang stellt die Lehrerin Youssef einige Fragen zum Text. Diese kann er nun tatsächlich richtig beantworten. Das vierte Lesen bewältigt er sogar ohne Korrekturen. Es ist gar nicht so, dass Youssef nicht decodieren kann; er hat nur nie gelernt, seinen Leseprozess metakognitiv zu kontrollieren.

Abwechslung in der Übungsroutine

Um die Motivation für die Lautleseroutine immer wieder neu anzukurbeln, kann von Zeit zu Zeit eine Rahmenhandlung initiiert werden. So kann am Ende eines jeden Monats ein einfacher klasseninterner Lesewettbewerb gestartet werden, bei dem die Leseteams gegeneinander antreten. Ein großer Anreiz ist auch die Aufnahme von Vorlesetexten, zum Beispiel mit der Diktierfunktion eines Mobiltelefons. Daraus kann schnell ein kleines Geschenk für Eltern entstehen, indem die Kinder selbst geschriebene Geschichten vorlesen, die schließlich auf eine CD gebrannt werden. Wer kurzfristig ein einfaches Programm für eine Elternfeier benötigt, kann auf das Vorlese-Theater zurückgreifen. Hier lesen mehrere Schülerinnen und Schüler in Rollen verteilt ein kurzes Theaterstück vor. Die Texte werden zunächst allein oder im Lautlesetandem, dann in Lautlesegruppen geübt. Bei der Aufführung stehen die Lesenden im Raum verteilt, große Kulissen sind nicht notwendig. Stattdessen reichen kleine Requisiten als Kennzeichnung der jeweiligen Rolle völlig aus. Der positive Effekt der Lautlesetandems kann hier möglicherweise direkt abgelesen werden: Denn so mancher unsichere Leser, der früher beim Vorlesen in der Klasse den Kopf so tief senkte, dass seine Stimme kaum noch hörbar war, traut sich nun vielleicht, die Stimme zu erheben und den Text laut und klar vorzutragen. Deutlicher kann das *„confidence-building-potential"* (Rasinski 2003, 23) der Lautlesetandems wohl kaum zutage treten.

Neben solch größeren Rahmenhandlungen können auch einfache Übungsabwandlungen oder ergänzende Bausteine das Tandemlesen abwechslungsreich und motivierend halten. Im Folgenden werden einige Möglichkeiten vorgestellt.

Tipp: Im Rahmen der Initiative Bildung durch Sprache und Schrift (BISS) *implementierten 50 Hamburger Schulen ein zwanzigminütiges Leseband an mindestens drei Wochentagen in ihren Unterricht, in dem verschiedene Lautleseverfahren zum Einsatz kommen. Ein Film der Hamburger Schulbehörde zeigt den Weg der Schulen auf und gibt wertvolle Anregungen für den eigenen Unterricht. Online zu finden bei Youtube mit dem Stichwort „BISS – Systematische Leseförderung Hamburg".*

Empfehlungen für Vorlese-Theater für die Klassen 3 und 4

Geffers, Andrea (2008): *Vorlesetheater – das Praxisbuch: Unterrichtsvorschläge, Materialien & Vorlesestücke.* Mülheim an der Ruhr: Verlag an der Ruhr.
Heuser, Olaf: *Lesetheater: Märchen der Brüder Grimm ab 3./4. Klasse.* Wien: Theater Mopkaratz. Online auf der Homepage des Theaters zu finden.
Loriot (2007): *Herren im Bad und sechs andere dramatische Geschichten.* Zürich: Diogenes.

Bergsteigen und Treppenlesen

Die Übungsform *Bergsteigen* erfolgt als wiederholtes Lautlesen in Einzel- oder Partnerarbeit. Bei jedem neuen Lesedurchgang wechseln die Kinder ihre Position und zeigen dadurch ihren Übungsfortschritt an. Beim ersten Lesen sitzen die Kinder auf dem Stuhl, beim zweiten Lesen stehen sie auf dem Stuhl, beim dritten sitzen sie auf dem Tisch, und im vierten Durchgang stehen sie auf dem Tisch. Letzteres macht den besonderen Reiz der Übungsform aus. Als zusätzliche Variation kann sich bei jedem Durchgang die Leselautstärke ändern; sie steigert sich vom Flüstern zum Murmeln, zum halblauten Lesen und abschließend zum Lesen in normaler Lautstärke. Eine ähnliche Alternative ist das *Treppenlesen*, bei dem die Kinder auf einer Treppe stehend mit jedem Durchgang eine Stufe höher steigen dürfen, bis sie als Krönung den nächsten Absatz erreichen (vgl. Kutzelmann/Rosebrock 2018, 104 f.).

Echo-Lesen

Wie der Name schon vermuten lässt, liest beim *Echo-Lesen* zunächst das Trainerkind einen Satz oder einen kurzen Textabschnitt vor, das Sportlerkind wiederholt ihn im Anschluss daran. Dabei führt das Sportlerkind seinen Finger beim Lesen mit, sodass sichergestellt ist, dass es tatsächlich auch liest und nicht nur nachspricht. Der Leseprozess des übenden Kindes wird beim Echo-Lesen entlastet, weil es vorab erfährt, wovon der Satz oder Abschnitt inhaltlich handelt und in welche Sequenzen er eingeteilt werden sollte. Beim Lesen ist das Kind stärker als beim begleitenden Lesen auf sich allein gestellt, hat aber das Gehörte noch als Hilfe im Ohr. Über die Länge der Abschnitte kann die Hilfestellung variiert und das Sportlerkind mehr und mehr in die Unabhängigkeit entlassen werden (vgl. Rasinski 2003, 72 f.).

Sitzen und flitzen

Diese Übung wird mit dem gesamten Klassenverband durchgeführt. Die Sportlerinnen und Sportler setzen sich mit einem Lesetext an einen Tisch, an dem sie während der gesamten Übung *sitzen* bleiben. Neben ihnen ist der Platz frei. Die Trainerinnen und Trainer suchen sich auf ein Startzeichen hin einen freien Platz neben einem Sportlerkind und lesen mit diesem gemeinsam den Übungstext nach dem Prinzip des Begleitenden Lautlesens. Ist ein Leseteam mit dem ersten Lesen fertig, gibt der Trainer eine kurze Rückmeldung zum Leseprozess. Anschließend steht er auf, wartet vor der Tafel auf ein neues freies Sportlerkind, und der Zyklus beginnt von Neuem. Wichtig ist, dass die Trainerinnen und Trainer jeweils den nächsten möglichen freien Platz suchen – sie *flitzen* also – und nicht auf ein bestimmtes favorisiertes Partnerkind warten. Zum einen würde sonst der notwendige Fluss des Ablaufs unterbrochen, zum anderen fühlte sich das übergangene Kind zurückgewiesen, was unbedingt zu vermeiden ist. Die Sportler lesen ihre Texte mit den wechselnden Partnern insgesamt viermal, anschließend legen sie den Kopf auf die Arme als Zeichen dafür, dass sie fertig sind. Findet ein Trainer keinen Sportler mehr, setzt er sich vor die Tafel auf den Boden. Zum Abschluss können die Sportler die Trainer benennen, von denen sie sich am besten unterstützt gefühlt haben, und die Aspekte nennen, die besonders hilfreich waren.

Monolesen – Stereolesen

Das *Mono- und Stereolesen* ist ein abwechslungsreiches Lautlesetraining, bei dem die Kinder im Wechsel „mono“ und „stereo“ üben, also für sich allein und mit einem Partnerkind zusammen. Mehrere in etwa leistungshomogene Kinder erhalten den gleichen Text auf einem eigenen Textblatt. Zunächst übt jedes Kind seinen Text zweimal für sich allein, es liest also „mono“. Anschließend stellt es sich an einen verabredeten Treffpunkt, zum Beispiel vor die Tafel, und wartet auf einen Trainingspartner mit dem gleichen Text. Diese beiden Kinder lesen nun gemeinsam den Text „stereo“. Das Ziel ist es, derart im Gleichklang zu lesen, dass beide Leser zusammen wie ein einziger Leser aus zwei Lautsprecherboxen klingen. Im nächsten Durchgang lesen sich die beiden Stereopartner wechselseitig den Text vor und geben sich Lesetipps. Anschließend teilen sie den Text untereinander auf und üben ein weiteres Mal ihren Teil „mono". Zum Abschluss erhalten einige Teams die Gelegenheit, ihren Text der Klasse vorzutragen. Anders als bei den kooperativen Lautlesetandems üben die Kinder hier mit zufälligen Partnerkindern, was die Übungsroutine abwechslungsreich und herausfordernd gestaltet und die Motivation über mehrere Trainingseinheiten immer wieder neu aufbaut (vgl. Kutzelmann/Rosebrock 2018, 84 ff.).

Lesen im Spiegel

Das *Lesen im Spiegel* wird mit jeweils zwei Lesetandems, also in Gruppen von vier Kindern praktiziert. Alle vier Kinder erhalten die gleiche Textstelle, die einen möglichst großen Anteil an wörtlicher Rede enthält. Die beiden Teams stellen sich im Abstand von drei Metern voreinander auf. Das erste Team liest synchron den Text vor, wobei es versucht, die wörtliche Rede besonders herauszuarbeiten. Das zweite Team hört derweil zu. Im zweiten Durchgang gehen die Teams zunächst einen Schritt aufeinander zu, dann liest das zweite Team den Text vor und versucht, die Betonung des ersten Teams nochmals stärker herauszuarbeiten. So wird im Wechsel gelesen, immer in dem Bestreben, das andere Team im ausdrucksstarken Lesen zu überflügeln, bis die Teams schließlich direkt voreinander stehen. Zum Abschluss lesen alle vier nochmals gemeinsam den Text vor. Witzig wird das Lesen, wenn übertriebene oder unerwartete Intonationsweisen ausprobiert werden dürfen. So kann ein Text beispielsweise wütend, traurig, arrogant, überglücklich oder müde gelesen werden. Mehr noch als das Lesetempo gelangt hier das ausdrucksstarke Vorlesen mit einer korrekten Sequenzierung in den Mittelpunkt der Aufmerksamkeit – ebenfalls ein wichtiger Schritt auf dem Weg zu mehr Leseflüssigkeit.

Radio-Lesen

Das *Radio-Lesen* erfolgt in Gruppen von vier bis sechs Kindern. Zunächst wird die kurze Einweisung gegeben, dass bei dieser Übung eine aussagekräftige Leseweise wichtig ist, wie sie von Radiosprechern oder Fernsehmoderatoren praktiziert wird. Die Lehrkraft macht die gewünschte Leseweise an ein oder zwei Textbeispielen vor und erklärt insbesondere die Bedeutung des Sequenzierens und die Herausarbeitung einzelner wichtiger Wörter für die Zuhörenden. Die Erklärungen werden mit dem Hinweis abgeschlossen, dass sogar Radiosprecher ihre Texte zuweilen mehrfach üben.

Anschließend wird jedem Kind der Gruppe ein unterschiedlicher Abschnitt eines gemeinsamen Textes zugeteilt. Es ist hilfreich, wenn die Kinder den Gesamttext bereits kennen, sodass sie ihre Präsentation dementsprechend vorbereiten können. Falls mit einem unbekannten Text geübt wird, erhalten die Kinder vorab einen detaillierten Überblick über den Gesamttext. Bei der Zuweisung der Einzelabschnitte wird darauf geachtet, dass längere und komplexere Teile an lesestärkere Kinder vergeben werden. Die Schülerinnen und Schüler üben ihren Textabschnitt zunächst mehrfach für sich allein oder auch gemeinsam

mit einem Partnerkind. Dann überlegt sich jedes Kind zu seinem Abschnitt eine Inhaltsfrage. Bei den Fragen sollte zwischen textbasiert und schlussfolgernd zu beantwortenden Fragen unterschieden werden. Eine textbasierte Antwort ist direkt im Text zu finden: Wie heißt der Hauptcharakter? Über eine schlussfolgernde Antwort müssen die Zuhörerinnen und Zuhörer zunächst nachdenken: Warum geht die Figur nicht zu dem verabredeten Treffen hin?
Im Anschluss liest die Gruppe ihren Text der gesamten Klasse vor. Um das Lesen authentisch wirken zu lassen, kann ein Mikrophon als Requisite zur Verfügung gestellt werden. Nach dem Lesen beantworten die Zuhörenden die Fragen, bewerten den Lesevortrag und geben Tipps für das nächste Radio-Lesen (vgl. Rasinski 2003, 85 f.).

Fluency Development Lesson
Eine Originalform der Lautleseübungen aus der amerikanischen Leseforschung ist die *Fluency Development Lesson (FDL)* von Timothy Rasinski. An dieser Übung nehmen vorrangig Kinder teil, deren Leseflüssigkeit nicht in ausreichendem Maße ausgebildet ist. Die Routine ist mehrmals wöchentlich für etwa 30 Minuten durchzuführen. Dabei wird ein Text zwei- oder dreimalig mit unterschiedlicher Ausdruckskraft von der Lehrkraft vorgelesen, die Schülerinnen und Schüler lesen still in ihrer eigenen Textkopie mit. Nun wird der Inhalt des Textes gemeinsam diskutiert und das gestaltende Vorlesen der Lehrkraft analysiert: Welchen Durchgang fanden die Zuhörerinnen und Zuhörer am überzeugendsten? Warum? Anschließend wird der Text mehrmals gemeinsam im Chor gelesen, wobei unterschiedliche Formen wie abwechselndes Lesen oder Echo-Lesen zum Einsatz kommen können. Anschließend wird der Text nochmals in Zweier- oder Dreiergruppen geübt. Zum Abschluss lesen die Kinder den Text jemandem zu Hause vor.
Diese Vorgehensweise ist deutlich instruktiver und lehrerzentrierter als bisher in Deutschland praktizierte Lautlesemodelle. Ihr Vorteil liegt darin, dass aufgrund der starken Strukturierung, der engen Begleitung und des wiederholenden Charakters auch mit Texten gearbeitet werden kann, die deutlich über dem eigentlichen Instruktionsniveau der Kinder liegen, so etwa bei 85 Prozent Lesegenauigkeit. Die notwendige Intensität der Unterstützung steigt dabei mit der Textschwierigkeit. Diese enge Einbindung ermöglicht einen spürbaren Übungserfolg bereits innerhalb eines Tages, und leseschwache Kinder machen möglicherweise erstmals die Erfahrung, dass sie tatsächlich jahrgangsangemessene Texte bewältigt können (vgl. Kuhn et al. 2014, 76 ff.).

5.4 LESEFLÜSSIGKEIT TRAINIEREN IM ANFANGSUNTERRICHT

Bereits im Anfangsunterricht können Schülerinnen und Schüler einen ersten Sichtwortschatz aufbauen. So wie viele Kinder bereits kurz nach Schulbeginn für sie bedeutsame Wörter wie *Mama, Papa* und *Oma* an der Wortgestalt erkennen können, werden nun nach und nach immer mehr Wörter im inneren orthografischen Lexikon abgespeichert. Die entsprechenden Übungen konzentrieren sich zunächst auf Wörter aus dem Häufigkeitswortschatz der deutschen Sprache. Sie machen einen Großteil des Wortschatzes gängiger Erstlesetexte aus, und ihre automatisierte Wiedererkennung bedeutet eine entscheidende Entlastung im Leseprozess. Im weiteren Verlauf des Schuljahres können Wörter aus dem klasseneigenen Übungswortschatz oder bedeutende Wörter der jeweiligen sachunterrichtlichen Themen hinzukommen. Die zu übenden Wörter werden jeweils zu Wortlisten zusammengestellt und nach dem Prinzip des mehrfachen Lesens auf unterschiedliche Art und Weise eingeprägt.

Die 100 häufigsten Wörter der deutschen Sprache									
aber	da	diese	eines	hatte	ist	nach	seine	und	werden
alle	dann	dieser	einzeln	hier	kann	nicht	seinen	uns	wie
als	das	doch	er	ich	können	noch	seiner	unter	wieder
am	dass	du	es	ihm	man	nun	selbst	vom	wir
an	dem	durch	für	ihn	mehr	nur	sich	von	wird
auch	den	ein	ganz	ihnen	meine	oder	sie	vor	wo
auf	denn	eine	gegen	ihr	mich	ohne	sind	war	Zeit
aus	der	einem	habe	ihre	mir	schon	so	was	zu
bei	des	einen	haben	im	mit	sehr	über	welche	zum
bis	die	einer	hat	in	muss	sein	um	wenn	zur

vgl. Gutzmann 2014, 43

Das Wortlistentraining sollte jedoch immer nur einen Teil eines Leseflüssigkeitstrainings darstellen, damit Leseanfänger nicht zu sehr in ihrem Bestreben bestärkt werden, Wörter ausschließlich einzeln in den Blick zu nehmen. Lesen erfordert schließlich mehr als das Entziffern isolierter Wörter, und so sollte die Aufmerksamkeit des Lesenden immer auf den Satz als den entscheidenden Bedeutungsträger gerichtet werden. Übungswörter müssen also zusätzlich, in kleine Texte verpackt, auch im Satzzusammenhang geübt werden (vgl. Rasinski 2003, 94). Sobald Kinder Wörter also weitgehend sicher decodieren, sollten erste Lautleseverfahren als Übungsroutinen auf der Satz- und Textebene zum Einsatz kommen.

Tipp: Die hundert häufigsten Wörter bestehen zum Großteil aus Präpositionen, Pronomen, Artikeln und Konjunktionen. Sie sind somit für Kinder, deren Muttersprache nicht Deutsch ist, oft nur schwer in ihrer Bedeutung zu erfassen. Alternativ kann auf die häufigsten Nomen, Verben und Adjektive zurückgegriffen werden, die sich auch besser bildlich darstellen lassen.

Übungsformen für Wortlistentraining

Im Anfangsunterricht eingesetzte Übungsformate sollten abwechslungsreich sein und Erfolge möglichst direkt sichtbar machen. So können auch Kinder mit anfänglichen Leseschwierigkeiten unverkrampft und motiviert daran teilnehmen.

Leveltraining mit dem Häufigkeitswortschatz
Es werden drei verschiedenfarbige Sets mit Karteikarten vorbereitet und der steigende Schwierigkeitsgrad im Ampelsystem gekennzeichnet (Abb. 27).

- Das grüne Set beinhaltet die 20 häufigsten deutschen Wörter.
- Das gelbe Set umfasst die 50 häufigsten deutschen Wörter, inklusive der ersten 20 Wörter.
- Das dritte Set besteht aus den 100 häufigsten deutschen Wörtern, inklusive der vorherigen Wörter.

Zunächst üben die Kinder allein oder mit einem Partner, die Wörter des grünen Wörtersets blitzschnell zu lesen. Dafür legen sie die 20 Wörter sichtbar vor sich hin und drehen erlesene Wörter um. Bei dieser Übungsform ist es möglich, mit den leichten Wörtern zu starten und sich nach und nach zu den schwierigeren Wörtern durchzuarbeiten. Im Anschluss legen die Kinder alle Wörter auf einen Stapel, ziehen jeweils eine Karte vom Stapel und lesen sie. Wenn ein Kind der Meinung ist, alle Wörter blitzschnell lesen zu können, meldet es sich bei der Lehrkraft für die Blitzleseprüfung des ersten Levels an. Hierfür liest es der Lehrkraft alle 20 Wörter so schnell wie möglich vor, die Wörter sollen dabei auf einen Blick erfasst werden. Ist der erste Level geschafft, nimmt sich das Kind den zweiten Level mit 50 Wörtern vor, anschließend noch den dritten Level mit 100 Wörtern. Optimal ist es, wenn möglichst alle Kinder mit Ende des ersten Schuljahres die ersten beiden Level bewältigt haben; wobei auch das kleine Zugeständnis erlaubt sein kann, dass manche Wörter schnell erlesen statt auf einen Blick erfasst werden.

Abb. 27: Karten für das Leveltraining mit dem Häufigkeitswortschatz

Aishe möchte an einem Montag im Dezember des ersten Schuljahres so gern den ersten Level der Häufigkeitswörter schaffen. Noch aber fehlt ihr das Durchhaltevermögen, die Wörter mehrfach zu üben. Viel zu früh meldet sie sich für die Blitzleseprüfung an. Als ihr die Lehrkraft anschließend freundlich sagt, dass sie die Wörter noch fünfmal lesen muss, muss sie doch schlucken: so oft noch! Ihre Freundin Leni findet das gar nicht so dramatisch und stellt sich als Trainingspartnerin zur Verfügung. Gemeinsam üben sie alle Wörter mehrmals durch, mit jedem Durchgang werden sie schneller. Am Freitag steht Aishe wieder vor der Lehrkraft, etwas aufgeregt ist sie schon. Bei den Wörtern „sie" und „nicht" benötigt sie noch einen Moment Zeit, alle anderen aber meistert sie nun blitzschnell. Der erste Level ist geschafft, der zweite Level ihr nächstes Ziel.

Eine Minute lesen

Als Material stehen Wortlisten, alphabetisch sortierte Wortmauern (Abb. 28) oder themenbezogene Wortschatzkärtchen zur Verfügung. Zwei Kinder üben zunächst ohne Zeitdruck das Lesen der Wörter. Das kann gemeinsam im gleichen Rhythmus erfolgen oder abwechselnd. Wenn die Kinder meinen, ausreichend vorbereitet zu sein, nehmen sie sich eine Sanduhr mit der Laufzeit von einer Minute und versuchen, in dieser Zeit möglichst viele Wörter zu lesen. Am nächsten Tag wird das Training wiederholt, und die Kinder versuchen, ihre eigene Wortanzahl zu verbessern. Im späteren Verlauf kann das Training auch mit ganzen Sätzen durchgeführt werden, in das die bereits geübten Wörter eingebunden sind. Die Lesezeit kann nun auf drei Minuten verlängert werden.

Abb. 28: Wortmauer mit Wörtern des ersten Grundwortschatzes

Luftballon-Blitzlesen

Diese Übung machen zwei Kinder gemeinsam. Ein Kind versucht, einen Luftballon in der Luft zu halten und gleichzeitig möglichst viele Wortkarten zu lesen, die das andere Kind ihm zeigt. Anschließend wird getauscht. Wird eine Sanduhr verwendet, kann nach Ablauf der Zeit ausgewertet werden, wer die meisten Wörter erlesen konnte. Anschließend versuchen die Kinder, sich in einem neuen Durchgang zu verbessern (vgl. Hoppe/Schwenke 2013, 94). Auch dieses Spiel kann mit kurzen Sätzen durchgeführt werden, in das die Übungswörter eingebaut sind.

Blitzlesen mit der Fliegenklatsche

Diese Übung wird in kleinen Gruppen durchgeführt. Zwei bis vier Kinder sitzen um einen Tisch herum, auf dem Wörterkärtchen aus dem Häufigkeitswortschatz liegen. Jedes Kind hat eine Fliegenklatsche in der Hand. Die Lehrkraft oder ein lesestärkeres Kind liest einen Text vor, in dem eben diese Wörter mehrfach vorkommen. Die Kinder versuchen, die Wörter herauszuhören und möglichst schnell auf dem Tisch zu finden. Wenn sie ein Wort gefunden haben, schlagen sie mit der Fliegenklatsche auf das Kärtchen. Das Wort bleibt liegen, und das erste Kind bekommt einen Punkt (vgl. Hoppe/Schwenke 2013, 93).

Lautlesetandems im Anfangsunterricht

Wie auch bei den Lautlesetandems höherer Klassen arbeiten die Kinder in Zweierteams zusammen. Im Anfangsunterricht kann es jedoch je nach Leistungsspanne in der Klasse sinnvoll sein, die Abstände im Leistungsvermögen innerhalb eines Teams geringer zu halten. Denn jüngere starke Leserinnen und Leser langweilen sich beim mehrfachen Üben einfacher Wörter oder Sätze schneller als ältere, und es fällt ihnen meist noch schwerer, ihr eigenes Lesetempo zugunsten eines schwächeren Kindes zu bremsen. Zudem können lesestarke Kinder bereits zum Ende des ersten Halbjahres mit dem Lautlesetraining starten, leseschwache Kinder möglicherweise aber erst gegen Ende des Schuljahres. So kann es sinnvoll sein, das Tandemlesen nach und nach mit jeweils einer Gruppe von Kindern einzuführen, innerhalb derer dann auch die Teams gebildet werden. Eine Einteilung in Sportler und Trainer entfällt hierbei.
Die Lesetandems starten nicht gleich mit dem mehrfachen Lesen von ganzen Texten, das würde die kindliche Geduld überstrapazieren. Zu Beginn bieten sich zunächst einmal Wortlisten mit etwa 10 bis 20 Nomen an, bei denen die Wörter abwechselnd in zwei verschiedenen Farben geschrieben sind. Das Lautlesen erfolgt nach den folgenden Regeln:

- Jedes Kind liest die Wörter zunächst für sich allein.

- Die Kinder entscheiden sich jeweils für eine der beiden Farben. Sie lesen die Wörter abwechselnd halblaut vor. Macht ein Kind einen Lesefehler, wird es vom Partnerkind verbessert, und es liest das Wort erneut.
- Die Kinder tauschen die Farben und lesen die Wörter erneut abwechselnd.
- Abschließend lesen sie alle Wörter nochmals synchron.

Tipp: Wortlisten mit Paaren von Reimwörtern erleichtern das Lesen für das zweite Kind, weil es anhand des ersten Reimwortes bereits einen Hinweis auf das kommende Wort erhält.

Aufbauend auf dieses erste Training kann nun der Schwierigkeitsgrad des Wort- und Satzmaterials etwas erhöht werden, indem zum Beispiel Satztreppen, Reimsätze, Kurzgedichte oder Frage- und Antwortsätze nach dem obigen Prinzip erarbeitet werden. Daran anschließend kann je nach Leseflüssigkeit des Teams bereits zum Lesen kleiner Texte mit 30 bis 40 Wörtern übergegangen werden. Sind die Sätze der Texte weiterhin in zwei wechselnden Farben geschrieben, fällt es den Kindern deutlich leichter, die Orientierung im Text nicht zu verlieren.
In der Zeit danach kann die Bandbreite an Texten nach und nach ausgebaut werden, wobei auch auf die zweifarbige Kennzeichnung verzichtet werden kann. Wann schließlich zu dem Verfahren der kooperativen Lautlesetandems übergegangen wird, ist je nach Lehrkraft und Klasse verschieden. Der Zeitpunkt des Übergangs ist dabei auch von den sozialen Fähigkeiten der Schülerschaft abhängig und kann nicht pauschal festgelegt werden.

Tipp: Der Einsatz eines Lesepfeils, den die Kinder unter den jeweils zu lesenden Satz legen, kann anstelle einer farbigen Markierung die Orientierung im Text erleichtern.

Empfehlungen für Lautlesematerialien für die Klassen 1 und 2

Gutzmann, Marion / Hoppe, Irene / Pols, Regina / Walther, Kirstin (2020): *Leseflüssigkeit trainieren: Materialpaket Lautlese-Tandems: Niveaustufe B.* Ludwigsfelde: Landesinstitut für Schule und Medien Berlin-Brandenburg. Online auf dem Bildungsserver Berlin-Brandenburg zu finden.
Hoppe, Irene / Janzen, Beate (2019): *Leseflüssigkeit trainieren in der Schulanfangsphase: Starterpaket für Lautlese-Tandems.* Ludwigsfelde: Landesinstitut für Schule und Medien Berlin-Brandenburg. Online auf dem Bildungsserver Berlin-Brandenburg zu finden.
Kruse, Gerd / Rickli, Ursula / Riss, Maria / Sommer, Thomas (2011): *Lesen. Das Training: Klasse 2/3: Teil 2: Geläufigkeit.* Stuttgart: Klett.

5.5 LESEFLÜSSIGKEITSTRAINING MIT LESEANIMATION VERKNÜPFEN

Wer regelmäßig mit Lesetandems arbeitet, ist immer auf der Suche nach neuen Übungstexten. Wie aber schafft man es, eine solche Vielfalt an Texten zu finden, die die Routine interessant halten und die es sich zu lesen lohnt? Die Antwort ist einfach: Löst man sich bei der Auswahl vom typischen Genre der Sach- oder Kurzgeschichte, gelangt die gesamte Bandbreite aktueller Kinder- und Jugendliteratur in den Blick und mit ihr eine reiche Auswahl an Lesestoffen unterschiedlicher Themen, Gattungen und Stile. In vollständiger Länge sind die Bücher für den geplanten Zweck natürlich ungeeignet, kurze Ausschnitte aber können das Leseinteresse immer wieder auffrischen und Abwechslung in die Übungsroutine bringen. Die Entscheidung für Buchausschnitte als Lautlesetexte birgt darüber hinaus aber noch eine weitere Chance. Sie verknüpft „wie nebenbei" das Training der Leseflüssigkeit mit einem weiteren wichtigen Bereich der Leseförderung: mit der Aufgabe nämlich, Kinder an Bücher heranzuführen und Kinder mit Büchern vertraut zu machen.
Die Buchausschnitte stellen dabei kurze Leseproben dar, anhand derer Schülerinnen und Schüler testen können, ob ihnen die Lektüre gefällt oder nicht. Immer wieder lassen solche Leseproben einen Zipfel dessen erhaschen, was Bücher zu bieten haben. Sie machen neugierig auf den Fortgang von spannenden, witzigen oder traurigen Geschichten und öffnen die Tür zu den unbekannten Welten jenseits des gelesenen Textausschnitts. Werden dann nach dem Lesetraining die Bücher sogar zur Ausleihe zur Verfügung gestellt, erhält das Lesen eine alltagskulturelle Selbstverständlichkeit, wie sie im PISA-Siegerland Norwegen schon an der Tagesordnung ist, in deutschen Klassenzimmern bisher jedoch noch viel zu wenig anvisiert wird (vgl. Rosebrock/Nix 2015, 121). Mit den folgenden Beispielen werden verschiedene Möglichkeiten vorgestellt, wie Kinder- und Jugendbücher in die Arbeit mit Lautlesetandems integriert werden können. Das Training der Leseflüssigkeit steht dabei unbestritten im Vordergrund, und dennoch sind die gelesenen Texte jetzt mehr als nur Mittel zum Zweck. Sie verfolgen ihr eigenes Ziel, nämlich Kinder in die spannende Welt der Bücher mitzunehmen.

Vorbereitung der Leseproben

Lautlesetexte müssen – wie alle Lesetexte in der Grundschule – ein breites Repertoire an Lesestoffen anbieten und mit einem großen Spektrum an Textsorten vertraut machen. Auch wenn die Leseproben nur kleine Ausschnitte aus der Welt der Bücher und Geschichten zeigen können, so müssen sie doch ein Schlüsselloch sein, durch das man einen inspirierenden Blick auf unterschiedliche literarische Welten werfen kann, die man lesen *möchte*, die man lesen *können* möchte. Denn wofür sonst gilt es, den enormen Aufwand des mühseligen Lesenlernens auf sich zu nehmen, wenn nicht dafür, am Ende auch zu lesen, und zwar echte Bücher?

Buchausschnitte wählen

Als Buchangebot eignet sich von Comic bis Fantasy zunächst einmal alles, was die Klassenbücherei hergibt. Ist eine Buchauswahl zusammengestellt, so werden je nach Jahrgangsstufe Ausschnitte von jeweils 100 bis 200 Wörtern Länge gewählt. Man sollte sich nicht zu schnell dazu verleiten lassen, noch ein paar Zeilen mehr einzubeziehen, denn der Text muss mehrfach gelesen werden, und das dauert insbesondere bei langsameren Leserinnen und Lesern seine Zeit. Darüber hinaus sollten die Ausschnitte

- Spaß beim Lesen machen,
- Neugier auf die Fortsetzung wecken,
- eine Vorstellung von Thema und Erzählweise der Geschichte vermitteln,
- keine Vorkenntnisse des bisherigen Geschehens erfordern,
- in sich verständlich sein und
- von möglichst wenigen Personen handeln.

Tipp: Als Variante zur einzelnen Leseprobe können mehrere Proben zu aufeinanderfolgenden Textausschnitten gewählt werden. Denkbar sind auch Textabschnitte aus dem Anfang, der Mitte und dem nahenden Schluss eines Buches.

Leseblätter gestalten

Obschon die Textausschnitte direkt aus den Büchern selbst gelesen werden können, so ist zumindest in unteren Jahrgangsstufen die Arbeit mit gesonderten Leseblättern zu empfehlen. Der gewählte Buchabschnitt wird abgetippt, kopiert oder eingescannt und auf einen Papierbogen eingefügt. Die Vorbereitung der Blätter erfordert zwar einen etwas größeren Aufwand, bringt jedoch Vorteile. So ist es möglich, die Schrift zugunsten der Lesbarkeit zu vergrößern oder eine zweifache Ausfertigung des Textes anzubieten, damit beide Teampartner ein eigenes Textblatt haben. Darüber hinaus können weitere Elemente in das Textblatt eingefügt werden: Eine Abbildung des Buchcovers ermöglicht, das Buch im Original wiederzuerkennen, auch die korrekte Literaturangabe darf nicht fehlen. Mit Ankreuzkästchen kann die Anzahl der erfolgten Lesedurchläufe dokumentiert werden. Um sicherzustellen, dass die Tandempartner nicht einfach nur schnell, sondern auch sinnentnehmend lesen, kann für jeden Lesepartner eine Verständnisfrage eingefügt werden, die zum Abschluss des Trainings beantwortet werden muss (Abb. 29). Alternativ kann eine abschließende Einordnung des Textes in ein bestimmtes Genre gefordert werden, die entsprechende Zuweisung erfolgt wie bei einer Multiple-Choice-Aufgabe durch Ankreuzen. So wird der Aufbau von Strukturmusterwissen unterstützt, wenn auch nicht im Hinblick auf das Verständnis globaler Textkohärenz, so doch im Sinne des Aufbaus eines Ordnungssystems, welches dabei hilft, ähnliche Genres auch als ähnlich zu kategorisieren. Wie schon zuvor die Lesebuchtexte werden auch die Leseproben nach Auswertung mit dem Lix mit dem Ampelsystem in drei Schwierigkeitsniveaus einsortiert und schließlich laminiert.

Tipp: Wenn sich mehrere Kolleginnen und Kollegen einer Jahrgangsstufe zusammentun und die Arbeit gemeinsam bewältigen, entstehen schnell Ordner für mehrere Klassen, die immer weiter ergänzt und aktualisiert werden können.

Leseprobe

Am Morgen
ist Paul immer
noch heiser.

Dabei gibt es heute
Noten in der Schule.
Wer laut brüllt,
kriegt eine Sechs.

Wer leise brüllt,
nur eine Zwei oder Eins.

In der Monster-Schule ist
manches anders als bei dir.
S. 25

Cover des Buches

Rüdiger Bertram

Familie Monster brüllt los

Oetinger 2018

Nach jedem Lesen ankreuzen: ☐ ☐ ☐ ☐

Frage an den Lesesportler:
Was ist in der Monster-Schule anders als bei dir?

Frage an den Lesetrainer:
Warum ist Paul heiser?

Sehr leicht
LIX: 13

Durchschnittliche Satzlänge	Anteil langer Wörter	Lesbarkeitsindex (LIX)	Komplexität
5.8 Wörter	7.3 %	13.1	sehr niedrig

Abb. 29: Leseblatt mit Verständnisfrage zu einem Ausschnitt aus *Familie Monster brüllt los* von Rüdiger Bertram

Lautlesetandems mit Leseproben

Beim ersten Einsatz der Leseproben sollten die Kinder bereits mit dem Verfahren der Lautlesetandems vertraut sein, damit der eigentliche Übungsprozess nicht ins Hintertreffen gerät und weiterhin routiniert abläuft. Die Buchoriginale liegen nach Schwierigkeitsniveau sortiert auf drei Lesetischen zur Ansicht, daneben jeweils die Leseprobe, möglicherweise auch in zweifacher Ausfertigung. Folienstifte stehen für das Ankreuzen der Antworten bereit. Alle Kinder erhalten etwas Zeit, die Bücher zunächst anzuschauen, bevor sich die Tandems jeweils für eine Leseprobe entscheiden. Nach viermaligem Durchlaufen der Lautleseroutine beantworten die Partnerkinder gegenseitig ihre Verständnisfragen oder diskutieren die Zuordnung des Textes zu einem Genre. Anschließend kann das Team das originale Buch zur Hand nehmen und gemeinsam schmökern. Ist eine Dokumentation der gelesenen Texte oder eine Einschätzung des Leseprozesses gewünscht, kann ein Laufzettel verwendet werden, auf dem die erforderlichen Werte eingetragen werden (Abb. 30).

Den Abschluss der Tandemzeit bildet eine gemeinsame Reflexionsrunde. Wie bei anderen Lautleseübungen auch, schätzen die Trainingspartner zunächst ihren Trainingserfolg ein. Anschließend berichten die Tandems von ihren Leseerfahrungen. Welche Texte begeistern? Welche Texte werden als schwierig empfunden? Mit der Präsentation von ein oder zwei geübten Leseproben machen sich die Teams gegenseitig auf weitere Bücher neugierig und können hoffentlich den Lohn für die Mühe in Form von positiven Rückmeldungen erhalten.

Mit mehr und mehr Übung kann auf die Leseblätter verzichtet und direkt aus Büchern gelesen werden. In diesem Fall werden die ausgesuchten Textstellen mit Klebezetteln markiert. Ein wenig Training ist hier dennoch vonnöten, denn die Kinder

- lesen manchmal über die markierten Bereiche hinaus,
- lassen sich schnell durch Abbildungen ablenken und
- haben nur ein Buch für zwei Lesende.

Um hier Abhilfe zu schaffen, reicht es oft, das entsprechende Team am Tisch arbeiten zu lassen, das Buch in der Mitte zu platzieren und ihm regelmäßig einen kleinen Kontrollbesuch abzustatten. Sollte es dem Trainer weiterhin schwerfallen, Fehler des Partners konzentriert und zuverlässig zu verbessern, so kann ihm eine Kopie der Textstelle angeboten werden.

Laufzettel Tandemlesen

Titel der Leseprobe: ______________________________

Datum: ______________ **Text gelesen:** ☐ ☐ ☐ ☐

Unterschrift Tandempartner: ____________________ ____________________

So zufrieden sind wir heute mit unserem Lesen: ☺ ☺ ☺ ☺

Abb. 30: Ausschnitt aus einem Laufzettel für Lautlesetandems mit Buchausschnitten

Mögliche Varianten

Um den Übungsprozess mit Büchern lange Zeit lebendig zu halten, sind zahlreiche Varianten denkbar.

Digitale Leseproben

Arbeit am Computer ist für viele Kinder sehr motivierend und bedeutet besonders für diejenigen Abwechslung, die sich nicht so schnell für das Lesen begeistern lassen. Lesen mit digitalen Medien transportiert zudem eine eindeutige Botschaft: Lesen findet überall statt, in Büchern, aber auch am Bildschirm (vgl. Stiftung Lesen 2020, 24). Viele Verlage stellen ihre Bücher auf Verlagswebseiten mit kurzen Textausschnitten vor. Eine reiche Auswahl an Leseproben! Infrage kommende Webseiten sollten vor ihrem Einsatz im Unterricht auf Tauglichkeit überprüft werden. Manche Webseiten sind unübersichtlich organisiert, sodass die Kinder mehr surfen als lesen. Günstig ist, wenn sich alle zur Auswahl stehenden Leseproben auf einer Seite befinden, ein Cover per Mausklick ausgewählt werden kann und man direkt zur Leseprobe geleitet wird. Ist eine Lesepassage zu lang, können über die Vorgabe von Seitenzahlen kürzere Abschnitte festgelegt werden.
Mit höheren Jahrgängen können nach Abschluss der Übungszeit weitere Informationen zum Buch gesucht werden:

- Wie teuer ist es?
- Gibt es positive Bewertungen?
- Gibt es weitere Titel der Autorin oder des Autors?

Zum Abschluss der digitalen Lautlesezeit sollte überlegt werden, wie zufrieden die Teams mit ihrem Leseflüssigkeitstraining am Bildschirm sind:

- Was ist beim Lesen digitaler Texte anders als beim Lesen analoger Texte?
- Was fällt schwerer? Was fällt leichter?
- Wie groß ist die Ablenkung durch interaktive Elemente?
- Welchem Medium gibt man den Vorzug? Warum?

Tipp: Insbesondere für leseungeübte Kinder ist das Lesen am Bildschirm oft noch schwierig. Hier kann es helfen, näher an den Text zu zoomen und so die Schrift zu vergrößern.

Tipp: Wenn die Anschaffung neuer Bücher für die Klassenbücherei in Planung ist, können mögliche Buchkandidaten im Rahmen der Lautlesetandems digital zur Probe gelesen werden. Am Ende wird eine gemeinsame Auswahl für die Anschaffung getroffen.

Empfehlungen für digitale Leseproben für die Klasse 2
(jeweils auf den Webseiten der Verlage zu finden)

Pope Osborn, Mary (seit 2000): *Das magische Baumhaus* (Reihe). Bindlach: Loewe.
Boehme, Julia / Ginsbach, Julia (seit 2013): *Tafiti* (Reihe). Bindlach: Loewe.

Empfehlungen für digitale Leseproben für die Klassen 3 und 4
(jeweils auf den Webseiten der Verlage zu finden)

Auer, Margit (seit 2013): *Die Schule der magischen Tiere* (Reihe). Hamburg: Carlsen.
Taschinski, Stefanie (seit 2019): *Familie Flickenteppich* (Reihe). Hamburg: Oetinger.

Dialoge aus Kinderbüchern

Eine andere Dynamik bringen Lautlesetexte ins Spiel, die aus Dialogen in Kinderbüchern gewonnen werden. Ähnlich wie beim Vorlese-Theater werden hier Dialoge in Rollen verteilt gelesen. Für diese Variante ist erneut die Vorbereitung von Leseblättern sinnvoll, auf denen die unterschiedlichen Rollen farblich hervorgehoben werden können. Will man den Erzähler aussparen, kann der Text leicht in ein Vorlese-Theater umgewandelt werden, indem nur die wörtliche Rede unter Angabe des Sprechers wiedergegeben wird (Abb. 31). Für das Lesen von Dialogen muss der Ablauf der Lesetandems leicht verändert werden, weil möglicherweise Dreier- oder Viererteams gebildet werden müssen. Bei der Aufsplittung und Neubildung von Teams ist auf die angemessene Gewichtung von Trainern und Sportlern zu achten. Die eigenen Textstellen werden zunächst zweimal von den Partnern allein gelesen, erst danach wird im Dialog gelesen. In einem weiteren Durchlauf werden die Rollen getauscht. Das Dialoglesen kann leicht in eine kleine Präsentation münden. Stellen sich die Lesenden an verschiedenen Stellen im Raum auf, ziehen sie auch ohne große Requisiten die volle Aufmerksamkeit auf sich. Egal ob vor der eigenen Klasse, vor Nachbarklassen oder vor Eltern, durch die Miniaufführung erlangt der Übungsprozess eine größere Wichtigkeit und einen motivierenden, lebenspraktischen Bezug.

Klappentexte
Einfach zu organisieren und lohnenswert sind auch Klappentexte als Lautlesetexte. Diese sind schließlich zu dem Zweck verfasst worden, auf ein Buch neugierig zu machen und einen ersten Einblick in die Handlung zu geben. Eine geeignete Auswahl kann unkompliziert und zeiteffizient zusammengestellt werden. Im Nebeneffekt werden die Kinder mit der Nutzung von Klappentexten vertraut, was als lesekulturelle Fähigkeit bei einer späteren selbstständigen Auswahl von Büchern unerlässlich ist.

Wissensbücher und Frage-und-Antwort-Bücher
Es gibt viele Wissensbücher für Kinder, die jeweils auf einer Einzel- oder Doppelseite einen kurzen Sachtext zu einem Thema darbieten, häufig auch im Frage-Antwort-Schema organisiert. Die Texte warten dabei meist mit überraschenden oder amüsanten Fakten auf, die zum Lesen motivieren. So lassen sich aus vielen Frage-Antwort-Büchern in Lexikonformat motivierende Lautlesetexte generieren, indem das Buch als Ganzes oder in Einzeltexten angeboten wird. Kinder mögen diese verrückten Informationen und legen bei Lautleseübungen allen Ehrgeiz darein, bloß nicht die kleinste Information aus den Texten zu verpassen. Anschließend nämlich kann man Mitschülerinnen und Mitschüler sehr schön mit diesem Wissen verblüffen, indem man beispielsweise zum Besten gibt, dass Giraffen sich die Ohren auslecken können oder dass blaues Blut tatsächlich existiert.

Empfehlungen für Frage-Antwort-Bücher für die Klassen 3 und 4

Ballhausen, Hanno (2010): *Haben Kraken einen Lieblingsarm? 300 neue verblüffende Fragen und Antworten* (Reihe: Der Kinder Brockhaus). Wuppertal: Brockhaus.
Masters, Mathilda (2018): *321 superschlaue Dinge, die du unbedingt wissen musst.* München: Carl Hanser.
Tak, Bibi Dumon (2009): *Kuckuck, Krake, Kakerlake: Das etwas andere Tierbuch.* Berlin: Bloomsbury.

Lesen im Dialog

Cornelia Funke
Hände weg von Mississippi

Lesepartner sind

____________ und ____________.

Buchcover

Cornelia Funke

Hände weg von Mississippi

Cecilie Dressler Verlag

2007

Max:	Ein Einbrecher? Mann, das ist ja ein Ding. So was ist bei uns leider noch nie passiert.
Leo:	Und was ist geklaut worden?
Emma:	Nichts! Das ist ja das Komische.
Max:	Da steckt der Alligator dahinter. Jede Wette. Der ist sauer, dass du ihm das Pferd nicht wiedergibst. Vielleicht war das so ´ne Art Rache.
Leo:	So ein Blödsinn! Dann hätte er doch alles kurz und klein geschlagen, oder? Nee. Dolly hat vergessen, die Tür abzuschließen, das ist alles. Ihre Schuladen und Schränke sehen doch immer so aus, als ob sie einer durchwühlt hat.
Emma:	Aber die Hundebrekkies! Im Mülleimer lag eine leere Tüte und die Sorte hat Dolly noch nie gekauft.
Max:	Na bitte, Herr Superschlau, das ist doch der Beweis! Jeder im Dorf weiß, dass Dollys Hunde keinen Mucks machen, wenn man ihnen etwas zu fressen gibt.
Leo:	Der Alligator weiß das bestimmt nicht. Außerdem, was soll er gewollt haben in Dollys Haus?

Seite 87
158 Wörter

Nach jedem Lesen ankreuzen: □ □ □ □

Durchschnittliche Satzlänge	Anteil langer Wörter	Lesbarkeitsindex (LIX)	Komplexität
7 Wörter	16.2 %	23.2	sehr niedrig

Abb. 31: Leseblatt mit einem Dialog aus *Hände weg von Mississippi* von Cornelia Funke

Bilderbücher in voller Länge

Insbesondere im Anfangsunterricht lohnt sich die Suche nach einfachen und kurzen Bilderbüchern, denn diese können manchmal in voller Länge als Lesetandemtexte eingesetzt werden. Das Üben mit einem ganzen Buch macht besondere Freude und vermittelt das Gefühl, ein echter und kompetenter Leseprofi zu sein. Die Kinder genießen es, wenn das Buch zunächst von der Lehrkraft vorgelesen wird. Sie fungiert als Lesemodell, demonstriert das passende Lesetempo und die richtige Sequenzierung. Das Ziel der nachfolgenden Übung ist jedoch weniger, den Lesevortrag möglichst ansprechend zu gestalten, als den Text möglichst flüssig, fehlerfrei und sequenziert zu lesen.

Empfehlungen für Bilderbücher für die Klassen 2 und 3

Budde, Nadia (2018): *Eins Zwei Drei Vampir.* Wuppertal: Peter Hammer.
Erlbruch, Wolf (1999): *Nachts.* Wuppertal: Peter Hammer.
Jandl, Ernst / Junge, Norman (1998): *Fünfter sein.* Weinheim: Beltz & Gelberg.
Olten, Manuela (2004): *Echte Kerle.* Weinheim: Beltz & Gelberg.
Willems, Mo (2015): *Das Buch über uns* (Reihe: Elefant und Schweinchen). Leipzig: Klett Kinderbuch.
Willems, Mo (2016): *Du hast einen Vogel auf dem Kopf* (Reihe: Elefant und Schweinchen). Leipzig: Klett Kinderbuch.

5.6 Kooperationen mit anderen Klassen

Lesetandems können auch jahrgangsübergreifend als wöchentliche Kooperation zwischen zwei Klassen implementiert werden. So können Schülerinnen und Schüler einer dritten oder vierten Klasse beispielsweise mit den Kindern der jüngeren Paten- oder Nachbarklasse trainieren. Insbesondere Kinder, die in der eigenen Jahrgangsstufe als langsame Leser gelten, genießen es meist, bei den Jüngeren als Profi bewundert zu werden. Die Zusammenarbeit stärkt ihr Selbstbewusstsein und lässt ihr Verantwortungsgefühl wachsen und die Leseflüssigkeit von Trainer und Sportler macht Fortschritte. Auch in klassenübergreifender Kooperation kann Leseförderung auf diese Weise ein Teil der Schulkultur werden.
Ist das regelmäßige Zusammenführen zweier Klassen zu aufwändig, kann die klassenübergreifende Förderung punktuell nur für einzelne Kinder etabliert werden, die zu Hause trotz aller Bemühungen keine Hilfe erwarten können. Zu diesen Kindern einer unteren Jahrgangsstufe kommt etwa dreimal pro Woche direkt mit Unterrichtsbeginn eine entsprechende Anzahl an Kindern einer höheren Klasse.
Die Teams setzen sich auf dem Flur oder optimaler Weise in einem Teilungsraum zusammen und arbeiten etwa zehn Minuten in Lautlesetandems. Währenddessen führen die beiden Klassen ihre normale Morgenroutine durch und starten in den Tag. Ist das System erst einmal eingeführt, benötigt es keinerlei Anstrengung mehr. Die älteren Kinder bringen morgens nur schnell ihre Tasche in den eigenen Klassenraum und kommen dann direkt zu Unterrichtsbeginn in die Partnerklasse. Sie starten ohne Verzögerung mit der Lautleseroutine und sind spätestens 15 Minuten später wieder in ihrem eigenen Klassenraum. Von Zeit zu Zeit können die Trainer wechseln, die Sportler jedoch erhalten über viele Wochen die Hilfe, die sie dringend und vor allem regelmäßig benötigen.

TEIL 6 LESESTRATEGIEN ANWENDEN

Das Lesen von Texten ist Verstehensarbeit, und gute Leser gehen dabei strategisch vor (vgl. Schilcher/Wild 2019, 24). Denn um einen Text in seiner Aussage vollständig zu erfassen, muss der Leser die dargebotenen Informationen erschließen, Verständnisprobleme wahrnehmen und beheben sowie das Gelesene mit vorhandenem Wissen verknüpfen und in ein kohärentes mentales Modell einfügen. Leseflüssigkeit allein reicht dafür nicht aus, denn diese unterstützt vor allem das Bilden lokaler Zusammenhänge auf den hierarchieniedrigen Ebenen der Lesekompetenz. Für eine Informationsverarbeitung auf den hierarchiehohen Ebenen des Verständnisprozesses hingegen ist eine aktive Auseinandersetzung mit dem Text notwendig, die zum einen durch die Anwendung von Lesetechniken, zum anderen durch eine metakognitive Kontrolle und Steuerung des Leseprozesses gekennzeichnet ist (vgl. Bismarck 2019, 19f.). Gute Leser überwachen also durchgehend die eigene Verstehensleistung und wählen aus ihrem Repertoire an Lesetechniken jeweils diejenigen aus, die sie dem Verstehen des Textes näherbringen. Die einzelnen geistigen Prozesse erfolgen dabei oft unbewusst und insbesondere bei leicht zugänglichen Texten weitgehend automatisiert. Schwachen Lesern fällt es hingegen schwer, Verständnisschwierigkeiten überhaupt metakognitiv wahrzunehmen und eine geeignete Strategie zu ihrer Bewältigung aufzustellen (vgl. Schilcher/Wild 2019, 24f.). Und so gibt es Schülerinnen und Schüler, die zwar ausreichend leseflüssig sind, aber dennoch große Schwierigkeiten haben, die auf lokaler Ebene verstandenen Informationen zu einem zusammenhängenden globalen Textganzen zu verbinden, weil es ihnen nicht gelingt, „alle Aspekte des Textes zu realisieren, miteinander zu verknüpfen und auf das Textthema zu beziehen" (Rosebrock/Nix 2015, 74). Sie müssen gezielt darin unterrichtet werden, Arbeitstechniken – wie zum Beispiel das Unterstreichen von Schlüsselwörtern – problemorientiert auszuwählen und zum Einsatz zu bringen, um die Informationen eines Textes schließlich adäquat und differenziert zu erschließen.

6.1 AUSWAHL AN LESETECHNIKEN

Lesetechniken begleiten kompetente Leserinnen und Leser von der ersten bis zur letzten Seite ihres jeweiligen Buches oder Textes. Teilweise kommen sie sogar zum Einsatz, bevor das Buch überhaupt aufgeschlagen wird (vgl. Krug/Nix 2017, 85). Vor dem Lesen lassen sich folgende Techniken unterscheiden:

- Vorbereitende Lesetechniken dienen dazu, Vorwissen zu aktivieren und eine Erwartungshaltung zum Text aufzubauen.
  - Titel lesen
  - Cover betrachten
  - Klappentext lesen
  - Text durchblättern
  - Textsorte bestimmen
  - Kenntnisse zu Thema und Autor abrufen

Die Techniken, die während oder nach der Lektüre angewandt werden, lassen sich in drei Gruppen einteilen (vgl. Garbe 2020, 42 f., vgl. Krug/Nix 2017, 85 f.):

- Ordnende Lesetechniken haben zum Ziel, die Struktur und die Kernaussagen des Textes zu erfassen.
  - Gliederung und Aufbau des Textes erschließen
  - Textstellen markieren oder unterstreichen
  - Kernaussagen herausschreiben
  - Abschnitte zusammenfassen
  - Zwischenüberschriften formulieren
  - sprachliche oder inhaltliche Strukturmerkmale markieren
  - Mindmap erstellen

- Wiederholende Lesetechniken dienen dazu, Verständnisprobleme zu überwinden, Gelesenes zu behalten oder eine Auseinandersetzung zu vertiefen.
  - Textstellen mehrfach lesen
  - Textstellen laut lesen
  - Inhalt in eigenen Worten wiedergeben
  - Textpassagen abschreiben
  - Notizen anfertigen und rekapitulieren

- Elaborierende Lesetechniken können verdichtete Textstellen durch die Aktivierung von Vorwissen, inneren Bildern und Gefühlen erweitern.
  - Fragen an den Text stellen

- Text in eine andere Darstellungsform umsetzen (Comic, Grafik, Standbild ...)
- eigene Erfahrungen assoziieren und notieren
- Texte vergleichen
- Texte bewerten

Dabei sind nicht alle Vorgehensweisen für jeden Text und für jedes Verständnisproblem gleichermaßen geeignet; so erfordert zum Beispiel das Lesen literarischer Texte ganz andere Lesetechniken als das Erschließen mathematischer Sachaufgaben und wieder andere als eine Informationsentnahme aus Sachtexten. Um die Aussage eines literarischen Textes zu erfassen, kann es zum Beispiel sinnvoll sein, im Text verstreute Beschreibungen und Erläuterungen zu finden, sie zu komprimieren und schließlich in eigenen Worten zusammenzufassen. Mathematische Sachaufgaben hingegen sind häufig sehr knappe, präzise und sprachlich stark komprimierte Texte. Eine weitere Zusammenfassung der bereits verdichteten Informationen ist weder sinnvoll noch möglich. Stattdessen sind elaborierende Erschließungswege vorzuziehen, die die Textinformationen reflektieren und erweitern (vgl. Garbe 2020, 43). Bei der Erarbeitung eines Sachtextes kann es wiederum helfen, Vorwissen zu aktivieren und zu strukturieren, um neue Informationen leichter in das mentale Gerüst einsortieren zu können (Abb. 32). Folglich wäre ein rein mechanisches Abarbeiten einzelner Techniken und Schrittfolgen beim Lesen von Texten wenig zielführend. Stattdessen müssen Leserinnen und Leser darin unterwiesen werden, Superstrukturen – die typischen Merkmale – der verschiedenen Textsorten voneinander zu unterscheiden und Verständnisprobleme genauer zu kategorisieren, um anschließend aus ihrem kognitiven Werkzeugschrank passende Werkzeuge auswählen zu können.
In der Lesedidaktik wird aus diesem Grunde zwischen Lese*techniken* und Lese*strategien* unterschieden: Zu der Lesetechnik als reiner Arbeitstechnik kommt erst dann eine Lesestrategie hinzu, wenn die Techniken in einem metakognitiven und selbstregulativen Prozess im Hinblick auf ein bestimmtes Leseziel wie das Verständnis des Textes angewandt werden (vgl. Rosebrock/Nix 2015, 75). Für die schulische Praxis ist eine solche begriffliche Unterscheidung durchaus nicht nebensächlich, verdeutlicht sie doch, dass gleich zwei Lernprozesse angeregt werden müssen: Zum einen müssen Lesetechniken isoliert eingeübt werden, bis deren Anwendung sicher beherrscht wird. Zum anderen müssen die Schülerinnen und Schüler lernen, eine aktive Lesehaltung einzunehmen, den eigenen Leseprozess durchgehend zu überwachen und eine angemessene Lesestrategie durch die problemorientierte Auswahl adäquater Lesetechniken zu entwickeln.

Abb. 32: Sammlung von Fragen und Antworten in der Einstiegsphase eines Igel-Projektes

6.2 VON DER LESETECHNIK ZUR LESESTRATEGIE

Das Training von Lesetechniken ist nicht zuletzt dank PISA und IGLU inzwischen festinstallierter Teil eines jeden Schulbuches im Deutschunterricht. Zusätzlich lassen sich vielfältige und umfassende Lesestrategieprogramme im Handel erwerben oder im Netz herunterladen. Die jeweiligen Lesetechniken werden dabei einzeln eingeführt und sorgfältig geübt, anschließend wird die isolierte Übung nach und nach in eine praxisorientierte, reflektierte und strategische Anwendung überführt. Für eine tiefgehende Verankerung sind jedoch vielfältige Wiederholungen notwendig, bis sich letztlich eine automatische und unbewusste Routine einstellt und eine aktive Lesehaltung im Umgang mit Texten selbstverständlich wird.

Hierbei darf jedoch nicht vergessen werden, dass das Erlernen von Lesetechniken eine ausreichende Leseflüssigkeit unbedingt voraussetzt, denn nur in einem flüssigen Leseprozess stehen mentale Kapazitäten für weitere Aufgaben zur Verfügung. So zitieren Cornelia Rosebrock und Daniel Scherf völlig zu Recht die klaren Worte eines Deutschlehrers, der erklärte, dass die Hälfte seiner Gesamtschulklasse ebenso gut hätte kicken ge-

hen können, statt das Strategietraining zu absolvieren, weil die Förderung zu hoch angesetzt worden wäre (vgl. Rosebrock/Scherf 2019, 62). Somit kann es durchaus sinnvoll sein, das Training nur mit einem Teil der Klasse zu absolvieren und gleichzeitig Übungen zur Leseflüssigkeit anzubieten.
So oder so stellt sich die Frage, wie die Vermittlung der Strategien, die Kinder dazu befähigen soll, passende Werkzeuge selbstständig, flexibel und problemorientiert auszuwählen, am besten erfolgt.

Empfehlungen für Lesestrategieprogramme für die Klassen 2 bis 4

Gold, Andreas / Mokhlesgerami, Judith / Rühl, Katja / Schreblowski, Stephanie / Souvignier, Elmar (2004): *Wir werden Textdetektive – Lehrermanual und Arbeitsheft.* Göttingen: Vandenhoeck & Ruprecht. (Für lesestarke Kinder ab Klasse 4)
Kruse, Gerd / Rickli, Ursula / Riss, Maria / Sommer, Thomas (2011): *Lesen: Das Training Klasse 2/3: Teil 3: Strategien.* Stuttgart: Klett. (Auch für Klasse 4 erhältlich)

Lautes Denken

Die Lesedidaktik empfiehlt die Methode des lauten Denkens, bei der die Lehrkraft als Lesemodell einen Text vorliest und dabei wie in einem Selbstgespräch die eigenen mentalen Prozesse beim Lesen laut demonstriert (vgl. Schilcher/Wild 2019, 25). Normalerweise nicht zu beobachtende Denkprozesse und Überlegungen, die ein Leseproblem lokalisieren, eingrenzen und schließlich über Maßnahmen zur Behebung entscheiden, werden nun offengelegt und vorgeführt. Zusätzlich wird deutlich, dass auch gute Leserinnen und Leser sich Fragen zum Text stellen und das Verstehen aktiv erarbeiten müssen. Die Lehrkraft könnte Impulse folgender Art formulieren:

- Ich weiß gar nicht, wovon der Text eigentlich handelt. Ich lese am besten erst einmal die Überschrift und überfliege den Text. Aha, jetzt sehe ich, dass …
- Wozu sind denn die Bilder da? Sind sie nur Unterhaltung oder erklären sie auch etwas? Vermutlich wollen die Bilder …
- Wenn ich das jetzt so lese, dann sehe das richtig vor mir. Ich stelle mir das so vor, dass …
- Was dort beschrieben wird, das kenne ich schon, denn …
- Das Wort kenne ich nicht. Ich lese den Satz besser noch einmal. Vielleicht wird der Zusammenhang im nächsten Satz erklärt? Vermutlich …
- An dieser Stelle verstehe ich nicht, was gemeint ist. Warum …?
- Dieses Wort ist wahrscheinlich ein wichtiger Begriff, das notiere ich mir.

- Jetzt habe ich schon erfahren, wie … Ich vermute, als nächstes kommt …
- Nun habe ich alles gelesen. Der Text erklärt also, dass … Ich würde aber gern noch wissen, ob …
- Damit ich alles noch besser verstehe, mache ich jetzt eine Zeichnung an die Tafel. Dafür male ich zuerst … Diese Textstelle lese ich dafür besser noch einmal nach.

Nach und nach wagen sich auch die Kinder an die Methode des lauten Denkens und üben sie ein. Dabei stellen zunächst einzelne Schülerinnen und Schüler ihren Lese- und Denkprozess der Klasse vor, mit der Zeit kann das laute Denken auch in Partner- oder Gruppenarbeit an Texten geübt werden.

Visualisierungshilfen

In der Trainingsphase können Visualisierungen der einzelnen Techniken ihre Anwendung unterstützen. Ein einsames Poster an der Wand reicht hierfür sicherlich nicht aus, aber aktiv zu gebrauchende Hilfsmittel wie ein Lesetechnikfächer oder Lesetechnikkärtchen können den Prozess durchaus unterstützen (Abb. 33). Auf diesen stehen jeweils einzelne Lesetechniken, die die Lesenden zielgerichtet in Schritten durch den Text leiten oder frei zur Auswahl stehen. Das Material fordert dazu auf, eine aktive Haltung zum Text einzunehmen und das eigene Lesen und Verstehen immer wieder bewusst zu überwachen und zu steuern. Voraussetzung ist, dass die Anwendung dieser Hilfsmittel regelmäßig gepflegt und vor allem über lange Zeit in möglichst viele Fächer integriert wird.

Tipp: Der Lesefächer Lesepilot *für die Klassen 2 bis 4 aus dem gleichnamigen Programm des* Landesinstituts für Schule und Medien Berlin-Brandenburg (LISUM) *ist auf der Seite des Bildungsservers Berlin-Brandenburg kostenlos frei zugänglich.*

Lesestrategien im Mathematikunterricht

Lesen lernt man allein im Deutschunterricht? Weit gefehlt! Im Mathematikunterricht beispielsweise lassen sich im Bereich der Sachaufgaben vielfältige fachspezifische Textmuster finden, die alle auf jeweils unterschiedliche Weise gelesen und erschlossen werden wollen. Es gibt mathematische Sachtexte, Rechengeschichten und Knobelaufgaben als kontinuierliche Fließtexte, diverse Arten von Tabellen und Diagrammen als diskontinuierliche Texte und ganze themenspezifische Textseiten mit Mischungen unterschiedlicher Darstellungsformen. Jede dieser Textformen erfordert die Anwendung unterschiedlicher Texterschließungsstrategien, und das Erkennen von Textmustern ist unabdingbare Voraussetzung dafür, die passenden Techniken auswählen zu können.

LESETECHNIKEN

VON

____

VOR DEM LESEN

Ich überfliege
den Text:

☐ Titel

☐ Cover

☐ Kapitel

☐ Bilder

☐ Diagramme

VOR DEM LESEN

Was weiß ich schon
über das Thema?

WÄHREND
DES LESENS

Ich lese mir
den Text
ganz genau durch.

WÄHREND
DES LESENS

Habe ich alles
verstanden?

☐ Unbekannte Wörter
lese ich
noch einmal
im ganzen Satz.

☐ Ich suche
nach Beispielen
für schwierige
Textstellen.

NACH DEM LESEN

Ich lese den Text
noch einmal.

☐ Ich unterstreiche
Schlüsselwörter.

☐ Ich denke laut
und fasse
jeden Abschnitt
zusammen.

☐ Ich mache
eine Zeichnung
zum Thema.

Abb. 33: Lesetechnikkärtchen für ein viertes Schuljahr

Textuelle Sachaufgaben weisen häufig komplexe und unübersichtliche grammatikalische Strukturen mit wenigen Redundanzen auf, bei denen Kontextwissen schlicht vorausgesetzt wird. Es gilt, „versteckte Informationen wahrzunehmen, sprachlich wichtige Feinheiten wie Verneinungen, Proportionen oder Relationsbegriffe zu realisieren sowie grammatikalische Verknüpfungen und Einschübe zu verstehen" (Dörnhoff 2019b, 23). Hier können wiederholte Lautlesetechniken helfen, wie sie auch im Lautlesetandem angewandt werden, um zusammenhängende Satzsequenzen stimmlich und inhaltlich zusammenzuführen und darüber ein lokales Verständnis anzubahnen. Der Verstehensprozess kann im weiteren Verlauf durch dekomprimierende Techniken wie dem bereits genannten lauten Denken weiter unterstützt werden, indem der gelesene Sachverhalt laut rekapitulierend und interpretierend in eigenen Worten erläutert wird. Zusätzlich können erklärende Beispiele gesucht werden, was die Informationsverarbeitung anregt und dabei hilft, unverstandene Textstellen zu identifizieren und eine eigene Vorstellung des Sachverhaltes zu entwickeln. Anschließend kann das Gelesene zur Erweiterung des Textverstehens in eine andere Darstellungsform überführt werden; zum Beispiel ermöglichen es Pfeilbilder als zeichnerische Umsetzung, Relationen zwischen Informationen darzustellen; szenische Darstellungsformen erleichtern hingegen die Aktivierung von Vorwissen. Ziel ist es, ein visuelles, akustisches oder schriftliches Modell zu entwickeln, welches den mathematischen Sachverhalt darstellt und möglichst lösungsorientiert abbildet (vgl. Dörnhoff 2019b, 23).

Diskontinuierliche Texte wie Tabellen, Schaubilder und Diagramme erfordern hingegen das Einüben einer festen Abfolge von Schritten, damit ihre Aussage in Gänze erfasst werden kann. Auch ein solches Vorgehen muss immer wieder isoliert geübt werden, bis es schließlich in freien Lesetexten irgendwann auch automatisiert zum Einsatz kommen kann. So muss der ungeübte Leser zum Beispiel beim Lesen von Tabellen lernen,

- die jeweilige Aussage von Spalten und von Zeilen zu erfassen,
- die Angaben in den Tabellenfeldern zu identifizieren,
- Entwicklungen innerhalb einer Spalte oder Zeile zu verfolgen,
- Zusammenhänge zwischen den Werten zu erkennen und
- die Aussagen der Tabelle zu einem möglicherweise vorhandenen Fließtext in Beziehung zu setzen.

Nur wenn Kinder auch im mathematischen Fachunterricht lernen, Textsorten zu unterscheiden und Lesetechniken bewusst auszuwählen, können sie schließlich auf der Grundlage eines umfassenden Textverständnisses Ansätze zur Lösung des eigentlich mathematischen Teils einer Aufgabe entwickeln. Spätestens hier zeigt sich: Leseförderung ist nicht nur die *Aufgabe aller Fächer*, sie ist auch im *ureigenen Interesse aller Fächer*.

In der Klasse 4b steht der Känguru-Wettbewerb der Mathematik an. Alle sind sehr aufgeregt und üben intensiv unterschiedliche Lösungsstrategien für verschiedene Aufgabentypen. Der verzweifelte Ausruf von Kostja: „Das kapier ich nicht!" wird von seinem Nachbarn wie immer kommentiert mit: „Lies dir das noch dreimal durch!" Tatsächlich folgt auch bald von Kostja ein erlöstes: „Ach so! Wollknäueltyp!" Er hat entdeckt, dass es sich bei seiner Aufgabe um eine verschachtelte Informationskette handelt. Jetzt muss er nur noch den Anfang finden, dann kann er seine Informationen wie ein Wollknäuel aufwickeln und herausfinden, wer von den Sportlern in der Aufgabe, für die mehrere Relationen angegeben waren, am weitesten springen kann.

6.3 SACH(BUCH)PROJEKT ZU WALEN UND DELFINEN

Wale und Delfine sind Rekordbrecher. Der Buckelwal kann viele Hundert Kilometer weit hören, der Blauwal wird 200 Tonnen schwer, sein Kalb trinkt täglich 180 Liter Milch, und ein Grönlandwal kann erstaunliche 200 Jahre alt werden. Wen faszinieren solche Zahlen nicht? Tatsächlich wirken Sachthemen, die zu beeindrucken wissen, auf viele Kinder hochmotivierend, und die Motivation wiederum spielt beim Verstehen von Inhalten eine wichtige Rolle. Kinder, die sich für ein Thema interessieren, schaffen es, Texte zu lesen, die deutlich über ihrem Leselevel liegen, wie der Leseboom um *Harry Potter* gezeigt hat. Ein Sach(buch)projekt macht sich diesen Umstand zunutze und greift die Interessen der Lernenden für ein bestimmtes Themengebiet auf. Die Entscheidung für das Thema des Projektes sollte somit von allen Kindern gemeinsam diskutiert und möglichst einvernehmlich getroffen werden.

Das vorliegende Sach(buch)projekt ist für ein drittes oder viertes Schuljahr konzipiert. Die Giganten der Meere beeindrucken Mädchen und Jungen gleichermaßen, ermöglichen die Erarbeitung eines gemeinsamen Grundwissens und bieten dennoch mit ihrem breiten Spektrum an Untergebieten eine motivierende Auswahl. Die Schülerinnen und Schüler recherchieren Informationen zu Walen und Delfinen und erstellen ein Projektheft mit Informationstexten. Die Planung des Schreibvorhabens erfordert die Erarbeitung einer Gliederung und das gezielte Sammeln von Informationen zu einzelnen Kapiteln, bevor zunächst eine Vorschrift und dann eine Reinschrift der eigenen Sachtexte angefertigt werden. Lesestrategien kommen hier auf allen Ebenen des Projektes zum Einsatz. Voraussetzungen sind eine ausreichende Leseflüssigkeit und ein vorhergehendes grundlegendes Training der Lesetechniken.

Der Start ins Projekt

Wenn aus dem kindlich neugierigen Anschauen erster Sachbilderbücher auf Dauer eine nachhaltige und verstehende Sach-Lesepraxis aufgebaut werden soll, muss der Umgang mit Sachtexten und nicht-linearen Textformen auf lustvolle Weise, aber eben doch strukturiert geübt werden. Der Erfolg eines solchen Projektes steht und fällt dabei mit dem Lektüreangebot. Es sollte eine Auswahl an Sachbüchern, Zeitschriften, Webtexten und Hör-CDs zur Verfügung stehen, die für leseschwache Kinder und lesestarke Walexperten gleichermaßen etwas zu bieten hat. Auch einzelne laminierte Lesetexte, die notwendige Informationen gebündelt und in einfacher Sprache anbieten, dürfen nicht vergessen werden. Die Schülerinnen und Schüler sind selbstverständlich dazu aufgefordert, geeignete Sachbücher von zu Hause oder aus der Bücherei mitzubringen, aber nicht jedes mitgebrachte Material ist tatsächlich für den Einsatz in der Klasse geeignet. Erweist sich ein solches Mitbringsel als zu schwierig, wird es besser aus dem Verkehr gezogen. Auch ausgedruckte Internettexte für Erwachsene haben in einem (lese)motivierenden Klassenraum nichts zu suchen, will man Frustration vermeiden. Stattdessen können Lesekisten aus der Bücherei oder gemeinsame Besuche in der Schul- und Stadtbibliothek den Fundus ergänzen und gut vorausgewählte Kinderwebseiten die Auswahl abrunden.
Zum Projektstart wird das Vorwissen der Kinder aktiviert. Diese sammeln in Partnerarbeit, was sie bereits über Wale und Delfine wissen und was sie noch herausfinden möchten. Dazu schreiben sie auf drei grüne Haftzettel jeweils eine Information, die ihnen bereits bekannt ist; auf drei gelbe Haftzettel schreiben sie jeweils eine Frage, deren Antwort sie gern wissen würden. Im anschließenden Kreisgespräch werden zunächst alle gelben Fragezettel vorgelesen und passend zu den folgenden Überschriften auf vorbereitete Poster sortiert:

- Wal- und Delfinarten
- Lebensraum
- Körper und Sinne
- Ernährung
- Verhalten
- Fortpflanzung
- Gefahren
- Sonstiges

Sind alle gelben Sticker sortiert, werden die grünen Haftzettel den Postern zugeordnet. Ist eine Information bereits die Antwort auf eine der Fragen, wird der gelbe Sticker entfernt. Wird im Laufe des Projektes eine weitere Antwort auf eine Frage gefunden, kann sie auf einen grünen Zettel geschrieben werden und ersetzt den gelben Sticker. Mit der

Zuordnung der Sticker zu den Postern bauen die Kinder auf der Grundlage ihres persönlichen Wissens ein strukturiertes Grundgerüst auf und aktivieren relevantes Vokabular in ihrem Wortgedächtnis.

In der nächsten Stunde wird das Lektüreangebot gesichtet. Die Bücher werden gemeinsam in drei Schwierigkeitsstufen einsortiert und mit Klebezetteln entsprechend markiert – ein wichtiger Schritt auf dem Weg zum eigenständigen Lesen. Anschließend steht das gezielte Suchen von Informationen auf dem Programm. Es wird wiederholt, wie Inhaltsverzeichnis und Index genutzt werden, und deren Verwendung wird an Beispielen erprobt. Auch an die Technik des überfliegenden Lesens sollte an dieser Stelle erinnert werden. Zur Übung kann in Gruppenarbeit ein Walquiz gelöst werden; um die gesuchten Antworten möglichst schnell und zielgerichtet in den Sachbüchern finden zu können, müssen Inhaltsverzeichnis und Index genutzt werden. Das Quiz kann in verschiedenen Schwierigkeitsstufen angeboten werden und sich jeweils auf zwei bis drei konkrete Bücher beziehen. Gibt es bereits Walexperten unter den Kindern, erhalten diese ein Spezialquiz mit Spezialfragen ohne Hinweis auf konkrete Buchtitel.

Als projektbegleitende Übung für sehr leseschwache Kinder wird ein Wortlistentraining zu sachbezogenen Fachwörtern angeboten (siehe unten). In Lesetandems lesen sie wiederholt unterschiedlich lange Listen von Fachwörtern zu Walen und Delfinen. Über das Flüssigkeitstraining hinaus bauen sie so ihren Wortschatz aus und können die jeweiligen Wörter in einem Fließtext besser erlesen und verstehen.

Körperteile	**Walarten**	**Ernährung**
Blasloch	Buckelwal	Krill
Brustflosse	Blauwal	Plankton
Blubber	Orca	Kleinorganismen
Schwanzflosse	Delfin	Kalmare
Fluke	Grauwal	Krebstiere
Skelett	Belugawal	Tintenfische
Melone	Nordkaper	Quallen
Flipper	Pottwal	Robben
Rückenflosse	Flussdelfin	Lachse
Finne	Grindwal	Heringe

Auszug aus einem Leseflüssigkeitstraining zum Thema *Wale und Delfine*

Die Projektarbeit

Zunächst lesen sich die Kinder analog oder digital ins Thema ein und sammeln grundlegende Informationen. Nach und nach legen sie sich dabei auf Unterthemen fest, über die sie gern mehr wissen möchten, und erstellen eine entsprechende Gliederung (Abb. 34). Bevor ein Kind jedoch mit dem Verfassen seiner Texte starten darf, muss die Gliederung noch durch eine „Prüfungskommission". Diese wird von einigen Freiwilligen gebildet, die ihre eigene Arbeit kurz unterbrechen und die Gliederung dahingehend überprüfen, ob verpflichtende Aspekte berücksichtigt wurden und der Aufbau sinnvoll ist.

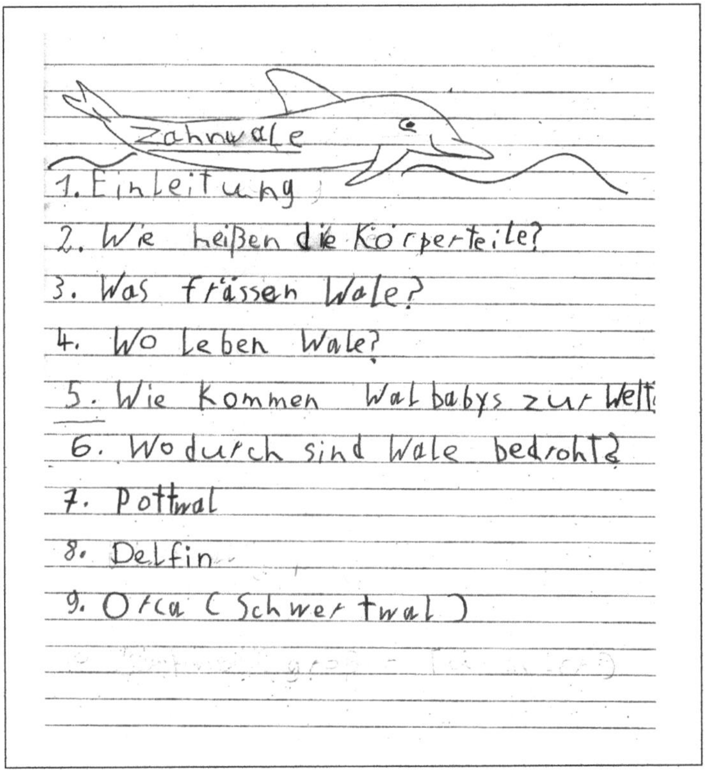
Zahnwale
1. Einleitung
2. Wie heißen die Körperteile?
3. Was frässen Wale?
4. Wo leben Wale?
5. Wie kommen Walbabys zur Welt
6. Wodurch sind Wale bedroht?
7. Pottwal
8. Delfin
9. Orca (Schwertwal)

Abb. 34: Schülerarbeit – Inhaltsverzeichnis aus einem Projektbuch, dritte Klasse

Dann geht es an die Recherche. Auf der Suche nach brauchbaren Informationen sollte ein reines Durcharbeiten vorgegebener Lesetechniken vermieden werden. Stattdessen kommen erneut Haftzettel zum Einsatz, auf denen die Kinder interessante Erkenntnisse festhalten. Da auf diese kleinen Zettel keine langen Abschreibtexte passen, müssen Informationen beim Herausschreiben zwangsläufig zusammengefasst werden. In der Übertragung in eine andere Darstellungsform vollzieht sich häufig das eigentliche Textverstehen und erfolgt die metakognitive Kontrolle des eigenen Leseprozesses. Denn auf der Suche nach einer zusammenfassenden Wortwahl überprüfen die Kinder das eigene Verstehen, lesen Passagen erneut oder klären eine Wortbedeutung. So werden die Techniken in den Leseprozess integriert und wie nebenbei geübt. Nach Abschluss der Recherche bringen die Kinder die Sticker in eine logische Reihenfolge; so kann der Aufbau des zu schreibenden Textes mehrfach überprüft und nochmals umgestellt werden (vgl. Ní Chatháin 2018, 35). Schließlich werden die Sticker nummeriert, und es geht an die Schreibarbeit. Ist ein Text fertig, kommt diese Vorschrift in den Abgabekasten. Die Lehrkraft prüft nun den Text, anschließend schreiben die Kinder die Reinschrift ins Projektheft. Die Seiten des Heftes können mit eigenen Zeichnungen, Kopien, Rätseln oder Scherenschnitten von Walen verziert werden. Der Besuch eines Naturkundemuseums, das Hören einer CD mit Walgesängen oder Kunstaktionen zum Thema sind ebenfalls denkbar. Zum Abschluss präsentieren die Kinder ihre Projektbücher der eigenen oder der Nachbarklasse und prüfen, ob alle gelben Sticker mit den Anfangsfragen durch grüne Sticker ersetzt wurden.

Empfehlungen für Sachbücher und Zeitschriften zum Thema

Braun, Christina / Gerstner, Marie (2018): *Wale und Delfine* (Reihe: WAS IST WAS Erstes Lesen). Nürnberg: Tessloff.
Englert, Sylvia / Brandstetter, Johann (2019): *Wale und Delfine* (Reihe: Frag doch mal … die Maus!). Hamburg: Carlsen.
Kiefner, Ralf (2019): *Wale und Delfine: Eine spannende Expedition ins Reich der sanften Riesen.* Stuttgart: Franckh-Kosmos.
Pickel, Thorsten (2015): *Entdecke die Wale* (Reihe: Entdecke …). Münster: Natur und Tier.
Rübel, Doris (2007): *Wir entdecken Wale und Delfine* (Reihe: Wieso? Weshalb? Warum?). Ravensburg: Ravensburger.
Wetscher, Rosemarie (Hrsg.) (2016): *Wale und Delfine.* Geolino extra, Nr. 56.

Empfehlungen für Webseiten zum Thema

Bundesamt für Naturschutz: *NaturDetektive: Wale – Die Schlaumeier aus dem Ozean.*
Medienwerkstatt Mühlacker: *medienwerkstatt Wissenskarten: Wale und Delfine.*
Whale and Dolphin Conservation: *WDC Kids – Alles über Wale und Delfine.*

TEIL 7 DIGITAL LESEN

An der Bushaltestelle sitzt eine alte Dame mit einem Buch und wartet auf den Bus. Neben ihr an den Laternenpfahl gelehnt steht ein junger Mann mit dem Mobiltelefon in der Hand. Ein Stück weiter sitzt ein Vater mit seiner Tochter auf einer Bank; er schaut in eine Zeitschrift, sie auf ihre Smartwatch. Sie alle tun das Gleiche – sie lesen. Wenngleich auch viele junge Menschen bezüglich der Bezeichnung *Leser* abwehrend die Hände heben, „Lesen? Nein, nichts für mich!“, so tun sie es doch. Möglicherweise bezeichnen sie es anders, denn sie chatten, twittern, googeln, mailen und surfen. Ziemlich sicher unterscheiden sich ihre Lesetexte in Inhalt und Struktur in vielerlei Hinsicht von denen der Printmedien. Dennoch gilt auch für sie: Ein Leben ohne Lesen? – Unvorstellbar.

Grund genug, sich digitaler Lesekompetenz auch in der Schule zu widmen. Denn wer nicht über sie verfügt, kann digitale Angebote schwerlich nutzen, die Teilnahme am gesellschaftlichen Leben bleibt eingeschränkt. Und auch umgekehrt besitzen digitale Medien ein großes – nicht nur motivationales – Potenzial für den Erwerb von (analoger) Lesekompetenz, wenn sie nämlich Kinder und Jugendliche dabei unterstützen, das Lesen zu lernen, und wenn sie ihnen in einem zweiten Schritt ermöglichen, sich selbst als Leser wahrzunehmen.

7.1 MERKMALE VON HYPERTEXTEN UND IHR EINFLUSS AUF DEN LESEPROZESS

Die neuen Möglichkeiten des digitalen Trägermediums haben die klassischen Funktionen des Lesens erweitert. Zu Bildung, Information, Unterhaltung und Entspannung kommen nun tägliche Kontaktpflege, soziale Verortung, Kommunikation, Handel, Einkauf und Spiel hinzu (vgl. Feierabend 2013, 21). Darüber hinaus weisen digitale Texte einige charakteristische Kennzeichen auf, die sie nicht mit analogen Texten teilen. Diese Merkmale sind bei den verschiedenen digitalen Medien jeweils unterschiedlich gewichtet. So unterscheiden sich WhatsApp-Nachrichten in ebensolchem Maße von digitalen Fachartikeln wie handschriftliche Kurznachrichten auf dem Küchentisch von Zeitungsberichten. Dennoch nehmen die Kennzeichen großen Einfluss auf die Rezeptionsweise digitaler Texte, auf das Leseverhalten und auf die Anforderungen im Leseprozess.

Multimedialität

Anders als Printmedien, die in der Regel ausschließlich Schriftelemente und statische Illustrationen oder Grafiken aufweisen, bestehen viele digitale Texte aus einer Kombination von Text, statischen und animierten Bildern, Ton, Video und interaktiven Elementen. Dabei sind insbesondere Hypertexte, wie zum Beispiel Webseiten, „textuelle Gebilde mit ganz spezifischen Eigenschaften, die über die gebräuchliche Vorstellung, was ein ‚Text' ist, hinausgehen" (Wanning 2015, 911). Die verwendeten Zeichensysteme beruhen auf unterschiedlichen semiotischen Codes. Sprachliche und nicht-sprachliche Zeichen stehen hier in einem engen Verhältnis, denn sie erweitern, erläutern und verstärken sich gegenseitig (vgl. Bertschi-Kaufmann 2016, 42).

Um digitale Texte also verstehend lesen zu können, muss der Leser nicht nur flüssig und sinnentnehmend lesen, sondern er muss darüber hinaus

- die verschiedenen Zeichensysteme parallel erfassen,
- sie aufeinander beziehen,
- ihre jeweilige Bedeutung für das Textverstehen beurteilen,
- sie als Ganzes zu einer Textaussage kombinieren und
- unwichtige Elemente wie Pop-ups oder Navigationselemente ausblenden.

Der Lesefluss wird dabei regelmäßig unterbrochen und die Konzentration deutlich erschwert, denn der Blick des Lesenden wird vielfach vom Text weg- und wieder zurückgeführt. Immer wieder muss die Textzeile erneut gefunden und das Gelesene über einen längeren Zeitraum erinnert werden. Was für eine Herausforderung, insbesondere für Kinder, deren Lesefähigkeiten noch nicht voll ausgeprägt sind!

Nichtlinearität und Vernetzung

Ein analoger Text weist in der Regel sowohl äußerlich strukturell als auch inhaltlich eine klar ersichtliche Ordnung auf, die durch formale und textimmanente Orientierungshilfen eindeutig gekennzeichnet ist. In der Regel wird er von der ersten bis zur letzten Seite linear gelesen, Anfang und Ende des Textes sind klar definiert. Wenn mancher Leser dennoch – insbesondere bei der Lektüre eines Sachbuches – von der vorgesehenen Lesereihenfolge abweichen mag, so geben ihm Inhaltsverzeichnis und Seitenzahlen weiterhin eine verlässliche Orientierung. So weiß er, welche Kapitel er überschlagen hat und welche es noch zu lesen gilt. Hypertexte hingegen weisen eine nichtlineare Verweisstruktur mit deutlich weniger Strukturierungshilfen auf (vgl. Meister/Gerhardts 2013, 40). Sie bestehen häufig aus einzelnen, in der Reihenfolge unterschiedlich kombinierbaren Abschnitten, bei denen sogar die Länge eines Textes über Schaltflächen erweitert oder verkürzt werden kann. Welche Themen die Webseite abdeckt, welche Möglichkeiten sie bietet, das wird nicht immer klar in der Navigationsleiste ersichtlich. Über Hyperlinks kann zu einem anderen Textabschnitt, zu einer Animation oder gar zu einer anderen Webseite gewechselt werden, die nicht automatisch noch in einem direkten Zusammenhang mit dem ursprünglichen Thema steht. Auch die Hierarchie der Texte untereinander ist nicht gekennzeichnet, sondern muss vom Leser selbst erschlossen werden. Anders als beim analogen Text, bei dem Fußnoten klar ersichtlich eine untergeordnete Funktion zum Haupttext einnehmen, wird die Ordnung verlinkter Texte nicht weiter gekennzeichnet (vgl. Wanning 2015, 911).

Diese durch äußere Ordnungsmerkmale weniger erkennbare, multiple Struktur digitaler Texte ermöglicht es dem Leser, seine Lesereihenfolge selbst festzulegen. Kaspar H. Spinner konstatiert dementsprechend: Ein „linearer Text ist wie ein eindeutiger Weg, der Hypertext ein verzweigtes Netz, in dem nicht immer von vornherein klar ist, welcher Weg sinnvoll weiterführt" (Spinner 2012, 55). Immer neue Links verheißen scheinbar immer bessere, interessantere, erstaunlichere Entdeckungen und immer neue Möglichkeiten (vgl. Bertschi-Kaufmann 2016, 51). Dabei zeigt sich die Problematik, dass der Leser „das Hintergrundwissen, das erforderlich wäre, um die Relevanz einzelner Links antizipieren zu können, ja gerade erst sucht" (Meister/Gerhardts 2013, 41). Ein tiefes Eintauchen in die Lektüre wird ebenfalls erschwert; und so kann es passieren, dass der Leser gänzlich aus dem Text verschwindet, zum einen, weil er seinen Weg zurück nicht findet, zum anderen, weil er seinen Navigationspfad in eine neue Richtung lenkt (vgl. Wanning 2015, 915). Ferner ist auch die kognitive Verarbeitung des Gelesenen für den Leser mit besonderen Anforderungen verbunden. Denn unter vielfachen Unterbrechungen und Abschweifungen muss er das häppchenweise Gelesene selbstständig in eine logische Abfolge bringen, um die gefundenen Informationen in ein eigenes geistiges Textmodell zu integrieren. Der Leser wird dadurch selbst zum Gestalter, zum Mitproduzenten und zum Autor seines eigenen Textes (vgl. Wanning 2015, 914).

Beim Lesen digitaler Texte wird der Leser also vor eine ungleich höhere Herausforderung gestellt als beim Lesen analoger Texte, denn die neue Freiheit bringt auch größere Verantwortung für die Gestaltung des eigenen Leseprozesses mit sich. Berbeli Wanning spricht von einem performativen Leseprozess (vgl. Wanning 2015, 913). Der Leser muss nun

- selbst entscheiden, welche der vielfältigen und vernetzten Informationen er in welcher Abfolge erschließen möchte,
- fortwährend in einem kritisch-analytischen Prozess über die Güte und Glaubwürdigkeit der verlinkten Texte verschiedener Autoren entscheiden und
- die schließlich als relevant ausgewählten Informationen eigenständig zu einem geistigen Ganzen kombinieren.

Auch im Bereich der Kurznachrichten lässt sich feststellen, dass beispielsweise in Gruppenchats von WhatsApp, in der Kommentarleiste eines Livestreams oder sogar in digitalen fachlichen Foren die Linearität von Texten ebenfalls häufig aufgehoben ist. Insbesondere wenn mehrere Teilnehmer an einer Kommunikation teilnehmen, kommt es schnell zu inhaltlichen Überschneidungen und thematischen Verwebungen (vgl. Bertschi-Kaufmann 2016, 49). So kann es sein, dass die Antwort auf eine Nachricht noch im Moment des Absendens von einer anderen Nachricht aus einem neuen thematischen Zusammenhang überholt wird und somit die chronologische Reihenfolge nicht mehr mit der gesprächslogischen Abfolge übereinstimmt. Wenn mehrere Gespräche in einem Chat geführt werden und die Antwortfunktion, bei der der Anfang des Bezugstextes mitgesendet wird, nicht konsequent genutzt wird, kann es zu Missverständnissen oder Unklarheiten kommen. Für einen Leser, der an der Erstellung des Textes nicht beteiligt war oder der erst im Nachhinein versucht, das gelesene Gespräch nachzuvollziehen – vielleicht, weil er durch einen gesendeten Link eine Zeit lang vom Text abgelenkt war –, ist dies eine große Anstrengung.

Der Leser digitaler Nachrichten muss somit

- mehrere Gespräche inhaltlich sortieren und die einzelnen Beiträge in eine gesprächslogische Reihenfolge bringen,
- die jeweiligen Denkweisen der Teilnehmer nachempfinden, um aus dem Zusammenhang gerissene Beiträge korrekt zuzuordnen, und
- überflogene Inhalte nach Relevanz einordnen, um sie explizit zu lesen oder sie zu überspringen.

Spezifische Sprachgestaltung

Die kurze Übermittlungsdauer von Nachrichten und die einfache Handhabung digitaler Medien, wo auch immer man sich gerade befindet, haben Textnachrichten inzwischen stark in den Bereich der konzeptionellen Mündlichkeit gerückt. Aus der hohen Interaktionsgeschwindigkeit ergeben sich des Weiteren „Spontaneität und Schnelligkeit der Textproduktion und eine Tendenz zur Kürze" (Bertschi-Kaufmann 2016, 44). Dadurch erforderlich gewordene Abkürzungen, wie *thx* für *thanks* und *wmds* für *Was machst du so?*, könnten inzwischen ganze Vokabelhefte füllen; und nur, wer regelmäßig online ist, versteht diese sich fortwährend weiterentwickelnden Zeichensysteme vollständig. Die Kürze der Nachrichten und das Fehlen nonverbaler Kommunikationsmittel wie Mimik, Gestik und Intonation bringen die Gefahr von Missverständnissen mit sich, was wiederum durch die Integration eines weiteren Zeichensystems kompensiert werden kann. So dient die typografische Gestaltung durch Emoticons, Großbuchstaben oder Ausrufungszeichen einer genaueren Einordnung von Äußerungen, wie der Kennzeichnung von Gefühlszuständen oder von Ironie (vgl. Bertschi-Kaufmann 2016, 46). Aber auch dann noch ergibt sich die Schwierigkeit, dass viele der typografischen Mittel nicht immer eindeutig definiert sind und von jedem Leser unterschiedlich aufgefasst werden können. Teilweise ersetzen insbesondere Emojis die Sprache vollständig, indem sie als alleinstehende Antwort auf eine Äußerung gesendet werden.

Für den Leser heißt das in der Konsequenz,

- er muss die Bedeutung von Abkürzungen, Layoutmöglichkeiten und Emoticons kennen und wissen, in welchen Zusammenhängen sie üblicherweise gebraucht werden,
- er muss den Schreibstil und die Denkweise des Urhebers in die Überlegungen einbeziehen, um die Einordnung von typografischen Mitteln weitgehend sicher vornehmen zu können.

7.2 DIGITALE LESETECHNIKEN

Lesekompetenz, wie sie beim Lesen analoger Texte notwendig ist, bleibt auch zur Nutzung digitaler Medien die wichtigste Basiskompetenz. So untersuchte eine Studie des Deutschen Instituts für Internationale Pädagogische Forschung (DIPF) und der Goethe-Universität Frankfurt den Zusammenhang zwischen der Ausprägung der Lesefähigkeit von 15-jährigen Schülerinnen und Schülern und ihrer Fähigkeit, Ergebnisse von Suchmaschinen zu filtern. Die 2018 veröffentlichten Resultate der Studie zeigen auf, dass Schülerinnen und Schüler die Ergebnisse aus Suchmaschinen besser auf Relevanz und Glaubwürdigkeit überprüfen können, wenn sie versierte Leserinnen und Leser sind; auch die Chance, zusätzliche Seiten der Ergebnislisten zu prüfen, wird durch eine gute Lesefähigkeit erhöht (vgl. Hahnel et al. 2018, 223). Eine ausgeprägte Lesefähigkeit ist somit notwendige Voraussetzung für jede effektive digitale Recherche. Eine hinreichende Voraussetzung für digitales Lesen ist aber auch sie nicht, denn für das Lesen digitaler Texte sind explizite Lesetechniken vonnöten, um den Leseprozess konstruktiv gestalten zu können. Die internationale und interdisziplinäre Forschergruppe *Evolution of Reading in the Age of Digitisation* (E-READ) empfiehlt somit in ihrer *Stavanger-Erklärung* ausdrücklich die Vermittlung von Strategien, die *deep reading*, das heißt tiefes Lesen und höherwertige Leseprozesse, auch auf digitalen Geräten ermöglichen (vgl. E-Read 2019, 2).

Lesetechniken zur Orientierung

Um digitale Texte erfolgreich zu erfassen, sind zunächst einmal Orientierungstechniken notwendig, die dabei helfen, sich auf neuen Webseiten schnell und effektiv zurechtzufinden, die einzelnen Elemente der Seite zu klassifizieren und ihr Verhältnis untereinander zu erkennen (vgl. Meister/Gerhardts 2013, 41). Folgende Fragen können hier unterstützend wirken:

- Wie heißt die Webseite?
- Welche Informationen gibt die Navigationsleiste?
- Welches sind informationstragende Elemente?
- Welche Themen werden hervorgehoben?
- Gibt es Bilder, Grafiken, Animationen und Links?
- In welchem Verhältnis stehen sie zum Text?
- Haben sie unterhaltende, informierende oder werbende Funktion?

Auch die Orientierung im Text selbst lässt sich durch gezielte Fragen erleichtern und beschleunigen:

- Geben Überschriften Hinweise auf Textinhalte?
- Sind Schlüsselwörter in den Texten hervorgehoben?
- Kann man die Textlänge verändern?
- Sind die Texte verlinkt?
- Wohin führen die Links?
- Was sagen Bilder, Grafiken und Videos aus?

Dabei muss sich der Leser fortwährend sein eigentliches Leseziel ins Gedächtnis rufen, um zu überprüfen, ob die vorliegende Webseite dem ursprünglichen Informationswunsch entspricht, und um im Zweifelsfall auf eine vielleicht weniger attraktive, dafür jedoch relevantere Seite zu wechseln.

Wer im scheinbar endlosen Informationsangebot des Internets nicht an der zu lesenden Textmenge scheitern möchte, muss in einem selektiven Rezeptionsprozess Schnelllesetechniken anwenden. Textelemente werden dabei nicht mehr Wort für Wort gelesen, sondern bildflächig überflogen, sodass der Leser die inhaltliche Ausrichtung von Texten oder auch ganzen Webseiten schnell erfassen und auf Relevanz für die eigene Suche hin untersuchen kann. Dabei *scannt* er den Text, um Schlüsselwörter herauszufiltern, und *zoomt* anschließend an die entsprechende Textumgebung heran, um diese genauer zu erschließen (vgl. Bertschi-Kaufmann 2016, 53). Diese beiden Techniken werden im fortwährenden Wechsel angewandt, bis sich der Leser schließlich für einen Text entscheidet, der seinen Erwartungen entspricht und den er vollständig erfassen möchte.

Lesetechniken zur inhaltlichen Texterfassung

Damit die Informationsentnahme auch in die Tiefe führen kann, muss schließlich ein erneuter Wechsel der Leseweise hin zum genauen Lesen erfolgen. Insbesondere junge Leserinnen und Leser müssen das Umschalten zum intensiven Lesen bewusst durchführen

und trainieren, denn hier werden metakognitive Kontrollen erforderlich, bei denen der Leseprozess durchgehend auf Verständnisschwierigkeiten hin überprüft wird. So kann der Leser seine Lesegeschwindigkeit an die jeweilige Textschwierigkeit anpassen, Abschnitte wiederholend lesen und unbekannte Wörter digital oder analog nachschlagen (vgl. Meister/Gerhardt 2013, 42). Leseanfängern kann es auch helfen, per Mausklick dichter an den Text zu zoomen, um die Schrift zu vergrößern und gleichzeitig unwichtige Elemente der Webseite auszublenden. Weiterhin kann die Vorlesefunktion des Browsers genutzt werden, um komplexe Abschnitte vorlesen zu lassen.
Auch beim Lesen digitaler Texte müssen gefundene Informationen markiert, festgehalten und wiedergefunden werden. Hierfür werden vielversprechende Internetseiten nach dem ersten Lesen nicht geschlossen, sondern offengelassen, sie werden in der Navigationsleiste als Favoriten gekennzeichnet oder können anhand farbig markierter Links oder anhand des Browserverlaufs erneut aufgerufen werden. Häufig ist es sinnvoll, den Schreibprozess bereits parallel zum Lesen zu starten, um Informationen zu sichern und frühzeitig in eine eigene Ordnung zu bringen. Hierfür lassen sich Notizen in ein Textdokument tippen, in das auch Screenshots oder herauskopierte Elemente bis zur Weiterbearbeitung eingefügt werden können. Natürlich ist es stattdessen auch weiterhin möglich, den Text einfach auszudrucken und analog zu erfassen und zu bearbeiten.

Lesetechniken zur Beurteilung der Glaubwürdigkeit von Texten
In Bezug auf das Lesen digitaler Texte sind Elaborationstechniken von besonderer Bedeutung, mit denen die Vertrauenswürdigkeit des Gelesenen auf den Prüfstand gestellt wird. Urheber digitaler Texte sind nicht immer klar ersichtlich, Texte können leicht von beliebigen Personen erstellt und journalistische Standards nicht automatisch vorausgesetzt werden (vgl. Feierabend 2013, 21 f.). Somit muss der Leser weit mehr als bei analogen Texten die Qualität des Gelesenen dahingehend überprüfen, ob die Inhalte überhaupt vertrauenswürdig sind oder manipulative Absichten des Verfassers erkennbar werden (vgl. Albrecht/Frederking 2020, 25). Der Leser muss die entsprechende Urteilsfähigkeit regelmäßig schulen, bis ihm Techniken wie der Blick ins Impressum der Webseite, die Suche nach ausgewiesenen bekannten und vertrauenswürdigen Kooperationspartnern oder auch das Abgleichen der aufgeführten Inhalte mit den Aussagen anderer Texte zur Selbstverständlichkeit werden.

7.3 ÜBUNGEN UND AUFGABEN ZUM DIGITALEN LESEN

Kinder erlernen den Umgang mit digitalen Texten sicherlich leichter als noch im analogen Zeitalter geborene Erwachsene, schließlich sind sie *digital natives* und von klein auf mit Bildschirmen vertraut. Aber Leserinnen und Leser neigen beim digitalen Lesen eher zu einem übersteigerten Vertrauen in ihre Verständnisfähigkeiten als beim analogen Lesen (vgl. E-Read 2019, 1). Der Weg zu einer überlegten Lesestrategie ist beim digitalen Lesen somit noch steiniger als beim analogen Lesen. Um also das postulierte Ziel des digitalen *deep reading* zu erreichen, muss das Training von Erschließungswegen digitaler Texte inklusive des Trainings der erforderlichen Lesetechniken seinen Eingang in den Unterricht aller Fächer finden.

Übungen und Aufgaben

Die folgenden Anregungen für kleinere Übungen und Aufgaben sind für ein drittes oder viertes Schuljahr gedacht.

Scannen und Zoomen

Die Lesetechnik des überfliegenden Lesens kann auf einfache Weise an Webseiten geübt werden. In Zweierteams öffnen die Kinder eine vorgegebene Webseite und scannen diese auf der Suche nach einem vereinbarten Stichwort, das auf der Seite mehrfach vorkommen sollte. Haben sie es gefunden, notieren sie auf einem Zettel den gesamten Satz, in dem das Wort steht. Am Ende wird gezählt, welches Team die meisten Treffer hat. Schnelle Leser können den Text auch auf zwei Wörter gleichzeitig scannen, sodass die langsameren Leser genügend Zeit für ihr einzelnes Wort erhalten. Gewertet werden die beiden Stichwörter getrennt voneinander. Bei Bedarf kann ein Zeitlimit in die Übung integriert werden, das erhöht die Spannung. Als Abwandlung kann ein längerer Chatverlauf auf Stichwörter hin gescannt werden.

Mit Suchmaschinen recherchieren

Ebenso wie Büchereieinführungen darauf vorbereiten, sich allein in einer Bibliothek zurechtzufinden, muss auch in das Arbeiten mit einer Suchmaschine systematisch eingeführt werden. Dabei sollten Grundschulkinder zunächst einmal Kindersuchmaschinen kennenlernen und effektiv bedienen können. Zunächst wird mit den Schülerinnen und Schülern besprochen, wie sie ihre Suche so formulieren, dass sie von der Suchmaschine auch verstanden wird. Gemeinsam am Smartboard wird geübt, zu einer Frage Schlüsselbegriffe und Synonyme zu finden, Suchwörter zu substantivieren und die vorgeschlagenen Ergebnisse auf Relevanz zu sichten. Anschließend erhalten die Kinder den Auftrag, zu einem vereinbarten Thema eine möglichst informative und vertrauenswürdige Webseite zu finden. Im Anschluss an die Suche stellen sie ihre Ergebnisse vor und vergleichen die Relevanz der Webseiten untereinander, indem sie überprüfen, welche Aspekte des vorgegebenen Themas die gefundenen Webseiten abdecken (vgl. Rack 2018, 16).

Tipp: Auf der Plattform Internet-ABC *wird im Lernmodul* Suchen und Finden *der Unterschied zwischen Suchmaschinen für Erwachsene und für Kinder erklärt und die Eingabe effektiver Suchwörter geübt.*

Tipp: Auf der Webseite der Sendung mit der Maus *befindet sich ein Video, das die Funktionsweise von Suchmaschinen anschaulich erklärt.*

Empfehlungen für Kindersuchmaschinen für die Klassen 1 bis 4

Blinde Kuh e.V.: *Blinde Kuh.*
Cosmos Media UG: *Helles Köpfchen.*
fragFINN e.V.: *fragFinn*

Sich auf Kinderwebseiten orientieren und sie beurteilen

Häufig greifen Kinder bei einer Recherche auf Internetseiten für Erwachsene zu, weil sie kaum Informationswebseiten für Kinder kennen. Dabei existiert im deutschsprachigen Raum eine Vielzahl sicherer, kindgerechter und weitgehend werbefreier Kinderseiten. Um hier Abhilfe zu schaffen, erhalten die Schülerinnen und Schüler eine Liste mit ausgewählten Kinderwebseiten und bewegen sich frei auf diesen Seiten. Ihre Aufgabe ist es, sich anhand folgender Leitfragen für eine favorisierte Seite zu entscheiden und die Auswahl vor der Klasse zu begründen (vgl. Landeszentrale für Kommunikation und Medien 2014, 34f.).

- Mit welchen Themen beschäftigt sich die Webseite?
- Wie gefällt dir die Gestaltung der Webseite?
- Wie übersichtlich ist die Navigation auf der Webseite?
- Wie findest du die Mischung aus Informationen, Animationen und Spielen?
- Wie interessant findest du die Webseite?
- Wie sicher wirkt die Seite auf dich (Werbung, Anbieter, Glaubwürdigkeit, Datenabfrage, Hilfeknopf …)

Tipp: Auf der Internetseite klick-tipps.net, *die von Medienpädagogen des Unternehmens* jugendschutz.net *betrieben wird, finden sich vielfältige aktuelle Links zu geschützten Kinderwebseiten.*

Die Klasse 4b bearbeitet im Computerraum ein Quiz zum Thema „Das alte Rom". Auf der Webseite von GEOlino *sind alle Antworten zu finden. Tinka ist lange vor den anderen fertig, sie ist erfahren in der Computer-Recherche. Nun erhält sie den Auftrag, eine weitere Kinder-Webseite zum Thema zu finden und selbst ein Mini-Quiz zu erstellen. Das ist eine Aufgabe nach ihrem Geschmack. Sie arbeitet sogar zu Hause an ihrem Quiz, und eine Woche später geht die Klasse nochmals in den Computerraum, um nun Tinkas Quiz zu lösen.*

Einen Chat sortieren

Um das Lesen eines Chats zu üben, kann ein längerer Gruppenchat mit zwei ineinander verwobenen Gesprächen sortiert werden. Die Kinder schneiden den Chat auseinander und kleben ihn anschließend gesprächslogisch als zwei getrennte Chats auf. Der Schwierigkeitsgrad steigt mit der Anzahl der parallelen Gespräche. Im anschließenden Gespräch werden voneinander abweichende Lösungen diskutiert.

Smileylexikon

Im fachübergreifenden Kunstunterricht erstellt die Klasse gemeinsam ein Lexikon für Smileys und ihre Übersetzungen. Jeweils eine Gruppe von Kindern übernimmt eine größere Anzahl an Smileys, deren Übersetzungen sie gemeinsam erarbeiten. Anschließend teilen sie die Smileys weiter unter sich auf und gestalten pro Icon und Übersetzung eine Seite. Alternativ können auch Abkürzungen aufgenommen werden, die in kalligrafischer Schrift gestaltet werden.

Recherche zu Messenger-Diensten und sozialen Medien

Messenger-Dienste wie WhatsApp und Snapchat sowie soziale Medien wie Instagram und Skype sind vielen Kindern bereits bekannt. Besitzen die Kinder ein eigenes Smartphone, ist davon auszugehen, dass einige Kinder diese Apps bereits aktiv nutzen. Nicht immer bedeutet das jedoch, dass sie sich vorab mit den Nutzungsbedingungen sowie den Vor- und Nachteilen der Anwendungen auseinandergesetzt haben. Die folgende Unterrichtseinheit ist für ein viertes Schuljahr gedacht; Grundkenntnisse im Umgang mit dem Computer werden vorausgesetzt. Das Ziel ist, über ausgewählte Messenger-Dienste und soziale Medien kritisch aufzuklären, das Recherchieren im Internet zu üben und dabei informative Kinderwebseiten kennenzulernen. Neben den bekannteren Apps sollte auch ein Messenger-Dienst dabei sein, der die Nutzungsanforderungen für Kinder erfüllt und eine sichere Alternative zu WhatsApp und Co darstellt. Im Rahmen der Rechercheübung suchen die Kinder zu je einer der folgenden Anwendungen Informationen im Netz und stellen diese anschließend der Klasse vor: WhatsApp, Snapchat, Threema, Skype, TikTok und Instagram.

Unterrichtliche Durchführung

Als Einführung berichten die Kinder von ihren Erfahrungen mit Messenger-Diensten und sozialen Medien. So kann die Lehrkraft einschätzen, welche Kinder bereits Vorerfahrungen zum Thema mitbringen und wer möglicherweise Hilfe bei der Recherche benötigt. Von Anfang an muss deutlich werden, dass es nicht darum geht, „das coolste Medium" herauszufiltern, sondern darum, objektive Informationen zu sammeln, anhand derer sich Anwendungsmöglichkeiten sowie Vor- und Nachteile der einzelnen Anwendungen besser beurteilen lassen. Gemeinsam werden Leitfragen erarbeitet, an denen sich die Schülerinnen und Schüler bei der Suche orientieren können. Mit diesem Schritt kann auch deutlich gemacht werden, dass das Erstellen einer vorläufigen Gliederung verhindern kann, in der Informationsflut des Internets die eigentliche Fragestellung aus den Augen zu verlieren. Folgende Leitfragen bieten sich an:

- Welche Möglichkeiten bietet der Dienst?
- Wie sind die Nutzungsbedingungen (Alter, Registrierung …)?
- Wie hoch sind die Kosten?
- Wie richtet man den Dienst ein?
- Wie werden Daten geschützt (Verschlüsselung, Datenabfrage …)?
- Welche Vorteile, welche Nachteile liefert der Dienst?

In der folgenden Stunde bilden die Kinder sechs Gruppen, die Anwendungen werden jeweils auf die Gruppen verteilt. Dann geht es an die Recherche. Die Kinder nutzen die Suchmaschinen Blinde Kuh, fragFINN und Helles Köpfchen; die Plattform klick-tipps.net ist ebenfalls ein guter Ausgangspunkt für eine Suche. Möglicherweise ist in einigen Gruppen der Hinweis notwendig, nicht die ganze Leitfrage in das Suchfeld einzutragen, sondern stattdessen substantivierte Stichwörter zu verwenden. Auch sollten die Schülerinnen und Schüler dazu angehalten werden, nicht einfach den ersten Vorschlag der Suchmaschine anzuklicken, sondern die Kurzbeschreibungen zu lesen und auch weiter unten stehende Vorschläge zu berücksichtigen. Aber trotz dieser Tipps sind nicht alle Kinder den Anforderungen einer selbstständigen Suche gewachsen, möglicherweise weil ihre Leseflüssigkeit noch nicht gut genug entwickelt ist oder weil sie kaum Vorerfahrungen zum Thema haben. Alternativ zur Suchmaschine sollten diesen Kindern konkrete Webseiten angeboten werden.

Auf einer interessanten Seite angekommen, müssen sich die Schülerinnen und Schüler zunächst einen Überblick verschaffen; dann aber gilt es, in den Modus des genauen Lesens zu wechseln. Manche Kinder müssen auf diesen Wechsel hingewiesen werden, denn die Möglichkeiten zur Ablenkung sind zahlreich. Hier kann es helfen, näher an den Text zu zoomen. Aber auch die zu beantwortenden Leitfragen erinnern an die zu leistende Aufgabe. Notizen werden parallel zur Recherche handschriftlich festgehalten. Kinder, die bereits erfahren im Umgang mit dem Computer sind, können direkt in ein Textdokument tippen.

Möglich ist auch, Bewertungspunkte für bestimmte Aspekte der Anwendungen – wie Funktionen, Sicherheit, Attraktivität – zu vergeben, um die Vergleichbarkeit der Dienste untereinander zu erleichtern. Darüber hinaus regt die Bepunktung den Austausch in der Gruppe an und motiviert zu einer genaueren Suche nach Fakten.

Haben alle Kinder schließlich ihre Recherche abgeschlossen, werden die Kurzvorstellungen vorbereitet. Um alle Mitglieder einer Gruppe einzubeziehen, übernimmt möglichst jedes Kind einen Sprechpart zu einer Leitfrage. Eine Vorstellung sollte jeweils nicht mehr als fünf Minuten dauern. Im Anschluss können die Zuhörerinnen und Zuhörer Fragen stellen oder fehlende Antworten einfordern. Haben alle Gruppen ihre Anwendungen vorgestellt, wird die gemeinsame Diskussion eröffnet. Thematisiert werden dabei sicherlich die Altersbeschränkungen, die Attraktivität und die Datensicherheit der Anwendungen. Und vielleicht findet sich nun sogar ein Befürworter eines alternativen Messenger-Dienstes wie zum Beispiel Threema.

Empfehlungen für Kinderwebseiten zum Thema

Bundesministerium für Familie, Senioren, Frauen und Jugend / ARD / ZDF / AOK: *SCHAU HIN!*
LPR-Trägerschaft für jugendschutz.net gGmbH: *kompass-social.media*.
Landesmedienanstalten: *Internet-ABC*.

TEIL 8 ELTERN EINBINDEN

Ob Lehrkräfte mit ihrem Engagement im Klassenraum Erfolg haben, hängt nicht allein von ihrem eigenen Bemühen ab, und sei es noch so tatkräftig. Auch Eltern haben einen großen Einfluss auf das Leseverhalten ihrer Kinder, auf deren Lesegewohnheiten und deren Lesepraxis. Im günstigsten Fall begleiten und unterstützen sie die Leseentwicklung, stellen Buchmaterial bereit und akzeptieren, wenn ihre Sprösslinge individuelle Leseinteressen ausbilden. Manchen lesebegeisterten Eltern fällt es vielleicht schwer zu akzeptieren, dass ihr Kind nur mühsam und langsam Fortschritte im Lesen macht, es vielleicht trotz vielfältiger Unterstützung zu Hause kaum weiterzukommen scheint. Andere Eltern wissen vielleicht nicht, wie sie die Entwicklung ihres Kindes fördern können, weil sie selbst nicht lesen oder der deutschen Sprache kaum mächtig sind. Wieder andere interessieren sich gar nicht erst für das, was ihre Kinder lesen. Die unterschiedlichen Lebensumstände, Möglichkeiten und Ambitionen in den Familien zu akzeptieren, das fällt Lehrkräften selten leicht. Wenn es aber gelingt, Eltern für das Anliegen der Leseförderung zu sensibilisieren, ihnen Wege aufzuzeigen, wie sie aktiv das Lesen und die Lesefortschritte ihrer Kinder stützen können, dann ist schon viel gewonnen. Wichtige Schritte auf diesem Weg sind Elternabende, die das Lesenlernen explizit thematisieren, regelmäßige Elterngespräche sowie eine aktive Einbindung der Eltern in die schulische Lesearbeit.

Impulse für die häuslichen Lesepraxis

- Vorlesen: Bedeutung von Gemütlichkeit und Anschlusskommunikation, (Hör-)Bücher empfehlen …
- Lesen üben: Üben des Häufigkeitswortschatzes, Üben im Lautlesetandem, Lesen auf Instruktionsniveau …
- Buchauswahl: Leseinteressen berücksichtigen, Lesen auf dem Unabhängigkeitsniveau, Büchereibesuche …
- Lesepraxis: Bedeutung von Routine und Regelmäßigkeit, Möglichkeiten zur Anschlusskommunikation …
- Digitale Unterstützer: Tipps für Bilderbuch-Apps, Plattformen zu Büchern, Lesen auf Kinderwebseiten

Auf Elternabenden kann die Lehrkraft regelmäßig über Leseaktionen der Klasse berichten, das unterrichtliche Lesekonzept erläutern und vor allem Impulse für die häusliche (Vor-)Lesepraxis geben (siehe Tipps auf der vorigen Seite). Gut vorbereitet vermittelt der Abend den Eltern, kompetent begleitet zu werden, eine wichtige Grundlage für das Vertrauensverhältnis. Ein Büchertisch mit beliebten Exemplaren aus der Klassenbücherei kann Anregungen für neuen häuslichen Lesestoff geben; neben den Werken altbekannter und aktueller Autorinnen und Autoren liegen hier selbstverständlich auch Graphic Novels, Sachbücher und Zeitschriften. Auch eine kleine Ausstellung mit Buchrezensionen oder Steckbriefen ist denkbar, in der die Kinder ihre unterschiedlichen Leseinteressen dokumentieren.

In regelmäßigen individuellen Elterngesprächen kann die Lehrkraft mehr über die Lesesozialisation der Kinder erfahren, über Beobachtungen und Fortschritte informieren und Eltern aktiv in die Leseförderung einbinden. Die Gespräche erfolgen auf der Grundlage der in den Unterricht integrierten Diagnostik und beziehen sich somit gleichermaßen auf die kognitiven, subjektbezogenen und auch sozialen Teilkompetenzen des Lesens. Dabei können unter anderem folgende diagnostische Elemente herangezogen werden:

- Feststellung der Ausgangslage zur Einschulung
- Beobachtungen zum Leseverhalten
- Ergebnisse von Leseflüssigkeitsdiagnosen
- Auswertungen von Lesebegleitheften, Lesetagebüchern und Schülerarbeiten
- Auswertungen von Lesegesprächen mit der Lehrkraft
- Ergebnisse von Klassenarbeiten und Vergleichsarbeiten

Unterrichtliche Maßnahmen zur Leseförderung eines Kindes sollten Eltern immer erläutert werden, dabei ist die Verschränkung von Diagnose, entsprechender Förderung und Elternarbeit zu betonen. Der Fokus liegt auf dem Potenzial der Schülerinnen und Schüler, nicht auf möglichen Defiziten. Die Herausforderung in den Gesprächen besteht darin, Kompetenz, Zuversicht und Motivation zu vermitteln und klare Handlungsmöglichkeiten für das häusliche Üben vorzugeben. Viele Eltern sind dankbar, wenn ihnen eine konkrete Übungspraxis empfohlen wird, wie zum Beispiel die Praxis der Lautlesetandems, oder wenn ihnen Buchvorschläge gemacht werden, die das Lesen des Kindes auf dem richtigen Level sicherstellen.

Vielleicht gelingt es auch, leseferne Eltern in die schulische Arbeit einzubinden. Als Lesepaten oder als Büchereibegleitung erfahren sie so sinnvolle Lesepraxis. Und beim zweisprachigen Vorlesen in der Klasse, bei dem ein Text abwechselnd beispielsweise erst auf Arabisch und dann auf Deutsch vorgelesen wird, erleben die Kinder ihre Eltern als kompetente Vorleserinnen und Vorleser. Das ist mehr als nur ein Schritt in die richtige Richtung.

SCHLUSSBEMERKUNG

Leseförderung ist nie isoliert zu sehen, sie endet weder nach der Deutschstunde noch an der Klassenzimmertür. So kann man über die vorliegenden Anregungen noch hinausdenken, hin zu dem Konzept einer lesenden Schule, in der die Förderung der Buchkultur im gesamten Schulgebäude selbstverständlich und allgegenwärtig ist.

In einer solchen Schule gibt es Möglichkeiten des kommunikativen literarischen Austausches, wie Literaturclubs, Vorlesetreffs und eine Schülerliteraturzeitschrift. Wochenendlesebeutel zum Ausleihen machen es Eltern leicht, an angemessenen Lesestoff für ihre Kinder zu gelangen; die Schulbibliothek steht im Mittelpunkt des schulischen Lebens. Autorenlesungen werden so aufbereitet, dass sich auch diejenigen angesprochen fühlen, die zuvor noch nie etwas von dieser Autorin oder diesem Autor gehört haben. Es gibt Projektwochen zum Lesen und einmal im Jahr ein (Schul-)Fest der Bücher. Jahrgangsübergreifende Lesetandems sind fest im Stundenplan implementiert, und die Stunden zur individuellen Förderung bei Lese-Rechtschreibschwierigkeiten haben Vorrang vor der Planung des Vertretungsunterrichts. Auch hängt die Qualität der Leseförderung nicht mehr von den Möglichkeiten der jeweiligen Lehrkraft allein ab, denn sie wird vom gesamten Kollegium schulumfassend aufgebaut, regelmäßig gepflegt und systematisch weiterentwickelt.

Das Engagement und die Energie, die in eine umfassende Förderung des Lesens investiert wird, die Unterrichtszeit, die auf sie verwendet wird, sind dabei niemals umsonst – ganz im Gegenteil. Jede Stunde, die sich der Entwicklung von Lesekompetenz widmet, zahlt sich in den nächsten Jahren aus, wenn nämlich die Schülerinnen und Schüler Texte schließlich leichter verstehen, wenn sie neues Wissen interessierter und effektiver erarbeiten und wenn sie beginnen, sich als Leserinnen und Leser zu verstehen – im Unterricht und natürlich auch in der Freizeit.

LITERATUR

Abraham, Ulf (2012): Poetisches Verstehen: Mehr als Erschließen, Erklären und Deuten von Texten. In: Schulz, Gudrun (Hrsg.): *Lesen: Didaktik für die Grundschule*. Berlin: Cornelsen, 83–100.

Albrecht, Christian / Frederking, Volker (2020): Digitale Medien – Digitale Transformation – Digitale Bildung. In: Knopf, Julia / Abraham, Ulf (Hrsg.): *Deutsch Digital: Band 1 Theorie* (2. überarbeitete Auflage). Baltmannsweiler: Schneider Hohengehren, 9–40.

Bamberger, Richard / Vanecek, Erich (1984): *Lesen – Verstehen – Lernen - Schreiben: Die Schwierigkeitsstufen von Texten in deutscher Sprache*. Wien: Jugend und Volk.

Barnieske, Andreas (2020): *In Lautlesetandems die Leseflüssigkeit trainieren: Anleitung, Praxistipps und 40 Lesetexte auf 2 Niveaustufen für Klasse 3/4* (3. Auflage). Augsburg: Auer.

Bertschi-Kaufmann, Andrea (1998): Lesetagebücher – und was in ihnen sichtbar wird: Lese- und Schreibentwicklungen im offenen Unterricht. In: Bertschi-Kaufmann, Andrea (Hrsg.): *Lesen und Schreiben im offenen Unterricht*. Zürich: sabe, 89–102.

Bertschi-Kaufmann, Andrea (2016): Lesen im Wandel: Lesetraditionen und die Veränderungen in neuen Medienumgebungen. In: Bertschi-Kaufmann, Andrea / Graber, Tanja (Hrsg.): *Lesekompetenz – Leseleistung – Leseförderung: Grundlagen, Modelle und Materialien* (6. Auflage). Seelze: Klett/Kallmeyer, 34–57.

Bertschi-Kaufmann, Andrea (2017): *Das Lesen anregen, fördern, begleiten* (4. Auflage). Seelze: Klett/Kallmeyer.

Bertschi-Kaufmann, Andrea (2019): Lesemotivation stärken – mit Buchserien. *Grundschule, Heft 4*, 28–31.

Bertschi-Kaufmann, Andrea / Graber, Tanja (2016): Lesekompetenz – Leseleistung – Leseförderung. In: Bertschi-Kaufmann, Andrea / Graber, Tanja (Hrsg.): *Lesekompetenz – Leseleistung – Leseförderung: Grundlagen, Modelle und Materialien* (6. Auflage). Seelze: Klett/Kallmeyer, 8–19.

Bismarck, Kristina (2019): Leseförderung als Aufgabe wahrnehmen. In: Abraham, Ulf / Knopf, Julia (Hrsg.): *Deutsch: Didaktik für die Grundschule* (6. Auflage). Berlin: Cornelsen, 13–22.

Blumhagen, Doreen (2017): *Mein Lesetagebuch-Lapbook*. Mülheim an der Ruhr: Verlag an der Ruhr.

Boie, Kirsten (2001, 19. Dezember): *Wir sollten Kindern dabei helfen, Leser zu werden!* Vortrag auf einem Buchhändler-Seminar, Hamburg. Online unter: https://www.kirsten-boie.de/wp-content/uploads/2020/11/8817.pdf (letzter Zugriff 01.04.2021)

Boie, Kirsten (2019): *Das Lesen und ich*. Hamburg: Oetinger.

Bräuer, Christoph (2019): Lesegespräche führen. In: Abraham, Ulf / Knopf, Julia (Hrsg.): *Deutsch: Didaktik für die Grundschule* (6. Auflage). Berlin: Cornelsen, 33–42.

Brecht, Bertolt (2006): *Ein Kinderbuch*. Berlin: Aufbau-Verlag.

Brückner, Cornelia / Hoppe, Irene (2019): *Lies mich! Lieblingsbücher zum Sprechen bringen*. Online unter: https://bildungsserver.berlin-brandenburg.de/17174 (letzter Zugriff: 01.04.2021)

Crämer, Claudia (2019): Eine Bilderbuchgeschichte nacherzählen: Wirkungsvolle Förderung der Erzählkompetenz. *Fördermagazin Grundschule, Heft 3*, 25–31.

Deutsches PISA-Konsortium (Hrsg.) (2001): *PISA 2000: Basiskompetenzen von Schülerinnen und Schülern im internationalen Vergleich*. Opladen: Leske & Budrich.

Dörnhoff, Astrid (2018): Bücher vorstellen – Präsentieren lernen. *Grundschule, Heft 8*, 24–27.

Dörnhoff, Astrid (2019a): Leseratten und Bücherwürmer leben in literarischen Welten. *Grundschule, Heft 4*, 32–36.

Dörnhoff, Astrid (2019b): Mathematische Sachaufgaben erschließen. *Grundschule, Heft 4*, 22–23.

E-Read (2019): *Stavanger Declaration: Concerning the Future of Reading*. Online unter: https://ereadcost.eu/wp-content/uploads/2019/01/StavangerDeclaration.pdf (letzter Zugriff: 01.04.2021)

Endres, Wolfgang / Bernhard, Elisabeth / Kuhn, Veronika (2012): *Präsentieren und frei sprechen lernen in der Grundschule: Das Know-how für Schüler/innen und Lehrer/innen* (2. überarbeitete Auflage). Weinheim: Beltz.

Feierabend, Sabine (2013): Unstandardisiertes Lesen in der digitalen Welt nimmt zu. In: Maas, F. Jörg / Ehmig, Simone C. (Hrsg.): *Zukunft des Lesens: Was bedeuten Generationswechsel, demografischer und technischer Wandel für das Lesen und den Lesebegriff?* Mainz: Stiftung Lesen, 20–23.

Garbe, Christine (2012): Wie werden Kinder zu engagierten und kompetenten Lesern? In: Schulz, Gudrun (Hrsg.): *Lesen: Didaktik für die Grundschule*. Berlin: Cornelsen, 9–23.

Garbe, Christine (2020): *Lesekompetenz fördern*. Ditzingen: Reclam.

Gattermaier, Klaus (2019): Lesekompetenz(en) ausbilden. In: Abraham, Ulf / Knopf, Julia (Hrsg.): *Deutsch: Didaktik für die Grundschule* (6. Auflage). Berlin: Cornelsen, 22–32.

von Goethe, Johann Wolfgang (2018): *Goethes Unterhaltungen mit Friedrich Soret: Nach dem Französischen Texte, als eine bedeutend vermehrte und verbesserte Ausgabe des dritten Teils der Eckermannschen Gespräche (Classic Reprint).* Weimar: Forgotten Books.

Gottschalk, Maren (2006): *Jenseits von Bullerbü: Die Lebensgeschichte der Astrid Lindgren.* Weinheim: Beltz & Gelberg.

Groeben, Norbert (1982): *Leserpsychologie: Textverständnis – Textverständlichkeit.* Münster: Aschendorff.

Groen, Margriet A. / Veenendaal, Nathalie J. / Verhoeven, Ludo (2019): The role of prosodie in reading comprehension: evidence of poor comprehenders. *Journal of Research in Reading, Vol. 42, No. 1,* 37–57.

Grotlüschen, Anke / Buddeberg, Klaus / Dutz, Gregor / Heilmann, Lisanne / Stammer, Christopher (2019): *LEO 2018 – Leben mit geringer Literalität.* Hamburg: Universität Hamburg.

Gutzmann, Marion (2014): *Grundwortschatz sichern – Kompetenzen im Rechtschreiben fördern: Rechtschreibstrategien und -regeln nutzen: Praxismaterial.* Ludwigsfelde: Landesinstitut für Schule und Medien Berlin-Brandenburg.

Haas, Gerhard / Menzel, Wolfgang / Spinner, Kaspar H. (1994): Handlungs- und produktionsorientierter Literaturunterricht. *Praxis Deutsch, Heft 123,* 17–25.

Hahnel, Carolin / Goldhammer, Frank / Kröhne, Ulf / Naumann, Johannes (2018): The role of reading skills in the evaluation of online information gathered from search engine environments. *Computers in Human Behavior, Heft 78,* 223–234.

Hering, Jochen (2018): *Kinder brauchen Bilderbücher: Erzählförderung in Kita und Grundschule* (2. Auflage). Seelze: Klett/Kallmeyer.

Hintz, Ingrid (2008): *Das Lesetagebuch: intensiv lesen, produktiv schreiben, frei arbeiten.* Baltmannsweiler: Schneider.

Hoppe, Irene / Schwenke, Jutta (2013): *Auf den Anfang kommt es an: Basale Lesefähigkeiten sicher erwerben.* Ludwigsfelde: Landesinstitut für Schule und Medien Berlin-Brandenburg.

Hörnlein, Katrin (2015): Kirsten Boie: Zwischen Prinzen und Piraten. *DIE ZEIT, Nr. 12.*

Hurrelmann, Bettina (2010): Bilder. Bücher. – Bilderbücher: Geistige Nahrung und Grundlegung literarischer Kompetenz. *Grundschule, Heft 11,* 6–10.

Hurrelmann, Bettina (2016): Modelle und Merkmale der Lesekompetenz. In: Bertschi-Kaufmann, Andrea / Graber, Tanja (Hrsg.): *Lesekompetenz – Leseleistung – Leseför-*

derung: Grundlagen, Modelle und Materialien (6. Auflage). Seelze: Klett/Kallmeyer, 22–33.

Hußmann, Anke / Wendt, Heike / Bos, Wilfried / Bremerich-Vos, Albert / Kasper, Daniel / Lankes, Eva-Maria / McElvany, Nele / Stubbe, Tobias C. / Valtin, Renate (Hrsg.) (2017): *IGLU 2016: Lesekompetenzen von Grundschulkindern in Deutschland im internationalen Vergleich.* Münster: Waxmann.

Klicpera, Christian / Gasteiger-Klicpera, Barbara (1993): *Lesen und Schreiben: Entwicklung und Schwierigkeiten: Die Wiener Längsschnittuntersuchung über die Entwicklung, den Verlauf und die Ursachen von Lese- und Schreibschwierigkeiten in der Pflichtschulzeit.* Bern: Huber.

Kohl, Eva Maria / Ritter, Michael (2019): *Schreibszenarien: Wege zum kreativen Schreiben in der Grundschule* (4. Auflage). Hannover: Klett/Kallmeyer.

Krug, Ulrike / Nix, Daniel (2017): *Entwicklung eines schulischen Leseförderkonzepts: Ein Praxisleitfaden für alle Schulformen.* Seelze: Klett/Kallmeyer.

Kuhn, Melanie / Stahl, Steven (2003): Fluency: A Review of Developmental and Remedial Practices. *Journal of Educational Psychology, Vol. 95, No. 1,* 3–21.

Kuhn, Melanie / Rasinski, Timothy / Zimmermann, Belinda (2014): Integrated Fluency Instruction: Three Approaches for Working with Struggling Readers. *International Electronic Journal of Elementary Education, Vol. 7, No. 1,* 71–82.

Kutzelmann, Sabine / Rosebrock, Cornelia (Hrsg.) (2018): *Praxis der Lautleseverfahren.* Baltmannsweiler: Schneider Hohengehren.

Landeszentrale für Medien und Kommunikation Rheinland-Pfalz (Hrsg.) (2014): *Wege zum Medienkompass: Unterrichtsideen für die Primar- und Orientierungsstufe.* Ludwigshafen: Landeszentrale für Medien und Kommunikation Rheinland-Pfalz.

Lindgren, Astrid (1996): Deshalb brauchen Kinder Bücher. In: Oetinger Verlag (Hrsg.): *Oetinger Lesebuch: Jubiläumsausgabe zum 50jährigen Bestehen des Verlages 1996.* Hamburg: Oetinger, 115–116.

Meister, Dorothee M. / Gerhardts, Lara (2013): Anforderungen an das Lesen in der digitalen Mediengesellschaft. In: Maas, F. Jörg / Ehmig, Simone C. (Hrsg.): *Zukunft des Lesens: Was bedeuten Generationswechsel, demografischer und technischer Wandel für das Lesen und den Lesebegriff?* Mainz: Stiftung Lesen, 39–44.

Michalik, Kerstin / Schreier, Helmut (2006): *Wie wäre es, einen Frosch zu küssen? Philosophieren mit Kindern im Grundschulunterricht.* Braunschweig: Westermann.

Mithra, Salome P. (2010): *77 Methoden für den aktiven Umgang mit Gedichten.* Mülheim an der Ruhr: Verlag an der Ruhr.

Nī Chatháin, Brīd (2018): Mündlich präsentieren – Hürden überwinden. *Grundschule, Heft 8,* 33– 35.

Ní Chatháin, Bríd (2019a): Gemeinsam lesen üben – mit Lautleseverfahren. *Grundschule, Heft 4,* 15–16.

Ní Chatháin, Bríd (2019b): Vielleseverfahren: Jedes Wort zählt! *Grundschule, Heft 4,* 20–21.

Plath, Monika (2012): Lesen Jungen anders als Mädchen? In: Schulz, Gudrun (Hrsg.): *Lesen: Didaktik für die Grundschule.* Berlin: Cornelsen, 37–47.

Rack, Stefanie (2018): *Durchs Jahr mit klicksafe: 12 Einheiten Medienpädagogik für die Grundschule* (2. Auflage). Ludwigshafen: Landeszentrale für Medien und Kommunikation Rheinland-Pfalz.

Rasinski, Timothy V. (2003): *The fluent reader: Oral Reading Strategies for Building Word Recognition, Fluency, and Comprehension*. New York: Scholastic.

Rau, Johannes (2004, 21. Juni): *Rede von Bundespräsident Rau beim Kongress der Internationalen Verleger Union*. Berlin. Online unter: https://www.bundespraesident.de/SharedDocs/Reden/DE/Johannes-Rau/Reden/2004/06/20040621_Rede.html (letzter Zugriff 01.04.2021)

Richter, Karin / Plath, Monika (2012): *Lesemotivation in der Grundschule: Empirische Befunde und Modelle für den Unterricht* (3. Auflage). Weinheim: Beltz Juventa.

Rieckmann, Carola (2018): *Grundlagen der Lesedidaktik: Band 2: „Eigenständiges Lesen"* (2. überarbeitete Auflage). Baltmannsweiler: Schneider Hohengehren.

Rosebrock, Cornelia (2019): Lesen – das Fundament der Bildung. *Grundschule, Heft 4,* 6–10.

Rosebrock, Cornelia / Nix, Daniel (2015): *Grundlagen der Lesedidaktik und der systematischen schulischen Leseförderung* (7. überarbeitete Auflage). Baltmannsweiler: Schneider Hohengehren.

Rosebrock, Cornelia / Nix, Daniel / Rieckmann, Carola / Gold, Andreas (2017): *Leseflüssigkeit fördern: Lautleseverfahren für die Primar- und Sekundarstufe* (5. Auflage). Seelze: Klett/Kallmeyer.

Rosebrock, Cornelia / Scherf, Daniel (2019): *Lesedidaktik? Literaturdidaktik? Ein Dutzend Antworten für Einsteiger.* Baltmannsweiler: Schneider Hohengehren.

Schilcher, Anita / Wild, Johannes (2019): Lesestrategien vermitteln – mit Geduld und Fingerspitzengefühl. *Grundschule, Heft 4,* 24–26.

Schulz, Gudrun (1997): *Umgang mit Gedichten: Didaktische Überlegungen, Bespiele zu vielen Themen, Methoden im Überblick.* Berlin: Cornelsen Scriptor.

Schulz, Gudrun (2012): Mit Geschichten zum Leser werden. In: Schulz, Gudrun (Hrsg.): *Lesen: Didaktik für die Grundschule.* Berlin: Cornelsen, 101–114.

Sommer-Stumpenhorst, Norbert / Hötzel, Martina (2001): *Richtig Schreiben lernen von Anfang an: Methodenkompetenz – Differenzierte Förderung – Lesen lernen Schritt für Schritt.* Berlin: Cornelsen Scriptor.

Spinner, Kaspar H. (2012): Lesekompetenz ausbilden, Lesestandards erfüllen. In: Schulz, Gudrun (Hrsg.): *Lesen: Didaktik für die Grundschule.* Berlin: Cornelsen, 48–61.

Spinner, Kaspar H. (2016): Lesen als ästhetische Bildung. In: Bertschi-Kaufmann, Andrea / Graber, Tanja (Hrsg.): *Lesekompetenz – Leseleistung – Leseförderung: Grundlagen, Modelle und Materialien* (6. Auflage). Seelze: Klett/Kallmeyer, 76–87.

Spitta, Gudrun (1988): *Kinder schreiben eigene Texte: Klasse 1 und 2: Lesen und Schreiben im Zusammenhang – Spontanes Schreiben – Schreibprojekte.* Frankfurt am Main: Cornelsen Scriptor.

Stanovich, Keith E. (1986): Matthew Effects in Reading: Some Consequences of Individual Differences in the Acquisition of Literacy. *Reading Research Quarterly, Vol. 21, No. 4,* 360–407.

Stiftung Lesen / DIE ZEIT / Stiftung Deutsche Bahn (2019): *Vorlesen: Mehr als Vor-Lesen: Vorlesestudie 2019 – Vorlesepraxis durch sprachanregende Aktivitäten in Familien vorbereiten und unterstützen.* Online unter: https://www.stiftunglesen.de/forschung/forschungsprojekte/vorlesestudie (letzter Zugriff 01.04.2021)

Stiftung Lesen (2020): Vorlese-Apps: Anregende Abwechslung im Lesealltag. *Grundschule, Heft 6,* 24–25.

Stiftung Lesen / DIE ZEIT / Stiftung Deutsche Bahn (2020): *Wie wird Vorlesen im Alltag möglich: Vorlesestudie 2020: Eine Befragung von Eltern, die nicht oder selten vorlesen.* Online unter: https://www.stiftunglesen.de/forschung/forschungsprojekte/vorlesestudie (letzter Zugriff 01.04.2021)

Sühl, Hanke (2020): Nur Buch war gestern! *Grundschule, Heft 6,* 21–23.

Wanning, Berbeli (2015): Lesestrategien für digitale Medien. *Bibliotheksdienst Band 49, Heft 9,* 909–919.

Wildemann, Anja / Vach, Karin (2013): *Deutsch unterrichten in der Grundschule: Kompetenzen fördern, Lernumgebungen gestalten.* Seelze: Klett/Kallmeyer.

Wittig, Caroline R. (2019): „Viermal, weil der hat zwei Beine." Grundschulkinder inszenieren den Comic „Lehmriese lebt!" als szenisch-klangliche Panellesung. In: Heins, Jochen / Jantzen, Christoph (Hrsg.): *Kinderliteratur unterrichten: Vielfältige Perspektiven auf den Literaturunterricht in der Grundschule.* München: kopaed, 71–94.

Wittstruck, Wilfried (2012): Kinderbücher machen Entdecker und Genießer. In: Schulz, Gudrun (Hrsg.): *Lesen: Didaktik für die Grundschule.* Berlin: Cornelsen, 196–213.

QUELLENVERZEICHNIS

S. 61: „Die Schwierigkeitsstufen des Lix“ und „Durchschnittliche Lixwerte“: Bamberger, Richard / Vanecek, Erich (1984): Lesen – Verstehen – Lernen – Schreiben. Die Schwierigkeitsstufen von Texten in deutscher Sprache. Verlag Jugend und Volk, Wien, S. 64.

S. 115: „Nachttischlampe“ – Gedicht von Georg Bydlinski. Aus: ders. (2014): Das Gnu im linken Fußballschuh. Boje Verlag, Köln.

S. 118: „Ein Riese warf einen Stein“ – Gedicht von Josef Guggenmos. Aus: ders. (2020): Ein Riese warf einen Stein. Verlag Beltz & Gelberg, Weinheim.

S. 151: „Am Morgen ist Paul immer noch …“ – Textauszug aus: Rüdiger Bertram (2018): Familie Monster brüllt los. Oetinger Verlag, Hamburg, S. 25.

S. 156: „Max: Ein Einbrecher …“ – Dialog (gekürzt und verändert) aus: Cornelia Funke (2007): Hände weg von Mississippi. Cäcilie Dressler Verlag, Hamburg, S. 87.

Foto S. 104: Shutterstock/Konoplytska; alle anderen Fotos: Astrid Dörnhoff, Berlin

Wir bedanken uns herzlich bei allen Schülerinnen und Schülern, die uns für dieses Buch ihre Schülerarbeiten zur Verfügung gestellt haben.